高职高专物流管理专业规划教材

采购管理实务

主　编　陈利民

副主编　纪淑娴

参　编　羊怀玉　陈晓静　王　坤　杨　曦

主　审　庞　川

机械工业出版社

本书结合最新的职业教育理念及教学研究成果，本着“理论够用、注重实训”的原则，贯彻“任务驱动、项目引领”，“工作过程导向”的教学理念，从理论和实践两个方面阐述了采购管理理论与实务。本书以真实采购活动顺序(作业流程）为主线进行教材内容设计，实地考察分析具体采购岗位能力要求，然后通过项目任务驱动有针对性地配置学习领域，并设计教学情境，融“教、学、做”为一体，使学生在“做中学”，“学中做”，从而掌握采购管理的基础理论和方法，具有一定的创新性和较强的实践性。

全书按采购作业流程分为 10 个工作任务：采购管理概述、采购管理组织、采购计划与预算管理、采购方式的选择、供应商的选择与管理、采购价格与成本控制、采购谈判与合同管理、采购过程控制、采购绩效评估、采购管理规范。

本书基于采购工作过程，在不改变核心理论的前提下将知识内容进行了重组，思路创新，简明实用，可作为高职高专及其他应用型本科院校的物流管理专业、连锁经营专业及其他相近专业的教学用书，也适合作为在职人员的工作实践指导用书，或作为物流、采购从业人员的培训和自学用书。

图书在版编目（CIP）数据

采购管理实务/陈利民主编. —北京：机械工业出版社，2010.8.(2019.1 重印)

高职高专物流管理专业规划教材

ISBN 978-7-111-31658-9

Ⅰ. ①采… Ⅱ. ①陈… Ⅲ. ①采购—企业管理—高等学校：技术学校—教材 Ⅳ. ①F274

中国版本图书馆 CIP 数据核字（2010）第 165525 号

机械工业出版社（北京市百万庄大街 22 号 邮政编码 100037）

策划编辑：孔文梅 责任编辑：孔文梅 宋 燕

北京瑞德印刷有限公司印刷 （三河市胜利装订厂装订）

2019 年 1 月第 1 版第 7 次印刷

169mm×239mm · 19.5 印张 · 377 千字

14901—16800 册

标准书号：ISBN 978-7-111-31658-9

定价：39.00 元

序

随着对“中国制造”热潮的方兴未艾，越来越多的全球顶尖品牌毫不犹豫地在中国成立采购中心，为“中国采购”添上浓墨重彩的一笔，尝到甜头的欧美大公司纷纷扩展生产线，先前谨慎观望的小公司如今大胆进驻，抢滩市场，全球采购的活动在中国市场上同样越来越频繁，大型跨国公司和国际采购组织的采购网络正在加速向中国市场延伸，世界500强企业、全球最大零售商——美国沃尔玛投资的物流中心也在中国开工建设；奔驰（中国）的整体构图中，在华零部件采购力度不断加大！物流采购专业人才是全国 12 种紧缺人才之一，联合国的采购专家认为，采购现在正成为企业采购“竞争力”，即采购不只是寻找、开发和培养合适的供应商，而是在为企业寻求战略性的竞争力提升。权威机构研究表明：成本每降低 1%，销售收入就会增加 6%。从而使采购成为撬动利润的白金杠杆。因此，企业对采购人才需求也从普通的采购管理上升到系统、全面的采购与供应链管理高级人才的需求。具有较为全面系统理论知识与实践能力的专业采购人才成为企业参与竞争的有力的保证。

我们公司是一家具有深厚国际背景的综合性的管理咨询公司，致力于以战略性洞察，为快速发展中的中国企业提供战略突破、管理提升与业绩增长的最优解决之道。上海睿途企业管理咨询有限公司以独特的咨询服务理念——立足“紧跟形式，贴近实际；理论够用，强调实践；避免高深，着眼应用”从事物流及供应链管理咨询服务。此服务理念与现阶段高校培养应用型人才的教育改革趋势不谋而合，因此我们从 2009 年开始尝试与高校合作开发一系列管理实务类教材，把我们在服务国际、国内知名企业过程中的一些专业实践经验融入高校教材，为加强高校专业知识教育的务实性，以及提升学生的就业和谋生能力贡献一份力量。

为培养企业可以直接使用的采购管理专业人才，满足人才市场对采购人才的需求，我们在具有企业和高校工作背景的陈利民先生盛情邀请下，积极参与本书的编写，组织了作者培训、专家论证、实地参观考察、与企业高管座谈、与具有丰富实践经验的企业一线人员交换意见等，在本书编写过程还提供了一些有价值的案例和建议，重点主要在以下几个方面：

第一，适应实践型、应用型人才培养的要求，以能力为本位，重视实践能力。理论以够用为度，进一步加强了实践性教学内容，以满足物流从业人员和毕业生所从事职业的实际需要。

第二，根据行业发展趋势，力求教材内容与时俱进。合理编写教材内容，各章、节内容简明、清晰、流畅，并力求贴合实际岗位的变化和新的要求，以便更好地提升物流从业人员的岗位竞争能力。

第三，贯彻国家关于职业资格证书与学历证书并重的精神，兼顾物流课程内容与职业资格应试内容，满足物流从业人员教育和相关职业资格考试所要求的内容。

本书从采购实际运作与管理的角度出发，吸收了国内外工商企业成功发展的经验，结合企业的真实采购运作流程，经过精心选材编撰，体现了现代物流技术与管理的发展趋势，满足了市场与社会对培养采购专业技能型人才的需求。因此，本书可作为运作型人才培养或职业教育各层次物流管理、连锁经营管理等专业学生的教学教材，也可用于物流企业、连锁经营企业、制造企业采购从业人员的培训教材，为此也得到了行业协会、专家教授、物流企业、工商企业、公司院校等单位的关注和支持。

BRIGHTEN
Strategic insight consultant
睿途企業管理咨询有限公司

上海睿途企业管理咨询有限公司总经理　羊怀玉

前言

随着我国生产和流通企业的结构调整，经济快速发展和市场竞争的加剧，社会的发展对物流业提出了更高的要求，而采购是物流科学中的一个重要环节，也是物流企业、连锁企业、制造企业运营中的核心基础支持。面对市场国际化的迅速发展与激烈竞争，采购在未来企业管理中的地位将会越来越重要，企业必须对采购管理给予足够的重视并加以研究，以科学的采购管理为企业的战略发展提供动力。促进现代物流产业人才培养，强化企业采购作业管理，提高我国采购的管理水平，这不仅是企业发展的战略选择，也是本书出版的目的和意义。

本书结合最新的职业教育理念及教学研究成果，本着“理论够用、注重实训”的原则，贯彻“任务驱动、项目引领”，“工作过程导向”的教学理念，以培养职业能力为核心，以工作实践为主线，以工作过程为导向，用任务进行驱动，建立以工作体系为框架的现代课程结构，重新序化课程内容，理论与实践一体化。全书共十章，以真实采购活动顺序（作业流程）为主线进行内容设计，遵循企业采购活动的基本过程和规律，围绕企业采购业务与管理所涉及的各工作环节和流程，分析具体的采购岗位能力要求，然后通过项目任务驱动、有针对性地配置学习领域，具体介绍了采购管理概述、采购管理组织、采购计划与预算管理、采购方式的选择、供应商的选择与管理、采购价格与成本控制、采购谈判与合同管理、采购过程控制、采购绩效评估以及采购管理规范。最后还设计了相应的教学情境指导学员实训，以达到学以致用、强化技能培养的目的。

本书由庞川（澳门科技大学行政与管理学院副院长）主审，陈利民（北京师范大学珠海分校）任主编，纪淑娴（浙江农林大学）任副主编，具体分工为：陈利民负责全书框架结构的设计和统稿工作，同时负责编写、整理各章的工作过程、岗位能力要求、情境设计等部分，以及第一、二、四、五、六、七、八、九章的知识领域配置部分；纪淑娴编写第三章和第十章的知识领域配置部分，同时负责本书理论部分初稿的整理和校对工作，并负责教材配套课件的制作等；羊怀玉（上海睿途管理咨询公司总经理、MBA）、陈晓静博士（北京师范大学珠海校区）、王坤博士（北京师范大学珠海校区）、杨曦博士（亚洲金汇集团有限公司）也参与了部分内容的编写，并组织实地调研收集了一些很有价值的参考资料。此外，石云鼎、刘棠等人协助参与了有关章节的编辑与校对。

本书在编写过程中，我们参阅、借鉴和引用了大量国内外有关采购管理与物流学科的论文、论著、规章制度等资料以及大量企业的采购实际运营资料，不论是否在书后列出，在此一并表示最诚挚的谢意！

随着物流行业在我国的飞速发展，供应物流的重要性不断被业界所认识，采购管理的内容和运作方式日趋科学与规范，虽然我们为本书的编写付出了艰辛的努力，由于我们水平有限、时间仓促，难免存在疏漏和不足之处，恳请同行和读者予以批评指正，以期不断完善。

编　者

目录

第一章　采购管理概述

工作任务及过程

单位名称	采购部	流程名称	采购管理	工作任务说明 配置学习领域
总经理	采购经理	采购部	相关部门	

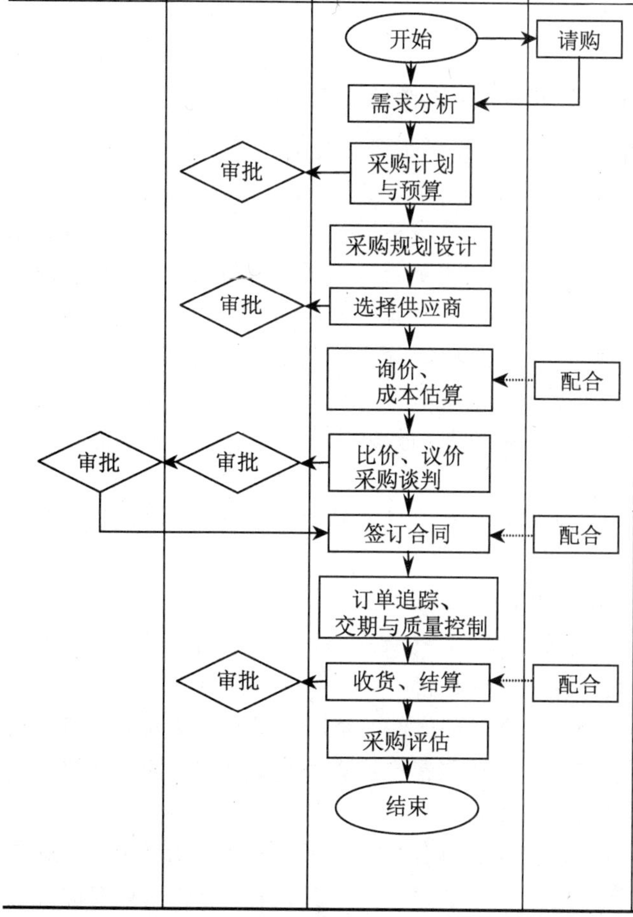

在采购之前，首先要对采购管理有基本的认识，明确采购各岗位的职责并熟悉采购基本流程

使用单位根据需要提出采购申请，确认需求后，应进行采购计划与预算

对登记确认的采购需求进行分类审查，根据采购管理规范、物料的性质及各种采购方式的特点，确认合适的采购方式，并就如何进行采购进行安排

选择可能的供应源：在原有供应商中，选择实绩良好的厂商，通知其报价；否则开发新的供应商，确认供应商是否有相应的资质

决定可能的供应商后，要进行采购价格调查，确定采购底价，然后具体分析采购成本，采取相应的成本控制措施

供应双方经过比价、议价，如有合作意向，应就具体交易条件进行磋商，所有交易条件达成一致后，应办理订货签约手续

签约订货之后，为了让供应厂商按期、按质、按量交货，应依据合同规定，督促厂商按规定交运。最后严格验收入库，验收合格，付款结算

采购完成之后，是否达到了预期的目标，需要对采购绩效进行评估，最后根据评估结果不断规范和完善采购行为

职业能力要求

岗位：采购经理、采购主管、采购专员

（1）了解企业采购活动，并理解采购管理工作的内容，拟定本部门的工作方针与目标。

（2）明确采购管理工作的目标，要求在工作中能把握采购管理的发展趋势。

（3）了解采购工作在企业管理中的地位和作用，明确从事采购管理工作的价值。

（4）熟悉传统采购与JIT采购的差异，要求在工作中能贯彻现代采购管理理念。

（5）了解各种采购类型，加深对采购的认识与了解，提高业务水平，为持续改进提供基础性工作。

项目任务驱动

进入全球采购体系要从熟悉游戏规则开始

汽车整车尤其是汽车零部件的出口在经济全球化的大背景下已呈多元化趋势。正是如此，国内零部件制造商发现，手握大把钞票的国际巨头采购商来到国内零部件市场。也许是距离产生美，也许是准备不足，太突然的零距离接触让国内不少企业还有些不习惯，望着身边涌动着的巨大商机，有的无从下手，有的几个回合下来毫无收获。至此，一些企业开始犹豫，甚至怀疑，难道全球采购只是中看不中用。其实，对于这道送上门来的“大餐”，他们不了解，由于历经多年的发展，国际巨头采购商已经形成了一套比较完整的采购理念、流程和方法，只是他们尚不了解而碰壁罢了。为此，要想进入全球采购体系就必须先从熟悉它的游戏规则开始。

跨国公司的全球采购理念，采购供应体系的采购原则、流程及方法等是我们需要了解和遵循的最基本的游戏规则。

1. 适应全球采购理念，做好基础性工作

全球采购目前遵循OSTP的采购理念。该理念分解开来：O代表质量；S代表服务；T代表技术；P代表价格。具体地讲：

首先，企业应通过TS16949质量认证体系。跨国公司在中国的采购程序相当严谨，一般要经过几十个步骤，每个步骤都有严格的质量体系评审和验证。最早的汽车零部件企业主要是通过ISO9000认证，随着质量要求的不断提高，这一认证已不适用。在此基础上，后来美国和德国有关机构相继出台了QS9000和VDA6.1认证，分别适用于进入这两个国家的厂商。但这很不方便，如有的企业既给美国也给德国厂家配套，就必须分别通过这两个认证。而现在运行的

TS16949 质量体系认证却是全球所公认的认证，适用于所有想进入全球采购体系的供货商。所以，通过 TS16949 质量体系认证是进入全球采购体系前要做的首要工作。只有当国内零部件商取得ISO/TSl6949的国际质量体系认证这一资格后，方能进入外商的潜在供应商名单。之后，外商将派出考察团对企业进行现场审核，一项项地评定分数和等级。如仍达不到出口要求，外商将在限定的时间内，要求企业完成整改，然后再次经历上述一套审核程序评审，或淘汰，或通过。

其次，企业应满足全球采购的服务要求。全球采购对国内企业出口零部件的服务要求，不仅涉及零部件本身的设计、制造质量的跟踪，而且他们还规定了严格的服务事项、要求和更长的保修期。只有按照这些要求，和产品品质完全达到标准才能赢得信任和下一轮订单。亚新科美联（廊坊）制动系统有限公司销售总监刘其顺举例：空压机在国内是 15 万千米实行“三包”，而在国外得保证正常使用 100 万英里（一英里等于一千六百零九点三四四米）。

再次技术，即与主机厂同步开发的技术。有人认为，参与跨国巨头配套，同步开发相对就不那么重要了。恰恰相反，同步开发是国际采购商对供应商提出的一个比较高的要求。因为作为采购商的产品总是在不断开发、不断进步，采购商不可能只跟着供应商走，即你有什么产品就采购什么产品。如果这样，他的产品就失去了进步和竞争力，也就失去了市场。所以采购商自然要求供应商有与之同步推出新产品的能力。如果供应商自己没有开发能力，只能等别的供应商的产品开发好以后再去做，那你的产品就慢了半拍，也就失去了竞争能力，以至失去配套资格。

最后价格，不仅指产品价格、物流价格等都应控制在合理的有竞争力的尺度内，更指我们往往所忽视的如何按国际惯例报好价。比如，与我们所习惯的报价不同，国外不仅要求报总价，而且要求报每一个环节的价格，如采购、生产、物流（运输、包装、仓储）等每一环节的价格。这些如果不是专业人员来做，很容易出错和吃亏，因为报价过程有很多的学问和技巧。据主要从事涉及传动系统、制动系统、发动机及车身附件采购的曼哈顿资本集团供应商开发总监石文芝女士介绍，一般应把握如下原则：①对于国外主机厂来说，降低 20%～30%的采购成本才是有吸引力的，而通常物流费用约占产品出厂价格的 20%左右，这种情况下，出厂价应比供货价高 35%以上。②报价还要注意解决好一个不良倾向，国内一些零部件企业在与国际大买家谈生意时，一上来就大谈自己的产品如何物美价廉，如何能生产各种满足跨国公司需要的产品。这样做，一方面自己先就降低了双方商谈的公平性，另一方面也不利于企业的商誉和产品形象，因为生意都不会是单一的买方市场，过于贬低自己并不能赢得对方的尊重和订单。

2. 全球采购体系的采购流程

全球汽车行业的全球采购，历经多年的发展，其采购流程已自成一套体系，一般分为三个阶段：第一阶段是供应商的选择与认证，主要有目标产品——初选——评估——前期准备——报价认可几个环节；第二阶段是供应商投产准备阶段，包括质量先期策划与控制——更改控制——样品——早期生产控制——产品认证——按节拍生产几个环节；第三阶段是生产与持续提高，主要包括质量——物流——持续改进几个环节。在具体操作上，各大跨国巨头风格虽有所不同，但上述几个阶段流程的精髓并未改变，由此使得这严格系统的筛选和评估流程，成为判断新的供应商是否具备潜在合作机会的门槛。全球最大的工程机械及柴油机生产企业卡特彼勒公司全球采购部经理杨辉强调指出：作为整车企业，他们时刻关注市场动向，并调查了解谁的产品质量最好，最符合产品技术要求，供货周期最短，以及能否满足其他相关条件等。以卡特彼勒为例，该公司的供应商评价体系分为供应商进入评价、运行评价、供应商问题辅导、改进评价及供应商战略伙伴关系评价几个方面。如在评估供应商可否进入方面，主要围绕以下七点来进行现场评审和综合分析评分：供应商管理体系、资源管理与采购、产品实现、设计开发、生产运作、测量控制和分析改进。根据上述要素计算平均得分，视得分情况考核供应商的等级。杨辉举例说，“如供应商管理体系的运行评价，根据行业、企业产品需求和竞争环境等条件的不同，采取了相应不同的细化评价。比如，在生产运作方面，对供应商生产的产品，每一道工序的生产能力怎样，一分钟做多少，一小时做多少，一班多少，两班多少，设备的停工率等都将评审。因为这些对生产产品的效率都有影响，都会影响到供货。所以整车企业在考察零部件企业时，对这些都有很具体的要求”。

全球采购降低成本，已成为大多数跨国公司21世纪追求的首要目标。这将使低成本国家的供应商变得非常有吸引力，中国也随之成为这一趋势的受益者。在扑面而来的全球采购浪潮面前，国内企业若仅仅学会去适应规则是难以捕捉到商机的，只有熟练地运用规则，才能争取到更大的市场份额。

任务一：分析本案例中所体现的采购理念。

任务二：分析跨国公司的采购方法与传统采购的区别。

学习领域配置

第一节 采购与采购管理的概念

在商品经济条件下，采购是十分普遍的概念，大到政府采购，小到个人购买一件商品或服务。在日常生活中，人们几乎每天都在进行采购活动，以满足日常的生活和消费需求；而对于企业来讲，采购也是一项重要的管理职能，是企业管理中必不可少的一个环节，企业开展经营活动需要获得各种商品、信息、技术和服务，这些都需要通过采购来实现，所以一个企业采购管理水平的高低，对企业的竞争力和经营绩效都会产生重要影响。

一、采购的含义与类型

（一）采购的含义

采购在人们的生活中是经常发生的一种行为，只是用在不同的场所，有不同的称谓。采购行为的出现是由需求引起的，并由供应推动，存在需求，表明存在采购，同时又存在供应；并且采购和供应是两个相辅相成的概念，个人或企业有了需求要进行采购，必须要有物品的供应，只有存在采购，供应才显得有意义。

什么是“采购”，人们有不同的理解。一般来讲，人们习惯性地把采购理解成“购买”，认为采购是一个“购买自身所需要的商品和服务的过程”。但是，采购与购买是有区别的，购买通常是指正在购买东西和购买东西的过程，购买可以说是普通的采购途径，当将购买放在未来进行，购买将会进化成采购。并且采购比购买的概念更专业，含义更广泛，采购被认为是有计划性的，包括购买、储存、运输、接收、检验及废料处理等。采购既包括生产资料的采购，又包括生活资料的采购；既包括企业的采购，又包括事业单位、政府和个人的采购。本书重点研究企业对生产资料的采购行为。

在市场经济条件下，采购是企业生产经营活动的初始环节，与企业的供、产、销各个环节一起共同构成企业生产链。关于采购，国内外的组织和学者从不同的角度给予了不同的定义，从目标管理的观点来看，采购被定义为从合适的货源那里获得合适数量和质量的物资，并以适当的价格送到合适的收货地点；从外部资源管理的观点来看，采购被定义为从企业外部资源中获取所有的对经营、维护和管理公司的基本业务活动和辅助业务活动的必需品，并使它们处于最佳状态的商品和服务。

根据人们取得商品的方式途径不同，可以从狭义和广义两个方面来理解采购。

狭义的采购是指购买，即买东西，购买的过程，针对个人来讲，主要是购买所需生活资料和消费资料的过程，如日用品、食品、药品和交通工具等；针对企业来讲，购买过程是：根据生产需求提出采购计划，审核计划，选择供应商，经过商务谈判确定价格、交货及相关条件，最终签订合同并按要求收货付款的过程。这种以货币换取物品的方式，可以说是最普通的采购途径，无论个人还是企业机构，为了满足消费或者生产的需求都可以通过这种方式来进行。

广义的采购是指除了以购买的方式获取物品之外，还可以通过下列途径获取物品的使用权，以达到满足需求的目的。

（1）租赁。租赁是指一方以支付租金的方式取得他人物品的使用权，即租赁是一种以一定费用借贷实物的经济行为。在这种经济行为中，出租人将自己所拥有的某种物品交与承租人使用，承租人由此获得在一段时期内使用该物品的权力，但物品的所有权仍保留在出租人手中。承租人为其所获得的使用权需向出租人支付一定的费用（租金），如房屋的出租，承租人需向出租人支付一定的租金来获得房屋的使用权。

（2）借贷。借贷是指一方凭借自己的信用和彼此间的友好关系获得他人物品的使用权，使用完毕，仅返还原物品。这种采购方式中的需方可以无须支付任何代价就可以获得供方的物品的使用权。借贷的产生主要基于借方的信用。

（3）交换。交换就是采用以物易物的方式取得物品的使用权和所有权，但并没有以货币直接支付物品的全部价值。换言之，当双方交换价值相等时，不需要以金钱补偿对方；当交换价值不等时，仅由一方补贴差额给对方。

（二）采购的类型

采购按照采购的主体和采购的对象不同，可以分成各种类型，如政府采购和企业采购、战略采购和日常采购等。

1. 政府采购和企业采购

按照采购的主体分类，可以把采购分成企业采购、政府采购和个人采购、家庭采购等。这里主要阐述前两种采购的类别。

（1）企业采购。企业采购是现今市场经济下一种最主要也是最主流的采购之一。企业是大批量商品生产的主体，为了实现大批量商品的生产，也就需要大批量商品的采购。生产企业的生产，是以采购作为前提条件的。没有采购，生产就不能进行。企业的采购不仅采购市场范围宽，而且对采购活动要求特别严格。它要对全厂的需求品种、需求量、需求规律进行深入的研究，要对国内、国外众多的供应厂商进行分析研究，还要对采购过程各个环节进行深入研究和科学操作，才能完成好采购任务，保证企业生产所需的各种物资的适时、适量供应。

（2）政府采购。政府采购是指国家各级政府为从事日常的政务活动或为了满足公共服务的目的，利用国家财政性资金和政府借款购买货物、工程和服务的行为。这些物资包括办公物品，也包括基建物资、生活物资等。政府采购不仅是指具体的采购过程，而且是采购政策、采购程序、采购过程及采购管理的总称，是一种对公共采购管理的制度。政府采购最基本的特点：它是一种公款购买活动，都是由政府拨款进行购买的。

2. 战略采购和日常采购

按照采购的时限，采购可分为战略采购和日常采购。

（1）战略采购。战略采购是采购经理根据企业的经营战略需求，通过内部客户需求分析，外部供应市场、竞争对手、供应基础等分析，在标杆比较的基础上设定物料的长短期的采购目标，制订达成目标所需的采购策略及行动计划，并通过行动的实施寻找到合适的供应资源，满足企业在成本、质量、时间、技术等方面的综合指标的采购活动。战略采购计划内容包含采用何种采购技术，与什么样的供应商打交道，建立何种关系，如何培养与建立对企业竞争优势具有贡献的供应商群体，以及日常采购执行与合同如何确立，等等。

（2）日常采购。日常采购是采购人员根据确定的供应协议和条款，以及企业的物料需求时间计划，以采购订单的形式向供应方发出需求信息，并安排和跟踪整个物流过程，确保物料按时到达企业，以支持企业的正常运营的过程。

3. 物品采购、工程采购和服务采购

采购的对象有产品、设备等实物，也有房屋、市政、环境改造等工程，还有其他的各种服务等。按照采购的对象可以把采购分成物品采购、工程采购、服务采购等。

（1）物品采购。物品采购包括原材料、协作件、零部件、半成品等的采购，也包括生产资料如机器设备的采购等。不同的物品，采购的时间、地点、价格、供应商等要求是不同的，所需配套的物流运作和管理活动存在很大的区别。

（2）工程采购。工程采购范围包括房屋、建筑物、市政以及环境改造等，一些大的工程项目采购，往往采用“交钥匙”方式。

（3）服务采购。服务采购包括加工服务、物流服务等劳务的采购，某些业务的外包可以看成服务的采购，通常采用一揽子合同采购服务的形式。

二、采购管理的含义

由于企业采购服务于生产经营活动，并且以营利为目的，由此决定了企业采购面对着采购风险和投入产出问题，为了实现企业的经营目标，必须对企业采购活动和过程进行必要的计划、组织与控制，这就是采购管理。采购管理是企业管理的重要职能，也是企业专业管理的重要领域之一。简而言之，采购管理就是指为保障企业物资供应而对企业采购活动进行计划、组织、指挥、协调和控制的一系列活动的总称。企业采购是实现企业利益的重要环节，企业必须对采购工作实行有效的采购管理。

采购管理通常包括以下几项基本职能：

（1）采购决策。它是根据物料需要量的预测和生产计划的安排，在考虑各种影响因素的条件下，对采购活动涉及的各个方面作出科学的选择。

（2）采购计划。采购活动是大量的、经常的，采购计划是对采购活动作出具体细致的安排和规划，是采购活动的指导性文件。

（3）采购组织。它包括静态的组织和动态的组织，前者是指建立采购组织机构，明确采购权限和职责，配备相应的专业人员；后者是指对采购活动的组织，

包括采购招标、货源组织、订货谈判、签订合同和组织交易等。

（4）采购控制。采购控制是指为了达到采购目标，对采购活动制定定额、规章制度、工作程序、采购标准、验货条件，以及涉及采购过程的考核、监督、评价和反馈等。

采购管理就是要通过计划、组织等手段使企业的采购活动规范而科学，使企业能以最适宜的价格在最适宜的时间获得最适宜的资源。此外，采购管理还是企业发展战略上的重要环节。企业通过对采购活动实施高质量的管理，就能在新产品开发或产品的重新设计、产品价值分析、产品定价、市场预测等方面获得来自市场的第一手信息，为决策提供正确的依据。

三、采购和采购管理的作用

1. 采购的作用

采购作为生产经营活动的初始环节，对企业的供、产、销各个环节影响很大，直接影响着生产经营过程、企业业绩，并构成企业竞争力的重要方面。

（1）物料采购和组织货源是生产企业业务活动的基础，它对于保证生产经营活动的连续性具有决定性的作用。采购不及时不仅延长了生产周期，而且会给企业带来重大经济损失。随着消费者需求的多样化，企业必须以小批量、多品种生产方式提高市场的快速反应能力，这就要求采购活动更加频繁、准确和及时，做好物料的配套性、规格化和准时化可以为先进的生产方式奠定良好的条件基础。

（2）采购成本是产品成本的主要构成之一，是决定产品价格水平和竞争力的主要因素之一。从生产企业来看，各类物料转移的价值是构成产品价值的主要部分，一般而言，制造业产品成本中的30%～80%是由采购成本构成的，一些特殊行业甚至占到90%以上，因此控制采购成本是降低产品成本的主要渠道。从商贸企业看，商业利润主要来源于“贱买贵卖”的流通差价，较低的购进价格对于商业利润具有决定性影响。

（3）产品质量与生产工具、劳动对象的质量有密切关系，机器设备的可靠性和精度、原料的质量和各种零部件的性能和质量直接影响到最终产品的质量，因此采购活动对提高企业质量水平、降低不良品率具有重要意义。

（4）物料采购需要占用大量的流动资金、生产经营设施和场地，因此做好采购工作对于减少资金占用、提高设施和场地的利用率具有十分显著的意义。目前，许多企业面临资金紧张和设施不足等问题，导致上述问题的主要原因之一就是采购活动不够优化，而通过挖掘采购活动的潜力，可以找到解决问题的重要途径，因此，科学、合理的采购活动对于解决企业各类问题具有积极作用。

（5）采购活动与企业外界的联系十分紧密，它对于促进企业的开放性具有战略意义。有效的采购活动可以促使企业转变“大而全”、“小而全”的思想，避免重复投资、重复建设，促使企业聚精会神地抓好主业，培育核心竞争力。通过采购这一纽带，企业可以构建外部合作体系，充分利用外部资源，因此采购活动对于发展虚拟企业、战略联盟和业务外包等新型管理模式具有特别重要的意义。

（6）采购对企业的产品开发、质量保证、整体供应链，以及经营管理都起着极为重要的作用。采购活动的效率不高，必然会影响到整个企业的运作，企业的生产可能会因此而中断，客户服务也可能会因此而降低服务水平，甚至会破坏企业的长期客户关系。企业生产必须做到，供给先行。

2. 采购管理的作用

在现代企业的经营管理中，采购管理已变得越来越重要。采购管理对于企业的重要性主要表现在企业的成本控制和营运效率两个方面。

（1）在成本控制方面，做好采购管理工作是企业降低成本、获取利润的关键。例如，日本著名的汽车制造商丰田汽车公司每年要采购大量的零部件、橡胶和玻璃等，其企业产品的成本中外购部分占比较大的比例，约为50%～70%，因此外购条件与原材料的采购管理成功与否很大程度上影响着丰田公司的竞争力。除此之外，美国的三大汽车公司：通用、福特和克莱斯勒也致力于全球采购网络的建设，希望通过有效的采购管理体系来控制采购过程中的成本开支。

（2）在营运效率方面，对采购部门的有效管理关系到企业营运效率。采购部门运作的有效性将直接反映在其他部门上。例如，当采购部门选择的供应商不能按照既定的质量标准送来原材料或零部件时，可能造成废品率升高或返修成本增大，此外还会造成过多的直接人工成本。很多采购部门现在都把企业中的其他部门视为内部顾客或客户，并且注重提高自身的效率和效益，提升企业的营运效率。

总之，采购管理是企业经营管理的核心内容，是企业获取经营利润的重要源泉之一，也是企业竞争优势的来源之一。随着全球经济一体化和信息时代的到来，采购管理的工作将会被提升到一个新的高度。

四、采购与采购管理之间的联系与区别

采购与采购管理是两个不同的概念，如果企业采购处于一种自发状态，没有实施有效的计划、组织与控制职能，那么可以说企业有采购活动，却没有采购管理。在考虑风险、资金占用、适度规模、及时性和成本等因素的条件下，通过实施科学的采购管理，可以合理选择采购方式、采购品种、采购批量、采购频率和采购地点，以有限的资金保证生产经营的需要，为企业降低成本、加速资金周转和提高产品质量作出积极的贡献。

采购管理是对整个企业采购活动的计划、组织、指挥、协调和控制活动，是

管理活动，是面向整个企业的，不但面向企业全体采购人员，而且也面向企业组织其他人员进行有关采购的协调配合工作。采购管理一般由企业的高层管理人员承担，如企业的采购经理、供应科（部、处）长等，其使命就是要保证整个企业的物资供应，其权力是可以调动整个企业的资源。而相对来讲，采购只是指具体的采购业务活动，是作业活动，一般是由采购人员承担的工作，只涉及采购人员个人，其使命就是完成采购科长布置的具体采购任务，其权力只能调动采购经理分配的有限资源，具体如表 1-1 所示。

表 1-1　采购管理和采购的联系与区别

	采　购	采购管理
联系	采购属于采购管理的对象之一，采购管理又可以直接管到具体的采购业务的每一环节，每一个采购员	
区别	是作业活动 指具体的采购业务活动 一般由采购员承担 只能调动采购部门，经理分配有限资源	是管理活动 面向整个企业 一般由高级管理人员承担 可以调动整个企业的资源

由表可见，采购与采购管理是有区别的。但是采购本身也有具体的管理工作，它属于采购管理。采购管理本身，又可以直接管到具体的采购业务的每一个步骤、每一个环节、每一个采购员。可见，采购与采购管理又是有联系的。

第二节　采购管理的内容和目标

一、采购管理的内容

长期以来，企业采购的功能是单一的，就是购买各类生产物料，满足生产需要。采购的单一功能与企业活动的过度专业化有直接关系，由此导致的问题是采购活动与生产、销售等活动相互分离。近年来，出现了战略采购的思想，要求采购活动置身于企业经营战略的总体安排下通盘考虑，处理好采购与生产、销售等其他活动的关系。战略采购思想的提出扩大了采购的内涵和功能，对于推动采购的合理化产生了积极影响。在战略采购思想下，采购管理包括的内容更加丰富，一般而言，主要涉及以下几个方面：

（1）根据销售计划和生产计划的安排，协调采购与生产和销售的关系，加强采购部门与生产和销售部门的沟通，详细了解生产和销售等部门对采购的具体要求。

（2）分析外部供应市场的状况，掌握各类物料的供应渠道、价格变化、交易条件以及供求关系，就采购方式、采购批量、采购价格等作出决策，编制详细的采购计划。

（3）做好采购管理的基础工作，制定各类采购定额和标准，明确职责分工和权限，编制采购业务流程和工作手册，提出主要的考核指标，建立采购数据库和采购信息系统。

（4）按照采购计划决定的采购方式，实施具体的招标、接洽、谈判等工作。根据企业的目的不同决定与供应商之间的关系，重点培养稳定的供货渠道，与主要供应商建立战略联盟，培育有效的供应链。

（5）签订订货或采购合同，加强合同管理，催促供应商及时交货，组织好物料的运输、搬运、验收、分包等具体的物流作业工作。

（6）做好结算和信息反馈工作，根据交易关系的不同区别结算方式和政策，将物料供应中存在的问题反馈给供应商，征求生产部门对采购的改进意见。

良好的企业采购管理不仅可以保证企业所需物资的正常供应，而且通过采购管理，能够从市场上获取支持企业进行物资采购和生产经营决策的相关信息，更重要的是可以与高品质的供应商建立长期友好的关系，形成企业稳定的资源供应基地。企业采购管理的主要内容如图 1-1 所示。

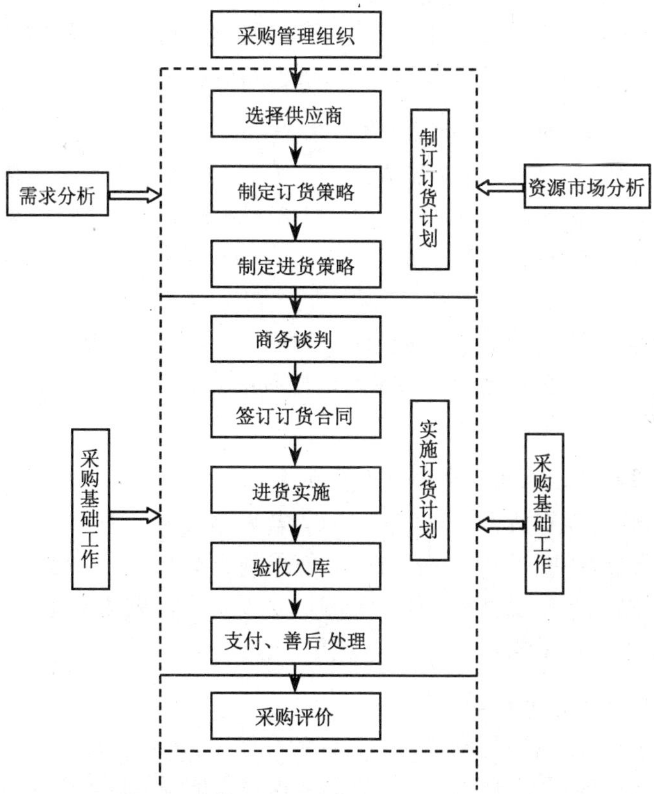

图 1-1　采购管理主要内容图

二、采购管理的目标

搞活企业、提高效益是企业发展的最终目的，而加速资金周转、降低成本已成为企业经营管理工作的重中之重。采购管理的总目标可用一句话概括为：以最低的成本为企业提供满足其需要的物料和服务，以获得最大的价值收益。随着时代的进步，管理理念也发生了很大改变，采购也逐步由传统的采购方式向科学的采购方式发展。下面通过对比分析一般采购管理目标和供应链条件下的采购管理目标来认识现代采购管理的目标。

（一）一般采购管理目标

1. 合适的供应商，满足企业生产所需的物料和服务

采购管理最基本的目标是为企业提供不间断的物料和服务，以保证生产的正常运转。由于原材料和零部件的缺货，造成生产的延迟而无法向顾客兑现作出的交货承诺，将会给企业造成极大的损失。对于采购方来讲，选择供应商是采购管理的首要目标。选择的供应商是否合适，会直接影响采购方的利益，如数量、质量是否有保证，价格是否适宜，能否按时交货等。

2. 适当的质量，保证企业利益最大化

企业进行采购的目的，是为了满足生产需要。因而，为了保证企业生产的产品质量，首先应保证所采购物料的质量，以能够满足企业生产的质量标准要求为原则，保证质量应该符合生产需要，即不过高也不能太低，确保企业利益优化。如果物料的质量过高，会加大采购成本，同时也造成功能过剩；但采购物料质量太差，就不能满足企业生产对原材料品质的要求，影响到最终产品质量，甚至会危及人民生命财产安全。例如，水泥、钢材质量的不合格，可能造成楼房建筑、桥梁等“豆腐渣”工程。

3. 适当的数量，最大限度地降低库存量

采购的数量与库存成本有直接的关系，若采购量大，易出现积压现象；相反则可能会出现供应中断，采购次数加大，使采购成本增大。因此，采购数量决策也是采购管理的一个重要目标。采购数量一定要适当，要科学地确定采购数量，防止超量采购和少量采购。

4. 适当的时间，保证供应不间断

在当前市场需求以满足顾客为总目标的环境下，采购管理对采购时间有严格的要求，选择适当的采购时间，即一方面要保证供应不间断，库存合理；另一方面又不能过早采购而出现积压，占用过多的仓库面积，加大库存成本。

5. 适当的价格，获得有利的采购成本

采购价格的高低是影响采购成本的主要因素。因此，以适当的价格完成采购任务是采购管理的重要目标之一。采购价格过高，加大了企业的生产成本，产品将失去竞争力，供应商也将失去一个稳定的客户，这种供需关系也不能长久。采购价过低，供应商利润空间小，或无利可图，将会影响供应商供货积极性，甚至出现以次充好，降低产品质量以维护供应，这样企业将是最终的受损者。

（二）供应链条件下采购管理的目标

1. 顾客完全满意

不断地创造并满足顾客的需求与潜在需求，是市场经济条件下企业存在的价值。美国著名的管理学家德鲁克曾说过，企业宗旨的唯一定义是“创造顾客”。采购管理是企业运作的一个环节，也应树立“顾客完全满意”的理念，它应成为采购管理人员的基本信念、价值观和行为准则。只有站在这一角度，在“顾客完全满意”理念的指引下，采购人员才能真正地想顾客之所想，急顾客之所急，始终将顾客利益摆在首位。在这样的思想指导下，努力降低采购成本，让利于顾客；提高供应环节的柔性，更快地对顾客的需求作出反应。

2. 支持企业运营的需求

采购部门必须通过一系列的活动来满足企业内部的需求。通常情况下，采购部门是通过购买原材料来满足运作的需求，但是采购部门还可以通过向配送中心的仓储补货及成品配送等功能提供服务来满足配送中心的需要，同时也能为新产品的设计和技术开发，提供市场信息。

3. 选择、发展合格的供应商

采购部门的重要目标之一就是对供应商的选择、开发和保证，这正是战略供应的全部内容。供应链管理需要采购部门寻求与其外部供应商建立的更好地合作关系，并发展可靠的、高质量的供应来源。通过与供应商的合作，以形成在产品成本、质量、配送或新产品开发等方面的绩效优势，与供应商一起减少采购进程中的无效时间。

4. 团结协作，建立团队关系

企业要在竞争的市场中立于不败之地，仅仅依靠一个人、一个部门的才智和能力，几乎是不可能的，合作的观念或意识在企业中已体现出越来越重要的作用。企业要加强各部门之间联系的要求已经变得十分明确，为了达到这个目标，采购部门必须与营销、生产、质检、工程和财务等部门之间建立协作的团队关系。

5. 科学设置采购流程使之具有更高的效率

市场经济条件下，时间就是金钱。时间不仅代表着成本，同时也意味着企业竞争力。如今，顾客的需求变化越来越快，要求也越来越多，不仅对产品本身的质量提出了更高的要求，而且对时间的要求也越来越高。为此，采购的流程必须科学设置，使之更具效率，满足市场发展的需要。

6. *构建实现企业总体目标的完整采购战略*

采购作为企业总体战略计划中的一个环节，其战略规划和计划必须与企业总体的战略目标相适应，构建与之相适应的完整采购战略，才能对企业总体战略方针起到支持与推动作用。

综上所述，传统采购的重点放在如何和供应商进行商业交易的活动上，特点是重视交易过程中的价格比较，通过供应商的多头竞争，从中选择价格最适宜者作为合作者。质量、交货期也是采购过程中的重要因素，但在传统的采购方式下，质量、交货期都是通过事后把关的办法进行控制（如到货验收等），而将交易过程的重点放在价格的谈判上。而现代采购管理通常是在信息共享的环境下，以快速响应客户需求为主要目的的采购。它更注重采购过程中的合作与协作，追求共赢。

第三节　传统采购与 JIT 采购的区别

长期以来，人们在采购中一直不断地在探索和努力，就是试图寻找一种采购方式，它既要保证物资的供应，又要使库存量压缩到最小限度甚至是零库存。这种情形之下，采购管理经历了从传统采购向现代采购的发展。

一、传统采购

传统采购是企业一种常规的业务活动过程，即企业根据生产需要，首先由各需要单位在月末、季末或年末，编制需要采购物资的申请计划；然后由物资采购供应部门汇总成企业物资计划采购表，报经主管领导审批后，组织具体实施；最后，所需物资采购回来后验收入库，组织供应，以满足企业生产需要。

传统采购的一般流程如图 1-2 所示，可以看出，传统采购存在以下几个方面的不足：

（1）传统采购过程中，存在市场信息不灵、库存量大、资金占用多、库存风险大的不足，经常可能会出现供不应求，影响企业生产经营活动正常进行，或者库存积压、成本居高不下，影响了企业的经济效益。

（2）传统采购过程需处理一系列没有增值作用的文书工作。这些文书工作操作烦琐而又费时，对于采购这个过程来说是一大浪费。

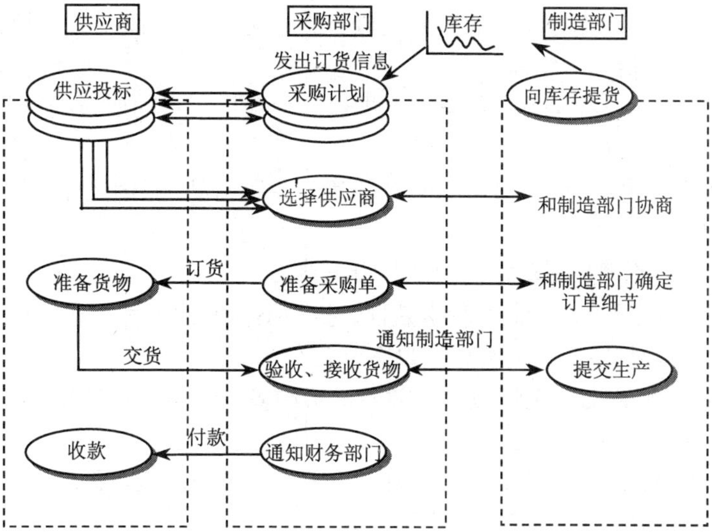

图 1-2　传统采购的一般流程图

（3）过多的单证操作。一个新订购过程至少涉及七种不同的单证（询价单、报价单、订单、订单回执、到货通知书、物品签收单及发票），还包括提供采购和其他部门存档的高成本的复印副本。

（4）处理内部和外部订单需要消耗大量的时间，影响了采购的效率，增加了企业的成本。

（5）供需关系是临时的或短时期的合作关系。在传统的采购模式中，供应与需求之间的关系是临时性的，或者是短时期的合作，而且竞争多于合作。

（6）响应用户需求能力迟钝。由于供应与采购双方在信息的沟通方面缺乏及时的信息反馈，在市场需求发生变化的情况下，采购方也不能改变供应方已有的订货合同，因此采购方在需求减少时，出现库存增加；需求增加时，出现供不应求。重新订货需要增加谈判过程，因此供需之间对用户需求的响应没有同步进行，缺乏应付需求变化的能力。

二、JIT 采购

JIT 采购，又称准时化采购，它是由准时化生产（Just In Time）演变而来，是为了消除库存和不必要的浪费而进行持续性改进。准时化生产最先出现在日本，日本为了减少库存和降低成本，在生产控制中采用基于订单流的准时化生产模式，实现生产过程的几个“零”化管理：零缺陷、零库存、零交货期、零故障、零（无）纸文书、零废料、零事故、零人力资源浪费。要进行这种准时化的生产必须要有准时化的供应，于是准时化采购应运而生。准时化采购是一种先进的采购模式，是一种管理哲学。它的核心是恰当的时间，恰当的地点，以恰当的数量、恰当的质量提供恰当的物品。

JIT 采购的基本原理是以需定供。即供应商根据用户的要求或称看板，按照用户需求的品种、规格、质量、数量、时间、地点等要求，将物品配送到指定的地点。不多送，也不少送；不早送，也不晚送；所送品种要个个保证质量，不能有任何废品。

JIT 采购的原理虽简单，但内涵却很丰富。

（1）品种配置上，保证品种有效性，拒绝不需要的品种。即用户需要什么，就送什么，品种规格要完全符合用户需要。

（2）数量配置上，保证数量有效性，拒绝多余的数量。即用户需要多少，就送多少，不少送，也不多送。

（3）时间配置上，保证所需时间，拒绝不按时的供应。即用户什么时候需要，就什么时候送货，不晚送，也不早送，非常准时。

（4）质量配置上，保证产品质量，拒绝次品和废品。即用户需要什么质量，就送什么质量，品种质量符合用户需要。

（5）地点配置上，保证送货上门的准确性。即用户在什么地点需要，就送到什么地点。

（6）准时制采购是一种直接面向需求的采购模式。它的采购送货是直接送到需求点上的。

JIT 采购既能很好地满足用户的需求，又使得用户的库存量最小。用户不需要设立库存，只要在货架上或生产线旁边设置临时存放点存放少量的物料，一天销售完毕或生产完毕，这些临时存放就消失，库存完全为零，真正实现了零库存。

三、JIT 采购与传统采购的区别

1. 采用较少的供应商，甚至单源供应

传统的采购模式一般是多头采购，供应商的数目相对较多。从理论上讲，采用单供应源比多供应源好，一方面，管理供应商比较方便，也有利于降低采购成本；另一方面，有利于供需之间建立长期稳定的合作关系，质量上比较有保证。但是，采用单一的供应源也有风险，比如供应商可能因意外原因中断交货，以及供应商缺乏竞争意识等。

在实际工作中，许多企业也不是很愿意成为单一供应商。原因很简单：①供应商是具有独立性较强的商业竞争者，不愿意把自己的成本数据披露给用户；②供应商不愿意成为用户的一个产品库存点。实施准时化采购，需要减

少库存，但库存成本原先是在用户一边，现在转移到了供应商。因此用户必须意识到供应商的这种忧虑。

2. 对供应商的选择标准不同

在传统的采购模式中，供应商是通过价格竞争而选择的，供应商与用户的关系是短期的合作关系，当发现供应商不合适时，可以通过市场竞标的方式重新选择供应商。但在准时化采购模式中，由于供应商和用户是长期的合作关系，供应商的合作能力将影响企业的长期经济利益，因此对供应商的要求就比较高。用户在选择供应商时，需要对供应商进行综合的评估；在评价供应商时，价格不是主要的因素，质量是最重要的标准，这种质量不单指产品的质量，还包括工作质量、交货质量、技术质量等多方面内容。高质量的供应商有利于建立长期的合作关系。

3. 对交货准时性的要求不同

准时化采购的一个重要特点是要求交货准时，这是实施精细生产的前提条件。交货准时取决于供应商的生产与运输条件。作为供应商来讲，要使交货准时，可从以下方面着手：①不断改进企业的生产条件，提高生产的可靠性和稳定性，减少延迟交货或误点现象。作为准时化供应链管理的一部分，供应商同样应该采用准时化的生产管理模式，以提高生产过程的准时性。②为了提高交货准时性，运输问题不可忽视。在物流管理中，运输问题是一个很重要的问题，它决定准时交货的可能性。特别是全球的供应链系统，运输过程长，而且可能要先后运用不同的运输工具，需要中转运输等，因此要进行有效的运输计划与管理，使运输过程准确无误。

4. 对信息交流的需求不同

准时化采购要求供应与需求双方信息高度共享，保证供应与需求信息的准确性和实时性。由于双方的战略合作关系，企业在生产计划、库存、质量等各方面的信息都可以及时进行交流，以便出现问题时能够及时处理。

5. 制订采购批量的策略不同

小批量采购是准时化采购的一个基本特征。准时化采购和传统的采购模式的一个重要不同之处在于，准时化生产需要减少生产批量，直至实现“一个流生产”，因此采购的物资也应采用小批量办法。当然，小批量采购自然增加运输次数和成本，对供应商来讲，这是很为难的事情，特别是供应商在国外等远距离的情形下，实施准时化采购的难度就更大，解决的办法可以通过混合运输、代理运输等方式，或尽量使供应商靠近用户等。

传统上，企业物资采购的目的是以最低的成本费用来获取所需要的原材料和外购零部件。而在 JIT 环境下，采购功能发生了深刻的变化，二者的比较结果如表 1-2 所示。

表 1-2 JIT 采购与传统采购的比较

项　目	传统采购	JIT 采购
采购批量	大批量	小批量
配送	配送频率低，运输次数相对少	配送频率高，运输次数多
供应商评价	只评价合同履行能力	对合同履行能力、生产设计能力、物料配送能力、产品研发能力等进行综合评价
供应商数量	较多	较少
合作关系	短期、松散	长期、稳固
物料质量	不易稳定	比较稳定
交货方式	由采购商安排，按合同交货	由供应商安排，确保交货准时性
信息交流	信息不对称，易导致暗箱操作	高度共享准时实时信息，易建立信任关系
包装	常规包装	特定要求
价格	要求最低的价格	要求合理的价格
检验	每次到货检验	质量有保障，无需检验
产品设计	供应商不参与	强调供应商参与

学习情境设计：调查企业采购理念与运作

一、实训目的

（1）学习加深对所学采购基础知识的理解。

（2）了解实际企业中采购内容和采购理念。

（3）了解不同企业采购的地位和作用。

（4）熟悉企业的采购流程和采购原则。

（5）培养学生的团队合作精神，增强归纳总结、分析能力及人际交往与沟通能力。

二、实训组织

（1）知识准备：采购管理的目标和内容，传统采购与 JIT 采购的区别。

（2）学生分组：每个小组人数以 3～5 人为宜，小组中要合理分工，每组选出一位小组长。

（3）实训地点：就近推荐各类企业若干家，包括商业连锁企业、小型商业企业、大型工业企业、小型工业企业，或自主选择调研企业。

三、实训要求

（1）每小组成员分工实地调研或网上调研，做好数据和信息的收集。

（2）了解实际企业的采购活动，采购运作流程，及相应的采购理念。

（3）小组讨论，整理并统计各成员的发言及数据，以便最后可以进行比较分析。

（4）尽可能地调动同学们的参与积极性，进行班级讨论。

四、实训报告

（1）各小组总结各成员对采购管理的认识和理解，然后在所有的小组内进行讨论，评出最好的采购概念，每个小组对采购下一个定义并进行汇报。

（2）评比采购的原则（5R），对不同的原则指标进行权重的排序。小组内人员讨论确定各标准的权重数据，把各组数据求平均，并讨论且最后进行汇报。

	适　时	适　质	适　量	适　价	适　地	总　和
权　重						100%
权　重						100%
……						100%
平均数						100%

五、实训考核

实训成绩根据个人表现和团队表现进行综合评定。考评内容包含以下几项：

（1）调查过程中的安全、文明礼貌是否足够重视。

（2）资料收集是否全面，包括企业采购现状、采购地位与作用、采购相关规定。

（3）相关资料是否通过实地调查获得，是否收集到企业采购中的实际故事。

（4）小组内部分工是否明确，组员是否有协作精神，根据个人任务完成情况由组长评分。

（5）小组总结汇报思路是否清晰、内容是否充实、重点是否突出，由教师对小组进行评分。

（6）实训报告是否按要求的规范格式完成，对个人报告或小组报告进行评分。

（7）根据个人得分和小组综合评分最终确定每个学生的实训成绩。

第二章　采购管理组织

工作任务及过程

单位名称	采购部	流程名称	采购组织设计	工作任务说明
总经理	人事经理	人力资源部	采购部	配置学习领域

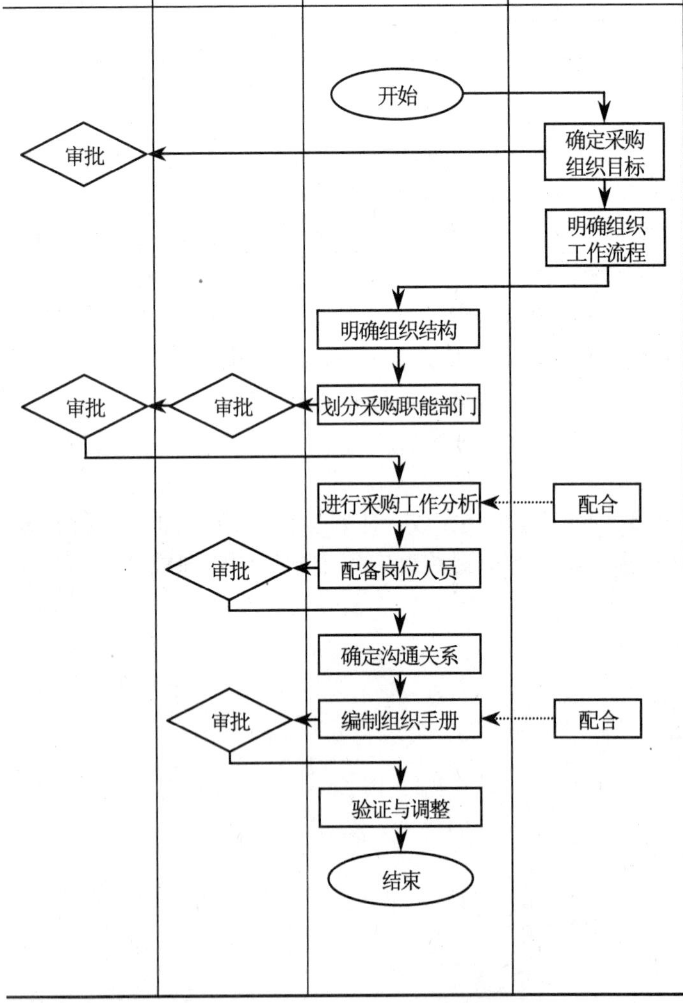

采购部先结合自身经营特点设定采购组织要实现的总体目标，并报上级审核

采购部明确组织的主要工作流程，将性质相同或相近的工作内容进行优化组合

人力资源部根据确定的采购业务流程及主要业务，明确本组织的结构特点和性质，结合行业特点、业务范围、组织环境等因素，进行主要职能部门的设置和划分，确定管理层次和幅度

在职能部门确定后，要对各部门开展的所有工作进行分析，包括明确岗位的人员所应具备的素质，知识及技能等

然后，根据岗位工作内容、性质和范围等选择适当的人去做适合的事

明确不同岗位和部门之间的沟通方式，进行权责分配，以保证组织高效、灵活的运作

形成组织结构设计的最佳文件，组织结构图、组织手册，并报上级审核

企业还应在实际的运作中不断进行调整完善，以提高组织的运行效率与效益，使企业始终充满活力

职业能力要求

岗位：人力资源部专员、采购专员

（1）根据企业发展情况及采购等相关部门人员需求，组织编制企业人才招聘计划。

（2）筛选应聘人员简历，并通知初步筛选合格人员参加公司面试。

（3）组织人员对应聘采购等岗位的人员进行面试相关工作。

（4）组织调查了解采购部门和员工的培训需求。

（5）制定采购培训标准，组织实施培训计划。

（6）协助人力资源部经理制定公司的采购绩效管理体系，采购管理制度，采购工作流程。

（7）根据制定的采购绩效计划、采购职位说明书对公司有关部门和员工实施绩效考核。

项目任务驱动

好心思食品公司（Hershey Foods Corporation）

你曾是否到过宾夕法尼亚州的赫尔希？在那里，你可以走在巧克力大道上，观看由好心思的 Kisses 糖果形路灯照亮的街道，参观赫尔希动物园，并在赫尔希公园观看“巧克力接吻塔。”赫尔希是好心思食品公司（以下简称“好心思公司”）的家乡。该公司每天生产 3 800 多万支 Hershey Kisses 糖果。自 1893 年好心思公司诞生以来，它已经从一个车间、一种产品的小厂成长为销售额达 40 亿美元的大公司。该公司在美国和全世界各处的生产工厂向人们提供多种高质量的巧克力、糖果产品和服务。

2005 年好心思公司作为美国最大的糖果制造商，它的市场份额为 38.7%，超过了玛氏公司的 22.6%。好心思公司还是美国最大的面条制造商，拥有 28.4% 的市场份额，高于博登公司（Borden）的 23.1%。好心思公司 89%的销售额在国内市场实现，其国外销售额在 2004 年下降了 10.2%，为 3.1 亿美元。尽管糖果和面条产业的生产已实现了国际化，但好心思公司对于除美国、墨西哥和加拿大之外的市场，尚缺乏开发的经验与投入。2003 年，好心思公司在墨西哥和加拿大糖果市场的亏损达到了历史最高值，当其竞争者获取规模经济优势和世界市场知识之时，好心思公司还能否作为一家国内糖果和面条生产商而继续生存下去？股东们开始对此表示关切。

生产好心思产品所使用的最重要原料是可可豆。这种原料从西非、南美和远东赤道地区进口。西非占有大约60%的世界可可产量。可可豆的味道、质量和价格都呈现较大的变化和波动，为将可可豆价格波动造成的影响降至最小，好心思公司拥有大量的可可豆和可可产品库存，好心思公司还进行可可期货合约的买卖。好心思公司持续进行对西非和巴西可可作物产量的预测，并持续监视影响市场状况的经济和政治因素。

好心思公司使用的第二种重要原料为食糖。根据国内农场法规，食糖生产享受价格支持。由于进口配额和关税，美国用户所支付的食糖价格要大大高于世界市场价格。好心思公司大量采购的其他原料包括用硬质小麦磨成的粗面粉、牛奶、花生、杏仁和椰子果。牛奶和花生的价格受联邦营销法规和美国农业部的补贴计划影响。对牛奶和花生的价格支持的增大和减小会极大地影响好心思公司的原料成本。花生和杏仁的市场价格一般在每年收获季节之后的几个月中被决定。

自从2003年以后，为适应不断变化的采购环境，针对公司采购原材料的特点，好心思食品公司花了近四年时间大力对其采购业务进行了再造以从供应链基础获得充分价值，结果如何呢？集中的采购群体远离了事务处理而转向战略供应管理，而供应基础则密切地与好心思公司的运作和经营战略相结合。好心思公司供应战略的关键在于：

（1）采购的集中化以及整合。过去它是由处于每一个经营单位和公司水平的单独的采购部门实施的。

（2）供应基础的重大整合。其目的是为了使好心思公司的影响最大化并发展更紧密的供应商关系。

从采购资源转向战略供应活动并远离事务处理，与此同时使好心思公司机构内部理解这种转换的原因。

将关键供应商垂直整合进好心思公司的业务之中，这包括过程和商业信息的公开分享。有时，供应商的部门会全心全意服务于好心思的业务。

采购副总裁 Frank Cerminara 认为，在好心思公司，改变采购的基础结构是一项简单的决策。“四年前我们决定将全部事务集中化，包括商品、包装、投资设备的采购以及服务”。他所说的是采购职能。

直到那时，总部设在宾夕法尼亚州的好心思公司仍拥有很多小的采购部门，其中包括属于公司层次的商品小组，也包括分公司的商品小组。在好心思公司的核心——糖果点心业务和意大利面食以及食品杂货店之间，负责采购原材料和生产辅助工具或一般生产耗材用品的小组或部门数量如此之多，以至于效率低下。

后来，所有的核心能力和技能被整合在一组采购专业人士之中。小组成员包括掌权的 Cerminara、两个商品主管、一名设备和服务主管以及一名包装主管。成立小组的意图是使好心思食品公司的购买量杠杆化，以降低成本。

显然集中化是Cerminara采取的主要行动之一，目前好心思公司的采购运作在多种活动中与所有独立的经营单位紧密结合，其中包括新产品的开发。

"采购存在于每一个运营部门——销售、市场、制造以及其他供应链业务中"，Cerminara说，"我们在概念（发展）阶段开始努力寻找恰当的供应商。例如，采购代表会与新产品开发小组共同工作，其中也包括研发、食品技术、工程设计、制造和市场营销人员"。

Cerminara强调商品经理应把精力集中于战略而不是合同的数量。他说："例如，我们希望可可豆的采购者在交易上花的时间更少，而在跟踪市场上花更多的时间。"

为了使这种努力获得成功，采购部门谋求来自所有单位的支持——这花了一些时间。Cerminara 指出，"任何时间都可以发生合并，总有一定的忧虑与其相伴"。为了减轻这种担忧，采购小组实施了一个教育计划。Cerminara 说："没有固定的形式，我们只是寻求与好心思工厂经理和其他的涉及物料来源的人进行直接沟通的机会。"他和采购小组的其他成员访问了一些工厂，召集了其他人，在工厂经理们在城里开会的时候与其进行交谈。他说："我们与他们交谈，告诉他们为什么我们正在改变。"

为了长期节约，采购部门建立了跨职能小组与供应商共同工作。与某些供应商一起，五至七个好心思公司的代表经常与来自供应商的对等人员坐下来讨论，并且"他们不是进行谈判，而是寻求从系统中去除成本"。

为了确保小组找到对好心思而言可以接受的解决方法，Cerminara 委任包装经理 Thomas Bownman 成立指导小组研讨并确定解决方案，为好心思公司降低了成本，提高了生产效率，以及给供应商的产品增加了价值。

任务一：公司采购组织做出了哪些改变。

任务二：如何设计高效的采购组织。

学习领域配置

第一节　采购组织及其类型

在市场经济条件下，市场需求的不确定性和多变性导致现代企业的采购工作非常复杂，特别是一些大中型企业，采购的商品品种繁多、数量大，采购工作往往不是由一个人来完成，而是由一部分人组成的采购团队来完成。随着企业与市场联系越来越紧密，采购组织的工作状况直接影响到整个企业的运作流程与竞争优势，因此任何企业或机构都非常注重采购组织的建立。建立一个高效率的采购组织机构，组建一支高素质的工作团队，通过科学的采购，降低采购成本，这可以保证企业生产经营活动的正常进行。随着外部环境的不断变化，采购组织也经历了相应的发展和演变过程，出现了各种不同类型的采购组织。

一、采购组织的含义

组织通常有两种含义：①作为实体本身的组织，即按照一定的目标、任务和形式建立起来的社会集体，如企业、政府、大学、医院等；②管理的组织职能，即通过组织机构的建立、运行和变革机制，以实现组织资源的优化配置，完成组织任务和实现组织目标。因此，组织是实现目标的重要保证。

采购组织，是指为了完成企业的采购任务，保证生产经营活动顺利进行，由采购人员按照一定的规则组建的一支采购团队。采购组织是一个基于整个企业的，负责为整个企业所有的采购过程提供支持的一个中心组织，在企业中具有举足轻重的作用，无论生产企业还是流通商贸企业，都需要建立一支高效的采购团队，通过降低采购成本，保证企业生产经营活动的正常进行。

二、采购组织的类型

按照采购组织机构设计的原则，在充分考虑影响采购组织机构设计因素的前提下，不同的企业有不同的采购组织机构，按照不同的划分标准，可以把采购组织机构进行不同的分类。

1. 按业务过程分工划分的组织形式

按照采购业务过程，将采购计划的制订、询价、比价、签订合同、催货、提货、货款结算等工作交给不同人员办理。这种组织形式适合采购量大、采购物品品种较少、交货期长的企业采用，这种组织形式要求部门内各成员密切配合，具体形式如图 2-1 所示。

2. 按物品类别划分的组织形式

不同类型的物品有不同的特点，按照物品的类别可将采购部门划分为不同的采购小组，每一小组承担一种或几种物品的采购业务，如采购计划制定、询价、招标、比价、签订合同、货款结算等。

这种结构形式可以使采购人员对其经办的项目非常专业和精通，能够做到熟能生巧。主要适合于采购物品繁杂，专业性较强，商品间关联较少的企业采用。某制造企业按物品的类别划分的采购组织机构的形式，如图 2-2 所示。

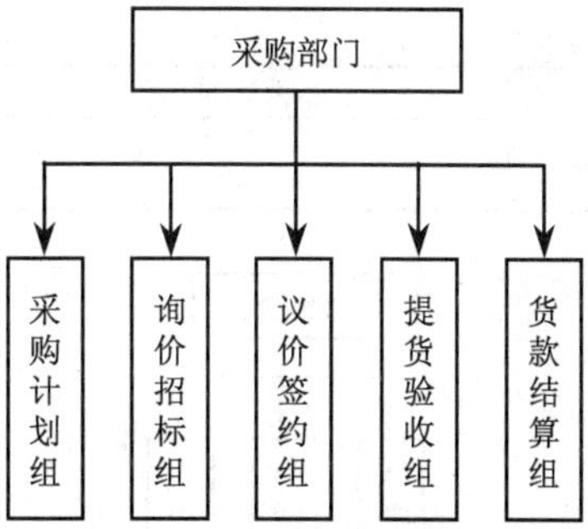

图 2-1 按业务过程划分的采购部门组织结构示意图

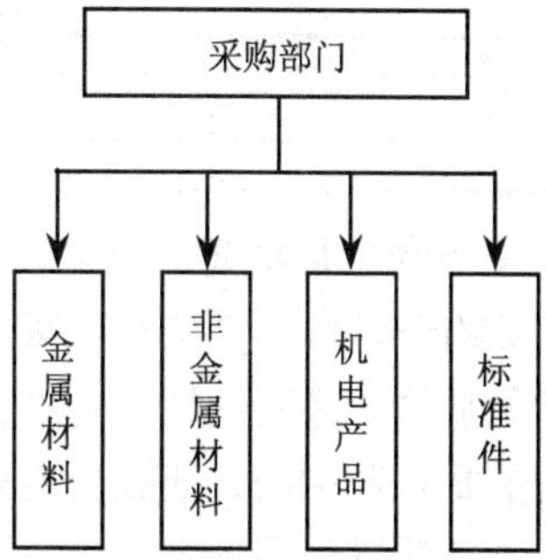

图 2-2 按物品类别划分的采购部门组织结构示意图

3. ***按采购地区划分的组织形式***

企业采购的货源来自不同的地区，可以是本地，也可以是外地，可以是国内，也可以是国外。按采购地区的不同，将采购组织机构分为不同的小组，每个采购小组承担一系列的采购业务，具体形式如图 2-3 所示。

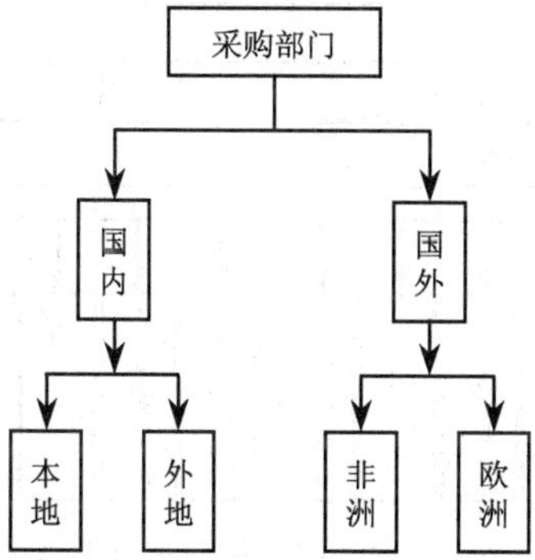

图 2-3 按采购地区划分的采购部门组织结构示意图

这种组织结构形式便于明确工作任务和绩效考核，有利于调度采购员的积极性并与供应商建立良好的人际关系，主要适合于交易对象和采购对象差异性较大的企业。

4. ***按采购物品的价值划分的组织形式***

为了加强对物品的管理，一般将采购的对象按其价值和品种分为 A、B、C 三类物品，如表 2-1 所示。采购部门组织形式也按照 A、B、C 三类产品分别由不同的采购员完成来设置，如图 2-4 所示。

表 2-1 采购物品种类划分

物 品 类 别	采购额/总采购额	品种数/总品种
A	70%	10%

（续）

物品类别	采购额/总采购额	品种数/总品种
B	20%	20%
C	10%	70%

A 类物品是重要的物品，具体表现在：价值高，采购合理与否直接影响采购成本；要确保其货源的质量，这关系到企业经营风险的大小，是采购的重点和中心，一般交由采购主管负责。B、C 类物品数量和品种多，价值不高，可交给一般采购人员负责。

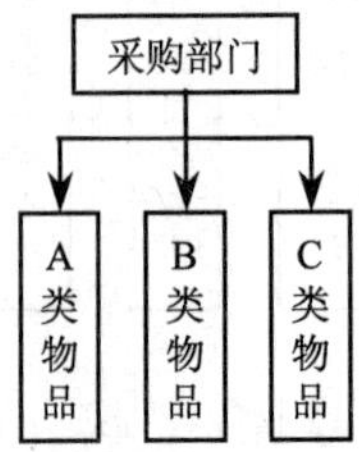

图 2-4　按采购物品价值和品种划分的采购部门组织结构示意图

5. ***混合式组织形式***

不同的企业有不同的特点，一般企业将以系列的物品、地区、价值、业务等为基础，混合式构建组织形式，可以形成不同的混合式组织形式，如图 2-5、图 2-6 所示。

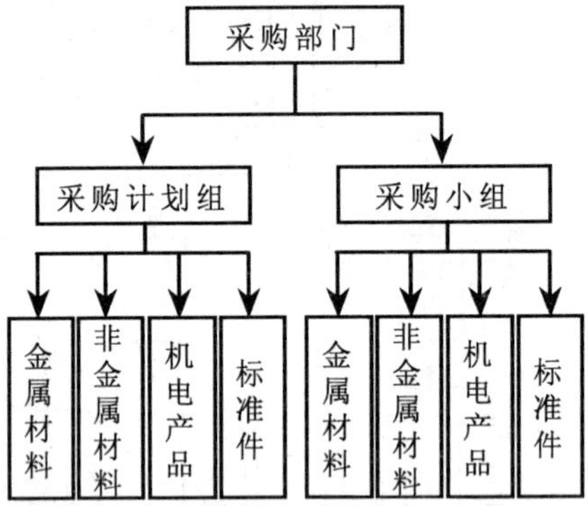

图 2-5　混合式组织结构示意图（一）

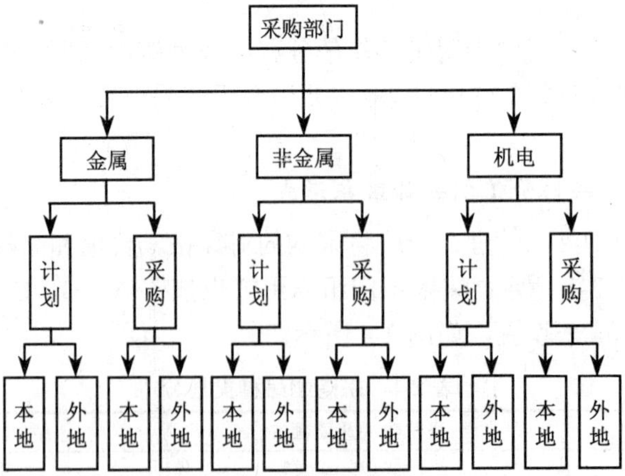

图 2-6　混合式组织结构示意图（二）

不同的企业要根据采购组织机构设计的原则，充分考虑企业内外部影响因素，建立适合本企业的采购组织机构。同时，值得注意的是，采购组织机构建立后不是一成不变的，随着企业所面临的内、外部环境的变化，要不断调整自身的采购组织机构，以便于更好地适应环境，完成采购任务，最终实现企业的目标，但就短期而言，采购组织机构是相对稳定的。

三、采购机构的组织方式

采购机构内在的组织方式多种多样，其运行机制也不尽相同，最常见的主要有：分权式、集权式、混合式、跨职能型等。

1. **分权式采购组织**

分权式采购组织属于平行式管理组织，物料采购作业，采用分散平行的体系。企业把与采购相关的职责与工作分别授予不同的部门来执行，如图 2-7 所示。

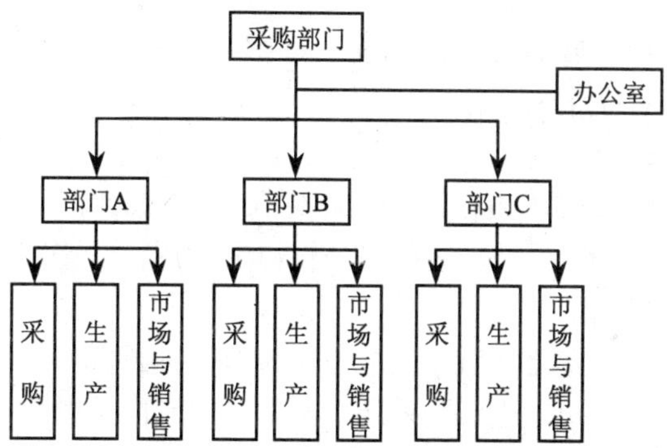

图 2-7　分权式采购组织示意图

分权式组织方式，采购部门只承担整个物料管理的一部分功能和职责。由于职责过于分散，可能会导致权责不清等问题。各个部门之间重复相同的工作项目也会造成资源的浪费。

分权式采购组织一般适用于中小型企业，需要采购的产品比较多，数量比较少的情况。

2. **集权式采购组织**

集权式采购组织，是指所有生产或经营的物料、商品集中进行采购与供应。即将采购相关的职责或工作集中授予一个部门来执行，这是为了建立综合的物料管理体系，而设立的管理责任一体化的组织机构。此种物料管理体系通常包括生产（包括生产计划、生产过程）、采购（包括采购事务、跟催）及仓储（包括收发料、进出货、仓储、运送）等方面的管理功能。公司上层设有一个中心采购部门，其完成的工作主要有：公司的采购专家在战略和战术层次上的运作；产品规格的集中制定；供应商选择的决策；与供应商之间的合同准备和洽谈。例如，通用汽车公司（欧洲）和大众汽车公司采购组织就是采购业务集中到一个相当高程度的例子，如图 2-8 所示，通过采购协作可以从供应商处得到更好的条件（在价格、成本以及服务和质量方面），促进采购的产品和供应商供货运作向标准化的方向发展。

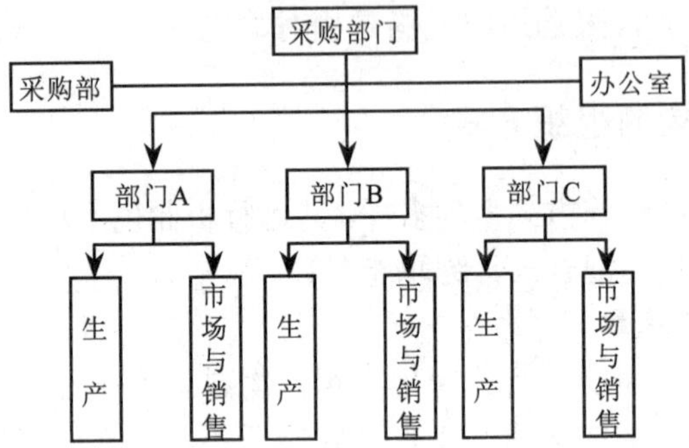

图 2-8　集权式采购组织示意图

集权式采购组织一般适用于大宗和批量物品的采购、价格较高的物品采购以及一些定期采购的物品采购。

3. **混合式采购组织**

混合式采购组织吸收了集权式采购和分权式采购的优点，一个健全的采购组织应该是决策集中，执行分散，集权与分权协调运用，最终在集权与分权的采购中建立一种有效的平衡。

混合式采购组织如图 2-9 所示，总公司设有采购部门，所属的各工厂也分设采购部门。除政策性采购、技术性采购、大量采购或向国外采购等仍由总公司统筹采购，以外的零星采购、地区性或紧急采购，则可由分权式采购部门自行办理。

企业在推行集中采购时，可将部分作业合理分散执行。例如，一些小额、小批量或地区性等的采购，要给下属企业较大的执行权，这样不但可以提高效率，还可以降低采购成本。

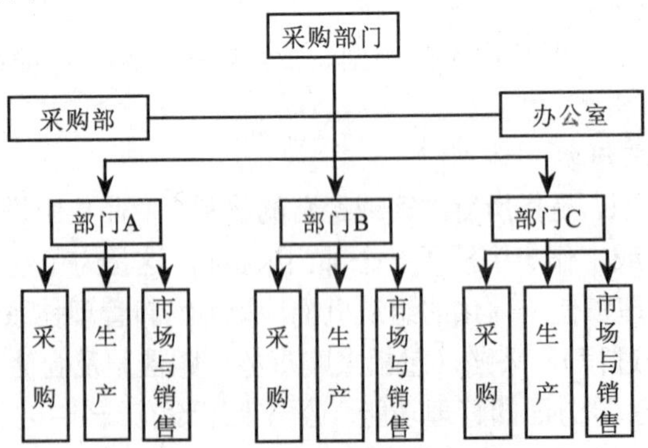

图 2-9　混合式采购组织示意图

4. **跨职能采购小组**

跨职能采购小组是采购中相对较新的组织形式，由于采购组织的构建与赋予它的职能有直接的关系，采购部门各种业务的实施都有其行政管理或上下层关系，而不是采购部门必须完全听命于需求或委托单位，否则采购部门便无法完成企业所交付的任务。

以 IBM 公司的采购小组为例，IBM 公司的新采购组织采用了一个与供应商的单一联系点（商品小组），由这一商品小组为整个组织提供对全部部件需求的整合。合同的订立是在公司层次上集中进行的，然而，在所有情况下的采购业务活动都是分散的。采购部件和其他与生产相关的货物是通过分布在全球的采购经理组织的。这些经理对某些部件组合的采购、物料供应和供应商政策负责。他们向首席采购官（CPO）和他们自己的经营单位经理汇报。经营单位经理在讨论采购和供应商问题以及制定决策的各种公司业务委员会上与 CPO 会晤。CPO 单独与每一个经营单位经理进行沟通，以使公司的采购战略与单独的部门和经营单位的需要相匹配。这保证了组织中的采购和供应商政策得到彻底的整合。IBM 通过这种方法将其巨大的采购力量和最大的灵活性结合在一起。

对于与生产相关的物料的采购，IBM 公司追求的是全球范围内的统一采购程序，供应商的选择和挑选遵循统一的模式。他们越来越集中于对主要供应商的选择和与他们签订合同，这些供应商以世界级的水平提供产品和服务并且在全球存在，这促使了更低的价格和成本水平、更好的质量、更短的交货周期，并因此实现了更低的库存。这种方法导致了更少的供应商和逐渐增加的相互联系，因为采购总额被分配给更少的供应商，因此，可以发展以持续的绩效改善为基础，并更多地关注价值链中与单个供应商的关系。

第二节 采购部门在企业中的隶属关系

采购部门在企业中的隶属关系，即采购部门隶属于企业中的哪个层级。这要视具体情况而定。

1. **采购部门隶属于行政副总经理**

若采购部门隶属于行政副总经理，则其主要功能是获得较佳的价格与付款方式，以达到财务上的目标。有时采购部门为了取得较好的交易条件，难免延误了生产部门用料的时机，或采购了品质不尽理想的物料。不过采购部门独立于生产部门之外，比较能对使用单位产生制衡作用，发挥议价的功能。因此，对于生产规模庞大、物料种类繁多、价格经常需要调整、采购工作必须兼顾整体企业产销利益之均衡时，将采购部门隶属于行政部门就比较合适，如图 2-10 所示。

2. 采购部门隶属于生产副总经理

若采购部门隶属于生产副总经理，则其主要职责是协助生产工作顺利进行。因此，采购工作的重点，将是提供足够数量的物料以满足生产上的需求，至于议价的功能则退居次要地位。如图 2-11 所示为采购部门隶属于生产副总经理的组织机构图。图中又显示生产管制、物流仓储工作等归其他平行单位管辖，并未归入采购部门的职务中。总之，将采购隶属于生产部，比较适合“生产导向”的企业，其采购功能比较单纯，而且物料价格也比较稳定。

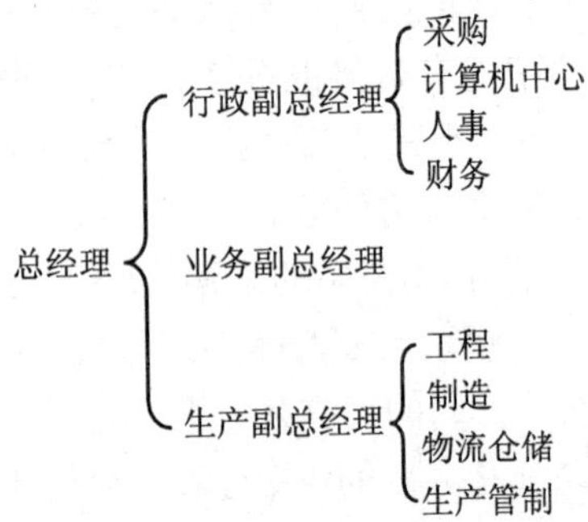

图 2-10　采购部门隶属于行政副总经理

3. 采购部门隶属于总经理

若采购部门直接隶属于总经理，就提升了采购的地位与执行能力。此时，采购部门的主要功能在于发挥降低成本的效益，使得采购部门成为企业创造利润的另一种来源。这种类型的采购部门，比较适合于生产规模不大，但物料或商品在制造成本或销售成本所占的比率比较高的企业。采购部门隶属于高级管理层，使它扮演直线功能而非参谋功能的角色，如图 2-12 所示。

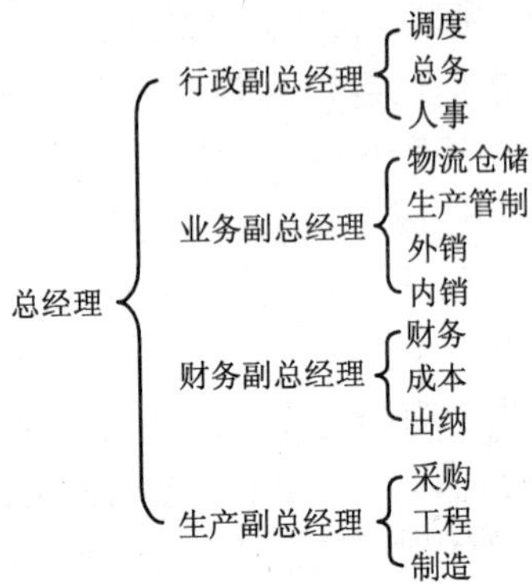

图 2-11　采购部门隶属于生产副总经理

4. 采购部门隶属于业务副总经理

若采购部门由业务副总经理负责，则其目的在于配合业务部门的需要，来决定采购的物料，使买、卖的互动关系特别密切。采购成本的高低对业务部门的销售绩效影响极大的企业，必须使买、卖同归一个部门主管管辖，才能作出最佳的决策，如图 2-13 所示。

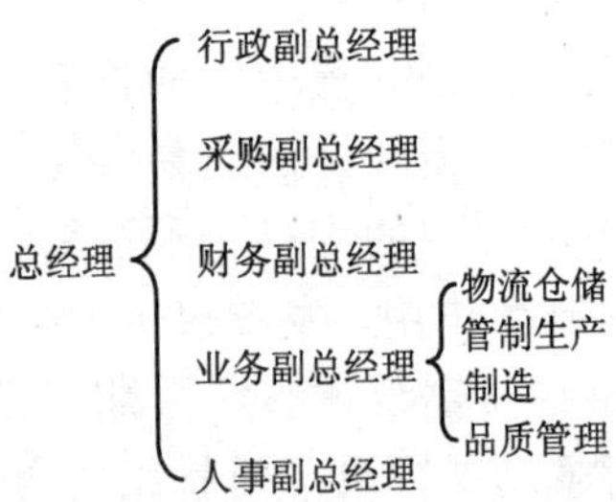

图 2-12　采购部门隶属于总经理

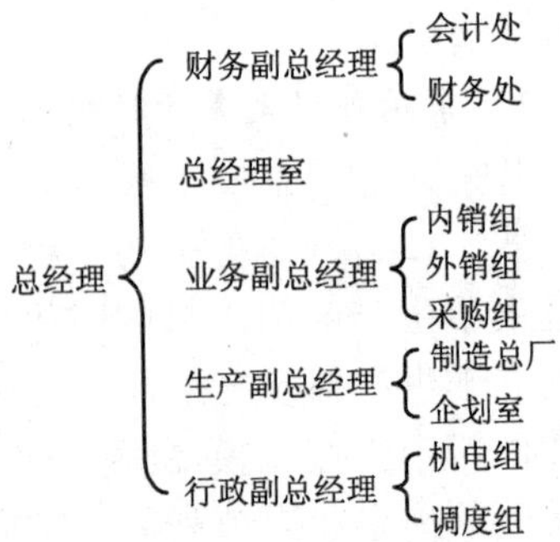

图 2-13　采购部门隶属于业务副总经理

第三节 采购组织的设计

建立一个高效的采购组织，不仅可以有效地控制采购成本，以尽可能便宜的价格购买到符合企业需要的材料和产品，而且采购组织的工作状况直接影响到整个企业的运作流程和竞争优势。

一、采购组织机构设计的原则

要使采购工作高效而顺利地开展，保证商品供应不间断，企业经营业务正常运转，企业必须建立一整套强有力的采购机构。在实际工作中，采购机构的设计应遵循以下原则：

1. 精简的原则

精兵简政在企业采购机构设计中同样有效，这个“精”指人员精干；“简”是机构简化；只有人员精干机构才能简化，如果人员素质差而过分强调简化机构，应该开展的工作开展不起来，应该完成的工作完成不了，同样是不可取的。

2. 责、权、利相结合的原则

“责”指责任，起约束的作用；“权”指权力，是履行职责的保证；“利”指利益，起激励作用。责、权、利相结合，才能充分调动采购队伍的积极性，发挥他们的聪明才智。如果有权无责，必然会出现瞎指挥、盲目决策甚至损公肥私的现象；如果有责无权，什么事情都要请示汇报才能决策，也难以真正履行责任，还会贻误时机，影响效率；同样没有相应的利益刺激，也难以保证采购工作的高效、准确。只有“责、权、利”有机地结合起来，发挥各自的职能，才能保证采购组织工作的有效性。

3. 统一的原则

任何一个企业的采购组织要顺利地完成采购任务，都必须上下一心、齐心协力、遵循统一的原则。统一的原则基本上包括三个方面内容：①目标要统一。都是为了完成采购任务，实现企业经营目标。总的目标定下来，再将总目标分解到各个部门、各分支机构的岗位和个人，形成子目标，当子目标与总体目标出现矛盾或不协调时，应强调局部服从总体。②命令要统一。采购部门的多种决策、指令、命令要及时下达，一方面要防止令出多头，下级无法执行，无所适从的现象；另一方面也要杜绝上有政策、下有对策的散乱现象。③规章制度要统一。各种规章制度都是大家行为的准则，采购部门有总体规章制度；多分支机构也应有自己相应的规章制度，但二者之间不能自相矛盾，应形成一个相配套的体系，在制度面前人人平等。

4. 高效的原则

采购工作要高效开展，必须有一套高效运转的组织机构，这种高效的组织机构应确定合理的管理幅度与层次。横向方面，各部门、各层次、各岗位应加强沟通、各负其责、相互扶持、相互配合；纵向方面，上情下达迅速，同时领导要善于听取下级的合理化建议，解决下级之间出现的矛盾与不协调。这样形成一个团结严谨、战斗力强的采购队伍，才能使采购工作高效地开展。

二、采购组织的设计程序

采购组织的组建，就是将采购组织应负责的各项功能整合起来，并以分工方式建立不同的部门加以执行。建立采购管理组织，需根据企业的具体情况，深入分析采购管理的职能、任务和内容，根据采购组织的组建原则，设立采购组织相应的职能、岗位、责任和权利，选择配置合适的人员，组织一个采购管理组织，具体步骤为：

1. 确定采购组织的结构

采购部门的组织结构随着企业的经济类型、经营规模的不同而有所区别。根据以采购为主要功能的采购部门可以有以下四种组织结构形式。

（1）产品结构式。它是指将企业所需采购的产品分为若干类，每一个或几个采购人员分成一组，负责采购其中的一种或几种商品的组织形式。按产品结构如按主原料、一般物料、机器设备、零部件、工程发包、维护和保养等类别，将采购工作分由不同的人员办理。运用这种结构形式可使采购人员对其经办的项目非常专业和精通，能够做到熟能生巧、触类旁通。这种形式适合于所需采购的商品较多、专业性较强、商品间关联较少的企业。

（2）区域结构式。它是指将企业采购的目标市场划分为若干个区域，每一个采购人员负责一个区域的全部采购业务。一般是依照物品采购来源进行区域的划分，如国内采购部、国外采购部。这种组织形式便于明确工作任务和绩效考核，有利于调动员工的积极性并与供应商建立良好的人际关系，也适合于交易对象及工作环境差异性大的企业。

（3）顾客结构式。它是指将企业的采购目标市场按顾客的属性进行分类，每一个采购人员负责同一类顾客。这种组织形式可使员工较为深入地了解顾客的供应情况及存在的问题，通常适用于同类顾客较为集中的企业。

（4）综合式。这种组织形式综合考虑了上述三种因素的重要程度和关联状况。稍具规模的企业在采购量较大，而且作业过程复杂、交货期长等情况下可以选择此种结构形式。

2. 为采购组织设定岗位，配置适当的人员

在根据企业具体特点选定了部门结构形式后，根据采购具体的管理职能和组

织结构，设定各个岗位，并进行部门人员的选择。设置岗位包括每一个岗位责任和权利的设置。一般来讲，采购部门的人员包括：

（1）总经理。他是采购部门的最高领导，主要向运营副总裁负责，负责从提供服务到行政管理的各个阶段，并统管整个采购部门的运作。总经理必须在最大限度地运用资产的同时，努力降低采购部门的成本，保证满足企业供应的需要。

（2）采购科长。他受总经理的直接领导，主要负责安排本科室的具体工作，并制订本科室的中、短期计划，帮助办事人员协调部门内部的工作，对内部人员实行控制和管理。

（3）科长助理。他是科长的助手，辅助科长开展日常工作，协助科长根据具体需要制订中、长期计划，协助科长进行具体工作的安排、下属人员的监督和管理，并就与科室相关的档案资料进行整理和管理。

（4）采购人员。他是在科长直接领导下的日常工作的具体执行者，主要是按照部门和各科室制定的计划来进行工作。

3. 确定采购部门人员的数量

在确定采购人员职能后，就需要确定采购部门的人员数量。采购部门在确定一个采购经理后，其余的部门成员数量应视具体情况而定。如果涉及的工作量大，且难度较大时，成员的数量可相对多一些；如果涉及的工作量不大，且任务较轻时，成员的数量可相对少一些。通常情况下，采购部门的成员数量以能满足工作的需要为标准，太多则容易增加成本，造成浪费；太少又易造成工作的延误，难以满足工作要求和完成工作任务。

4. 明确采购部门的职责

采购部门的职责包括一些与采购工作直接或间接相关的活动。具体包括下列内容：

（1）物料来源的开发与价格调查。

（2）请购单内容的审查。

（3）交货的跟催与协调。

（4）物料的退货与索赔。

（5）采购计划与预算的编制。

（6）采购制度、流程、表单等的设计与改善。

（7）对供应商的选择、评价和管理。

（8）国外采购的处理。

明确了组织结构的构成，然后根据选项定采购组织人员，确定人员数量，明确其职责，采购部门就算构建完毕，可以进行运作。

三、采购人员的工作职责

采购部门人员的职责不明确常常会造成企业的混乱、资源浪费，因此有必要对其部门人员的职责进行明确划分。明确每一位采购人员的工作职责是顺利完成采购任务和工作的重要保证。清晰的采购人员工作职责有利于规范采购行为，提高采购效益，保障采购目标和宗旨的实现。对采购人员的基本工作职责进行规定，可以增强采购人员的服务意识，防止他们出现滥用职权、假公济私等问题。

采购部门的职责是指采购部门的人员为了做好采购工作而必须要做的工作，下面将根据两个不同的方法划分来介绍采购部门的职责。

（一）根据采购部门的方针目标、工作范围来划分

1. 战略层次

它是指那些战略层次影响到公司或企业长远发展及市场定位的有关采购决策，这些决策一般跨度为 3～5 年，决策最终来自于企业的最高管理层，对应着采购经理及战略采购的职责，主要包括如下内容：

（1）制定、发布采购方针政策，管理运作程序与指南以及工作任务描述，为采购部门提供相应的权力。

（2）对采购运作及表现进行审核以衡量采购绩效并促使采购不断改进。

（3）主要投资决策，如厂房、设备、信息技术等。

（4）主要零部件自制或对外协商决策。

（5）供应市场定位，供应体系定位以及供应商关系定位。

（6）供应商合作决策，如是否向供应商投资、是否与供应商共同开发等。

（7）集团公司内部供应商的内部价位决策等。

2. 战术层次

战术层次的职能是指在战略采购的前提指导下，采购中涉及产品、工艺、质量及具体供应商选择等相关的决策。它对公司中期运作和发展产生影响（影响跨度一般为 1～3 年），要求公司内部相关的职能单位或部门如工程、开发、生产制造、企划、品质及采购之间密切配合，相互合作。采购人员具体主要职责如下：

（1）对供应商进行审核、选择及认可。

（2）确定同供应商合作的协议，订立采购合同或年度改进目标协议等。

（3）制订供应商改进计划或采购改进项目。

（4）制定实施供应商考评、考核、奖励措施。

（5）实施供应体系优化，实施同供应商共同开发产品或工艺等合作项目。

3. 运作层次

运作层次又称执行层，对应着采购过程中的后期采购，采购人员主要是执行

开单下单、跟进交货、付款及相关的事宜，具体工作职责主要包括：

（1）按采购供应合同与协议及生产计划、物料需求计划的需要开具订单、签单落单。

（2）跟进供应商的交货及周转包装材料的使用。

（3）衔接收、验货过程，按有关规定及决策处理安排不合格材料的退货等。

（4）跟进供应商表现、向供应商知会有关考评结果促其改进等。

（5）跟进发票及借款等事宜。

（二）根据采购部门中不同的管理层级来划分

一般来讲，采购部门人员的职责与其在企业中所处的岗位必然相关，不同职位层次具有不同的职责。

1. 采购主管的工作职责

（1）对新商品供应商的寻找、资料收集及开发工作。

（2）对新供应商品质体系状况进行评估，以保证供应商的优良性。

（3）与供应商的比价、议价谈判工作。

（4）对旧供应商的价格、品质、交货量的审核工作，以确定原供应商的稳定供货能力。

（5）及时跟踪掌握市场价格行情变化，降低采购成本。

（6）采购计划的制订，商品订购及交货期控制。

（7）采购部门员工的管理培训工作。

（8）与供应商以及销售部门的沟通协调等。

2. 采购主管助理的工作职责

（1）协助主管进行商品采购渠道的搜集。

（2）采购计划的制订。

（3）市场行情的调查分析与统计。

（4）供应商评估数据的统计与分析。

（5）采购人员的培训工作。

（6）采购有关文件的编写工作。

3. 采购员的工作职责

（1）订购单的下达。

（2）交货期的控制。

（3）商品市场行情的调查。

（4）验收货物的品质和数量。

（5）与供应商沟通协调交货期、交货地点等。

4. 采购文员的工作职责

（1）各种采购单据与报表的收集、整理与统计。

（2）采购品质记录的保管与维护。

（3）采购事务的传达。

第四节　采购人员的素质

高素质的采购团队能使供应管理具有高效率，并能在追求成本降低的同时，科学地判断和预防采购风险。为了搞好采购管理，对采购管理人员有一定的素质要求。在所有的采购管理人员中，最重要的是选好采购主管。他是采购管理团队中最重要的人，担负着企业整个采购管理的策划、决策工作，对企业的采购管理水平起着决定性的作用。

一、采购职业道德与观念

（一）采购职业道德

采购人员的每一行为都影响着采购企业的长期利益和企业形象。作为一名采购人员必须了解最佳资源，了解供应商行业，并用一种公正和发展的态度来对待采购决策。以下是每个采购人员必备的职业道德。

1. 公正廉洁

采购工作成功与否，主要取决于供应商的选择是否正确。因此采购人员必须以公平、公开、公正的方式来评选供应商，不可心存偏见、厚此薄彼，与供应商的来往，必须以实事求是的态度相待，不利用工作之便牟取私利，拒绝接受供应商的任何个人馈赠。

2. 诚实守信

采购人员要具有正直高尚的品质，维持平常心，不受权力的威逼和金钱诱惑，那些牺牲公司权益，图利他人或自己的行为，终将误人误己。

3. 爱岗敬业

因采购的原因造成企业停工断料是采购人员最大的耻辱，虽然造成原料短缺的原因很多，若采购人员不能持有“舍我其谁”的态度，负责任地调度所需的物料，将给公司带来巨大的损失。

4. 谦虚谨慎

采购人员要善于与供应商合作，对待供应商的态度必须公平互惠。与供应商谈判或议价的过程，可能相当艰辛与复杂，采购人员更需要有忍耐、等待的修养，才能顺利地进行工作。居于劣势时，亦能求全，不温不火，事半功倍。

（二）采购人员应具备的观念

正确的采购观念是必须引导采购人员按客观规律办事，提高采购工作的质量。现代采购人员应具备的观念有以下几个方面：

1. **战略观念**

战略观念即从企业大局出发，把握企业发展战略目标，使采购工作符合企业整体发展要求。

2. **经济观念**

经济观念即在采购过程中讲究经济核算，提高购进环节的经济效益。尽量组织本地产品购进，货比三家，择优而购，精打细算，节省开支。

3. **市场观念**

市场观念即把握市场发展规律，调整市场变化趋势，善于抓住每一个市场机会。

4. **竞争观念**

竞争是市场经济条件下的必然现象，在采购过程中同样充满了竞争，既有采购人员与供应商的竞争，又有与同行之间的竞争。竞争会给采购人员的工作带来压力，因此要善于竞争，把竞争的压力转化为搞好采购工作的动力。

5. **服务观念**

采购过程实际上是一个服务过程，一方面为供应商服务，在采购过程中着眼于长远利益，为供应商提供力所能及的服务，如提供信息、协助推销、介绍新客户等；另一方面，对企业内部来讲，采购要为企业经营服务。

6. **创新观念**

创新观念即出奇制胜，一方面在采购过程中要有新招数，如开发新货源或选择更好的供应商，以提高采购工作的效率；另一方面也要在企业经营项目上独辟蹊径，做到“人无我有、人有我优、人优我廉、人廉我转”，从而使企业立于不败之地。

二、采购必备知识与能力

知识和能力既是相辅相成又是相互独立的。知识是能力的强大后盾，能力是知识的反映。但是作为采购人员，只有专业知识是远远不够的，参加实践的能力才是为企业带来财富的根源。

（一）采购人员应具备的知识

1. **政策、法律知识**

政策、法律知识包括国家出台的各种相关法律、价格政策、专营方向，维护国家与企业利益。

2. **市场知识**

了解消费者需要，掌握市场细分策略以及产品、价格、渠道、促销方面知识，才能合理地选择采购商品的品种，从而保证采购的商品适销对路。

3. 业务基础知识

业务基础知识包括谈判技巧、商品知识（商品功能、用途、成本、品质）、签约等，这是做好本职工作的关键，将有助于与供应商的沟通，能主动进行价值分析，开发新来源或替代品，有助于降低采购成本。

4. 社会心理知识

了解客户的心理活动，把握市场消费者的心理需求，从而提高采购工作的针对性。

5. 自然科学知识

自然科学知识包括自然条件、地理、气候、环境变化以及数理知识和计算机知识。将现代科技知识用于采购过程，把握市场变化规律，从而提高采购工作的效率与准确性。

6. 文化基础知识

文化基础知识是其他知识的基础，一个文盲是干不好采购工作的。

（二）采购人员基本能力要求

知识不等于能力，国外心理学家研究表明，要办好一件事，知识起的作用只有 1/4，而能力起的作用占 3/4，可见能力更为重要。要干好采购工作，采购人员同样应具有相应的能力，我们把采购人员具备的能力归纳为以下几点。

1. 市场分析能力

分析市场状况及发展趋势，分析消费者购买心理，分析供货商的销售心理，从而在采购工作中做到心中有数，知己知彼、百战百胜。

2. 团结协作能力

采购过程是一个与人协作的过程，一方面采购人员要与企业内部各部门打交道，如与财务部门打交道解决采购资金、报销等问题，与仓储部门打交道，了解库存现状及变化等；另一方面采购人员要与供应商打交道，如询价、谈判等。采购人员应处理好与供应商和企业内部各方面的关系，为以后工作的开展打下基础。

3. 语言表达能力

采购人员是用语言、文字与供应商沟通的，因此，必须做到正确、清晰地表达所欲采购的各种条件，如规格、数量、价格、交货期限、付款方式等。如果口齿不清，只会浪费时间，导致交易失败。因此采购人员的表达能力尤为重要，采购人员必须锻炼表达技巧。

4. 成本分析和价值分析能力

采购人员必须具有成本分析能力，会精打细算。买品质太好的商品，物虽美，但价更高，加大成本；若盲目追求“价廉”，则必须支付品质低劣的代价或伤害其与供应商的关系。因此，对于供应商的报价，要结合其提供的商品的品质、功能、服务等因素综合分析，以便买到适宜的商品。

5. *前景预测能力*

在市场经济条件下，商品的价格和供求在不断变化，采购人员应根据各种产销资料及供应商的态度等方面来预测将来市场上该种商品供给情况，如商品的价格、数量等。

三、提高采购人员素质的途径

1. *加强采购人员的绩效考核*

企业通过运用现代企业绩效管理，分析自身的运行状况，发现存在的问题，更好地引导和激励工作人员努力工作，很大程度上提升了现代企业的竞争能力和发展水平。采购人员的绩效考核是企业绩效管理的一个重要组成部分，通过对采购人员的绩效考核，可以修正采购活动中的失误，更换不符合要求的采购人员，并对优秀的人员给予必要的奖励。

在考核中，交替运用两套指标体系，即业务指标体系和个人素质指标体系。业务指标体系主要包括：

（1）采购成本是否降低，卖方市场的条件下是否维持了原有的成本水平。

（2）采购质量是否提高，质量事故造成的损失是否得到有效控制。

（3）供应商的服务是否增值。

（4）采购是否有效地支持了其他部门，尤其是营运部门。

（5）采购管理水平和技能是否得到提高。

当然，这些指标还可以进一步细化。如采购成本可以细分为购买费用、运输成本、废弃成本、订货成本、期限成本、仓储成本等。把这些指标一一量化，并同上一个半年的相同指标进行对比所得到的综合评价，就是业务绩效。

2. *加强采购人员的培训*

采购人员的培训主要有岗前培训和在职培训两个部分。

（1）岗前培训一般是由企业的人力资源部统一安排的，培训内容主要包括公司文化、公司历史、本职业工作相关的技能训练。

（2）采购人员的在职培训比岗前培训的实务性、知识性、技巧性和专业性更强，是一种比较有效地提高采购人员素质的途径。

3. *加强企业文化建设*

企业文化是企业组织在其发展过程中形成的组织成员所共同信仰的管理哲学、行为规范和价值体系的总和，是企业核心竞争力的重要体现，是企业生存和发展的灵魂。加强企业文化建设，是提升企业每个员工素质的有效手段，当然采购人员亦是如此。

学习情境设计：采购组织设计

一、实训目的

（1）加深学生对各种采购组织的认识。

（2）了解采购人员的职责与需要具备的能力，明确不同采购组织层次的职责。

（3）能够根据不同企业的具体情况设计不同的采购组织。

（4）培养学生的团队合作精神，增强归纳总结、分析能力及人际交往与沟通能力。

二、实训组织

（1）知识准备：采购组织的类型、设计原则和流程、采购人员的基本素质和能力要求。

（2）学生分组：每个小组人数以3～5人为宜，小组中要合理分工，每组选出一位小组长。

（3）实训地点：各小组成员自主选择的目标企业，提供可联网的计算机机房，以便学生进行资料查询与实训报告的完成。

（4）根据需要将实训目的分为课堂进行和课后进行两种。例如，将实训目的（1）和实训目的（2）在课堂进行，而将采购组织的设计放在课后进行。

在可供实习的企业难以实现的情况下，也可以在网上收集一些企业的资料，进行采购组织设计，或进行模拟设计。

三、实训要求

（1）将事先分好的小组由组长负责对选定的企业进行调查，收集相关资料，确定采购任务量。

（2）根据企业采购的特点、任务量选择合适的采购组织结构，设计采购流程，然后再设计岗位，确定岗位职责，配备人员。

（3）最后将所设计的采购组织与企业享有的采购组织形式进行比较，指出公司在哪些地方应进行改革。

四、实训报告

（1）各小组总结各成员对调研对象的采购组织进行分析，判断企业采购部的组织结构类型，并分析其优缺点，然后在小组内进行讨论，提出自己的改善方案。

（2）分析调研企业的采购各岗位职责要求，从采购道德、观念、知识、能力等方面了解有关岗位人员的综合素质，最后进行汇报。

五、实训考核

实训成绩根据个人表现和团队表现进行综合评定。考评内容包含以下几项：

（1）实训过程是否将所学的采购组织的理论应用于企业实际。

（2）所设计的采购组织是否适应企业采购管理的实际，自己的改善方案是否具有可操作性。

（3）小组内部分工是否明确，组员是否有协作精神，根据个人任务完成情况由组长评分。

（4）小组总结汇报思路是否清晰、内容是否充实、重点是否突出，由教师对小组进行评分。

（5）实训报告是否按要求的规范格式完成，对个人报告或小组报告进行评分。

（6）根据个人得分和小组综合评分最终确定每个学生的实训成绩。

第三章　采购计划与预算管理

工作任务及过程

单位名称	采购部	流程名称	采购计划	工作任务说明
总经理	财务部	采购部	相关部门	配置学习领域

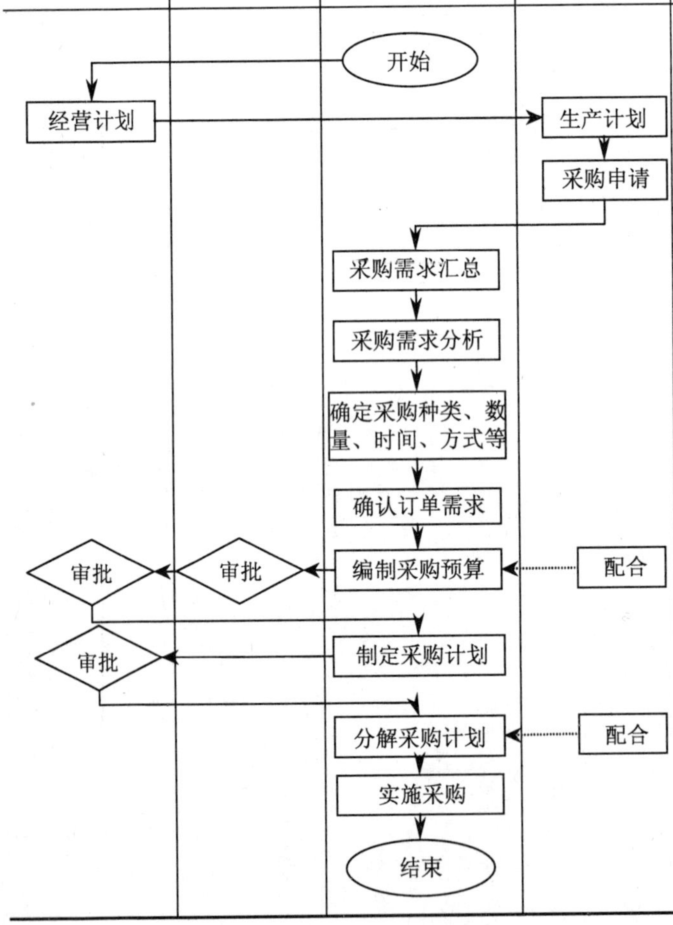

公司各部门根据企业经营计划和本部门日常经营活动需要，提出采购申请，各部门向采购部递交采购申请单，采购申请单要说明请购的品名、数量、需求日期、预算金额等内容。采购部对各部门的采购需求申请进行汇总，并根据采购申请单的内容进行需求分析

采购部查核采购物资库存情况，并结合企业上年度生产状况、销售状况等情况及本年度经营目标，确定年度采购需求。采购需求主要包括采购物资类别、采购数量、采购金额、采购方式等内容

采购部根据实际采购需求，进行采购预算并报采购部经理、财务部、总经理审核

财务部根据年度采购预算和请购制度对采购部的预算进行审核

采购部对上述信息进行分析汇总，制定采购计划并将其交由采购部经理及总经理审批，将采购计划分解成月度计划并实施采购具体活动

职业能力要求

1．岗位：采购计划主管

（1）根据采购经理的工作安排，做好采购计划及预算管理工作。

（2）汇总公司物资材料的月、季及年度的申购计划，组织编制月、季和年度采购计划。

（3）组织编制采购预算，交财务部审核后监督其执行情况。

（4）实时掌握物资材料的库存情况，对所订购的物资从订购至到货实行全程跟踪。

（5）深入了解市场的竞争态势，多方收集供应商信息，不断拓宽供货渠道。

（6）监控库存变化，及时补充库存，使库存维持合理的结构和数量。

2．岗位：采购计划专员

（1）分析原材料、零部件历史消耗数据，依据生产计划编制物料需求计划。

（2）依据物料需求计划和物料的库存情况，编制年采购计划。

（3）汇总公司物资材料的月、季及年度的申购计划，编制月度、季度采购计划。

（4）对非计划备货物料，根据订单要求按单编制临时采购计划，以满足供货要求。

（5）跟踪订单情况，监督采购物料及时到货，保障库存，并满足销售订单及生产需求。

3．岗位：采购预算专员

（1）在采购计划主管及财务部预算员的指导下，确立采购预算原则。

（2）对公司各部门的采购预算进行综合和平衡，汇总报公司决策层通过后下达实施。

（3）协助采购计划主管监督采购预算的执行情况。

（4）根据采购需求的变化情况，提出采购预算修正案并上报。

（5）对采购预算执行情况进行分析，并编制预算执行报告。

项目任务驱动

昌河天海：从采购开始

原料成本占总成本 80%以上，而采购数量却永远算不准，原材料在库还是在途也只有天知道，产品质量出了问题想查哪批原料有毛病更是没门……这样的企业能不让人捏把汗？！

1．制订计划

手工制订采购计划曾让昌河天海付出过高昂的代价！一位采购人员，因为在制订采购计划时出现差错，导致采购回来价值 50 多万元的原材料只能堆积仓库，无法转换成产品。而这种损失，只要是人工制定采购计划，就永远不能避免。昌河天海物流部部长对此感慨万千："面对近 3 000 种的原材料采购，再熟练的采购人员也不能保证不出错。"

2．系统生成计划

针对这一情况，ERP-U860（用友公司开发的一种企业资源规划系统，以下简称 U860）在基于标准的基础上，结合制造业的行业特点，为昌河天海提供了具有汽配行业针对性的 ERP（Enterprise Resource Planning，企业资源计划）产品。2005 年底正式上线后，该系统让昌河天海的计划人员与采购人员感触很深。昌河天海不仅实现了生产计划到采购计划的系统自动生成，甚至连主机厂的订单到生产计划的产生都无需生产计划部门手工完成。

以前，一张主机厂的订单流转到昌河天海，昌河天海最少也需要 2～3 天的时间，才能完成将订单消化成生产计划，再由生产计划转变为采购计划这两个流程。应用 U860 之后，这一消化时间转变成为系统 MRP（Material Requirement Planning，物料需求规划）运算仅 2 个小时。

与此同时，从 2005 年底至今，U860 正式上线以来，还没有发生一起因为采购计划出错，导致的企业经济损失事件。以往手工制订生产计划与采购计划的同时，不断通过电话与主机厂协调订单的日子也一去不复返。

而面对临时性订单越来越多的情况，昌河天海利用 U860 提升了对采购计划、库存调拨、生产优先级等方面的管理能力，促使其对临时性订单的掌控能力也越来越强。

3．在库与在途

管理好一个企业的库存并不容易，何况像昌河天海这样一个要采购接近 3 000 种原材料的企业。

昌河天海以往一直离不开一位熟练的仓库管理员，这位管理员对昌河天海上千种原材料非常熟悉，生产部门领料员到仓库领料时，面对一片汪洋的原材料，常常丈二和尚摸不着头脑，全凭这位仓库管理员为其领料。

有一次，甚至因为这位仓库管理员家中有事请假，导致领料员无法领出原材料，造成一道工序无法正常运转。手工完成生产计划、采购计划与进出库领料时，除了人为出错因素之外，还有一个因素很难控制——在库和在途的问题。

4．动态掌控库存

对于昌河天海来说，上 U860 之前，原材料是在库还是在途更是只有天知道！

而对于原材料成本占企业总成本80%左右的昌河天海，管理好在库与在途的原材料，无疑将意味着有效降低其成本周转压力，优化企业成本结构。

以往，昌河天海手工做的采购计划，一般都是一个采购人员对应一个生产计划，采购人员直接根据生产部门给出的生产计划来制订对应的采购计划，这就导致，企业无法从整体上来控制采购。

采购人员一般根据在库原材料的有无，直接下达采购指令。但是仓库内没有原材料不代表企业真的没有这部分原材料。因为有许多原材料可能已经在采购途中，或在生产车间的生产途中。无法有效掌控在途原材料情况，将仍然无法规避错误的采购指令产生，导致企业因此承担大量非有效成本的库存压力。

使用U860后，昌河天海实现了对在库与在途原材料的统一管理，当系统生成生产计划与采购计划时，系统直接过滤在库、在途两种原材料拥有状况，制定出实际需求的采购计划。为企业有效降低库存压力，提升库存运转效率。

任务一：采购计划与预算编制的一般程序。

任务二：滚动计划和采购预算编制方法的应用。

学习领域配置

第一节　采购申请与需求分析

需求是采购的前提，没有需求，就没有采购。要进行采购，首先要弄清全体需求者们究竟需求什么、需求多少、什么时候需要的问题，当需求方提出对某一产品的需求后，企业首先要对需求的合理性进行审核，如果审核无误，企业将首先在自有资源范围内（如库存）寻找供应来源，如果发现自有资源不能满足需求，企业才转而对外寻求供应来源。

一、采购申请的提出

企业采购工作的第一步，就是收集采购申请。采购申请由使用者提出。企业的使用者，就是企业的各个部门、各个人。他们可能在生产部门，也可能在生活部门、管理部门，如各个车间、各个科室、各个班组，甚至是各个人。一般企业的采购部门，主要是为生产服务，主要只接受生产部门的采购申请。但是也有一些企业，特别是一些小型企业，也接受生活部门、管理部门，甚至个人的采购申请，进行统一采购。本书主要讨论前一种情况。

采购申请的提出时间，正常情况下一般是月末、季末和年末，但是一些特殊情况，特别是紧急需求的情况，也随时可以接受申请。我们这里主要也是讨论前一种情况，也就是月末、季末和年末，特别是月末，这个月提出下个月需要采购的物资品种。

（一）采购申请的内容

采购申请的内容，最基本的有以下几项：

（1）需求单位或需求者。

（2）需求品种、规格、型号。

（3）需求数量，包括申请数量、领导审批数量。

（4）需求时间。

（5）品种的用途。

（6）特别要求。

（二）采购申请的文件

采购申请的文件有：

（1）采购申请（单）。

（2）请购单。

（3）请购计划（表）。

（4）物料需求计划（表）等。

（三）采购申请的格式

采购申请的格式多种多样，可以分为：

1. 单项独立物品请购申请单

单项独立物品请购申请单如表3-1所示，用于申请单项独立物品，由申请人提出、主管领导批准，然后交采购管理科。

表3-1　XX公司采购申请单

申请单位　　　　　　　　年　月　日　　　　　　　　编号

品　名		规　格		数　量	
用　途					
特别说明				需用日期	
领导批示					

申请人

2. 多项独立物品的采购申请单

多项独立物品的采购申请单如表3-2所示，用于申请多项独立物品，一般是一个单位的申请采购物品的汇总的清单，可以由填表人填写，但是单位负责人必须审核签字，还要由主管领导批示后，然后交采购管理科。

表 3-2 XX 公司采购申请单

申请单位　　　　　　　　　　　　年　月　日　　　　　　　　　编号

序 号	品 名	规 格	单 位	数 量	用 途	需用时间	备 注
领导批示							

单位负责人　　　　　　　　　　　申请人　　　　　　　　共　页　第　页

3. ***同一产品相关多项原材料采购申请单***

同一产品相关多项原材料采购申请单如表 3-3 所示，主要用于同一种产品（部件）的多项相关原材料的采购申请。它实际上是该产品（部件）的物料需求清单，各种物料互相成一定比例，写在一起，方便计算和审核。它可以由填表人填写，但产品组长必须审核签字，主管领导批示后，递交采购管理科。

表 3-3 XX 公司材料采购申请单

申请单位　　　　　　　　　　　　年　月　日　　　　　　　　　编号

产品名称		生产数量		开工日期				
序 号	品 名	规 格	单 位	单位用量	库存量	请购数量	核准数量	备 注
领导批示								

产品组长　　　　　　　　　　　填表人　　　　　　　　共　页　第　页

二、采购需求分析

采购部门是为整个企业各个部门、各个人进行代理采购的。各个部门、各个人是物料的使用者或消费者，采购回来的物品全部要交由他们使用。他们对所用物品的使用或消耗很熟悉、很内行，要求也很具体，但是一般不懂采购，也不懂得外面资源市场产品的变化，而且采购物品也不要他们自己掏钱，因而采购的价值成本观念不是很强；加之他们本身生产工作很忙，填写采购申请单时往往是匆匆忙忙，不一定能够反复斟酌、认真填写好，所以他们填写的采购申请单不一定个个都是合适的。而他们填写的这些物品，需要由采购部门亲自采购，因此采购部门要对全企业的生产负责，要考虑采购的价值成本和库存控制，要对所有这些采购需求进行审核分析。

采购需求分析，就是要采购人员根据对产品市场需求规律的了解，对资源市场可供物品变化革新的了解，考虑采购的可行性、采购的价值和成本、库存控制等因素，对所申请的每一种物品进行审核分析，明确应当采购什么、采购多少、什么时候采购以及怎样采购的问题。需求分析的最终目的，就是要得到一份确实可靠、科学合理的采购任务清单，为后面选择采购方法、制订采购计划、分派采购任务提供决策支持。

采购需求分析是制订采购计划的基础和前提。在极简单的采购情况下，需求分析是很简单的。例如，在单次、单一品种需求的情况下，需要什么、需要多少、什么时候需要的问题非常明确，不需要进行复杂的需求分析。通常的采购活动，有很多是属于这样的情况，以至于使很多人产生不必要进行需求分析的错觉。在较复杂的采购情况下，人们对需求分析的必要性是深有体会的。例如，一个汽车制造企业，有上万个零部件，有很多的车间、很多的工序，每个车间、每个工序生产这些零部件，都需要原材料、工具、设备、用品，在各个不同时间需要各个不同的品种。这么多的零部件，什么时候需要什么、需要多少、哪些品种要单独采购、哪些品种要联合采购、哪些品种先采购、哪些品种后采购、采购多少，不对这些问题进行认真的分析研究，就不可能进行科学的采购工作。因此需求分析不但非常必要，而且是一项技术性很强的工作。

采购需求分析，涉及全厂各个部门、各个生产环节、各道工序、各种材料、设备、工具以及办公用品等，因此采购人员要有比较全面的知识，首先要有生产技术方面的知识，要知道生产产品和加工工艺的知识，会看图样，会根据生产计划以及生产加工图样推算出物料需求量；其次要有数理、统计方面的知识，会进行科学的统计分析；再次要有预测方面和管理方面的知识，会发现需求规律，并根据需求规律进行预测。需求分析，还需要依靠企业各个部门，特别是管理部门的大力支持。

进行采购需求分析有多种方法。可以提出以下问题进行审核分析：

（1）是不是非要采购这个品种，考虑资源市场的产品变革，有没有其他更好的替代品？

（2）是不是非要采购这么多的数量，考虑采购价值、成本和库存控制的需要，能不能少一点或多一点？

（3）这个品种的需求时间是不是可靠，考虑采购价值、成本和库存控制的需要，可不可以推后或提前？

（4）这个品种采购有没有什么特别要求，考虑采购价值、成本和库存控制的需要，这些要求是不是必要，有没有实现的可能性？

根据如上这些问题的分析考虑，如果有什么需要变更采购申请项目的，则应当和采购申请单位进行商榷，进行适当地修正。这样做是非常必要的，它可以最后地把好关，使得每一项采购申请都真正合理和必要。

除了以上的通过采购申请进行需求分析之外，还可以通过以下途径进行需求分析：①物料需求计划；②物资消耗定额；③需求预测等。

三、采购需求的确定

一般而言，制造业的经营始于原材料的采购，经加工制造或组合装配成为产品，再通过销售过程获得利润。由此可见，采购是制造业生产经营的第一步，其中如何获取足够数量的原材料是采购计划的重点所在。采购需求的确定是正常的产销活动的重要保证。

（一）决定采购需求的资料基础

1. 生产计划

生产部门对物料的需求，是采购计划制定的根本依据。物料采购计划要从生产需求开始，国内外企业物料采购，一般都是首先由生产部门根据生产计划或即将签发的生产通知提出请购单；或者说，也是由生产部门根据生产计划编制用料申请表，报送采购部门。

2. 物料清单

物料清单是制造企业的核心文件，由产品设计人员从产品设计图样中提取数据生成，它包含了构成产品的所有装配件、零部件和原材料信息，为编制物料需求计划提供产品组成信息。采购部门要根据物料清单确定物料的采购需求计划，并可据此精确计算制造某一种产品的用料需求数量。

3. 存量管制卡

根据生产计划和物料清单计算出的物料采购需求并不一定就是实际采购数量，因为企业可能还有库存，如果有足够的库存数量，有可能不需要进行采购，因此，企业一般都建立了存量管制卡，以记录各种物料的库存状况。在计算实际采购数量时，必须考虑目前的库存状况，以及安全存量标准等因素。

4. 独立需求物料与相关需求物料

物料的需求可分为独立需求和相关需求两种类型。

（1）独立需求。独立需求是指某种物料的需求量是由外部市场决定的，与其他物料不存在直接的对应关系，表现出对这种库存需求的独立性。

（2）相关需求。相关需求是指某种物料的需求量与其他物料有直接的匹配关系，当其他某种物料的需求量确定以后，就可以通过这种相关关系把该种物料的需求量推算出来。

上述两个概念可作如下具体的介绍：来自用户的对企业产品和服务的需求称为独立需求。独立需求最明显的特征是需求的对象和数量不确定，只能通过预测方法粗略地估计。相反，企业内部物料转化各环节之间所发生的需求为相关需求。相关需求也称为非独立需求，它可以根据对最终产品的独立需求准确地计算出来。

比如，某汽车制造厂年产汽车 30 万辆，这是通过预测市场对该产品的独立需求来确定的。一旦 30 万辆汽车的生产任务确定之后，对构成该种汽车的零部件和原材料的数量和需要时间是可以通过计算精确地得到。对零部件和原材料的需求就是相关需求。相关需求可以是垂直方向的，也可以是水平方向的。产品与其零部件之间垂直相关，与其附件和包装物之间则水平相关。

（二）采购需求量的确定

采购量的大小决定生产销售与资金调度的顺畅与否。物料采购量过大造成过高的存货储备成本与资金积压；物料采购量过小，则采购成本提高，因此适当的采购量是非常必要的。采购需求量大小的确定是采购需求分析的重要组成部分。

生产计划、用料清单以及库存量是决定采购数量的主要依据，更为具体地讲，它们是决定独立需求物料的主要依据。采购数量只表示某一物料在某时期应预订购的总量，至于某一物料在某时期应如何订购，下面作进一步说明。

（1）定期订购法。定期订购法是按预先确定的订货时间间隔按期进行订货，以补充库存的一种库存控制方法。进口的物料以及少数价值很高的国内采购物料，可以选择每季、每月或每周订购一次，这就是定期订购法。这种方法在使用上必须对物料未来的需求数量能作出正确的估计，以避免存货过多，造成资金积压。

（2）定量订购法。定量订购是指当库存量降到某一确定的数值时，开始订购预先确定的新的物资，补充库存，订货时间不定。为了降低成本，需要确定一个合适的订货批量，即经济订购批量法，其基本计算公式为

$$Q^*=\sqrt{\frac{2DS}{H}}$$

式中　D——总需求量（年）；

S——每次订货费用；

H——单位产品存储成本，可用单价的百分比表示。

【例 1】某企业对某种物资年需求量为 3 850kg，订货费用为 80 元/次，物资单价为 115 元/kg，保管费用为单价的 10%，求经济订货批量。

【解】已知 D=3 850kg　S=80 元/次　H=0.1×115 元/kg=11.5 元/kg

$$Q^*=\sqrt{\frac{2DS}{H}}=\sqrt{\frac{2\times 3\,580\times 80}{11.5}}=223.2(\text{kg})$$

所以，企业的经济订货批量为 223.2kg。

对于价格低廉、临时性需求及非直接生产用途的物料，比较适合采用定量订购法，也就是按照订购点来决定采购点。譬如，复仓制的采购计划，即此类物料首次入库时将其分为两部分，当其中一部分使用完毕时，必须先开出请购单，才准使用所剩余的另一部分物料，采购与使用反复交替进行。此类物料数量的管制，通常由仓储人员负责。

（3）固定数量法。计划订单数量是以净需求为基础，订单数量必须为固定/经济批量所定数量的整数倍。如果每次订货的数量都是固定的，可以采用该类设置。同时要设置固定批量。这种订货方法每次订货数量相同而且一般都是凭经验或直觉确定的，同时不考虑订购成本和储存成本。

如根据每周的生产计划需求，运用固定数量法作出计划订购数量，如表 3-4 所示。

表 3-4　固定数量法作出的订购计划

周	1	2	3	4	5	6	7	8	9	10	11	12	合计
净需求	25	10	10		15		12	8	22	8	13	17	140
计划订购	50				50				50				150

（4）批对批法。它表示对每一天的净需求都产生计划订单。这种方法每次发出的订购数量与每一期净需求的数量相同，并且每一期均不留库存数。有时也会考虑最小订货批量、批量增量等。对大多数订购成本不高且没有特殊要求的物料，可以采用这种方法进行设置。

如根据各周的生产计划需求，运用批对批法作出计划订购数量，如表 3-5 所示。

表 3-5　批对批作出的订购计划

周	1	2	3	4	5	6	7	8	9	10	11	12	合计
净需求		15		22	13		7	18	28		12	15	130
计划订购		15		22	13		7	18	28		12	15	130

（5）固定期间法。固定期间法每次采购的期间是固定的，但每次采购的数量因剩余库存的不同而不同，一般都是按期间将各天的净需求进行汇总后进行批量调整；这种方法可以节约成本，订货间隔期的长短根据以往经验确定。对于周期性订货的物料，如供应商有良好的信誉，且需求相对稳定，同时采用周期订货对供应双方都便利，可以采用该类设置。

如根据各周的生产计划需求，运作固定期间法作出计划订购数量，如表 3-6 所示。

表 3-6　固定期间法作出的订购计划

周	1	2	3	4	5	6	7	8	9	10	11	12	合计
净需求	10	12		18		11	14	15		7	13	10	110
计划订购	25			30			50			20			125

四、采购任务清单的形成

采购申请经过采购部门审核以后，就可以把它们统计归纳，形成采购部门统一的采购任务清单。这种统计归纳，包括以下内容：

（1）按品种汇总，把相同的品种按不同的采购要求依次分别汇总，形成同一个品种的不同采购要求序列。

（2）按品种类别汇总，形成同一个大类小类的品种序列。

（3）按供应商汇总，形成同一个供应商的品种序列。

（4）按采购地区汇总，形成各个地区的供应商和品种序列。

这样汇总的目的，不但弄清了需要采购什么、采购多少、到哪里去采购的问题，而且还为解决怎样采购的问题提供了线索。例如，哪些品种可以实现联合采购、哪些品种需要单独采购、哪些品种需要紧急采购等，这样为下面制订采购战略、选择采购方法、制订采购计划、分派采购任务提供了依据统计归纳的结果，就得到了一张科学、统一的采购任务清单。

第二节　采购计划

采购计划的制订是采购过程的第一步，它是采购管理的起点和基础。它包含两部分内容：采购认证计划的制订和采购订单计划的制订。采购认证计划简称认证计划，采购订单计划简称订单计划。其中如何获取足够数量的原料、物料是采购数量计划的重点所在。编制采购计划必须以采购调查为基础，考虑到影响采购计划的各种因素，掌握编制采购计划和预算的技巧十分必要。

一、采购调查的内容

采购调查是为制订采购计划服务的。采购调查一般包括价值分析、物料调查及供应商调查。本书只介绍前两项内容。

（一）价值分析

价值分析就是通过将所购物料所体现的功能与其成本相比较，然后找到成本更低的替代品。价值分析的第一步是选择一种物料进行分析，然后组织一个跨职能的价值分析小组（通常包括一个供应商），最后定义物料的功能。价值分析是一种系统性方法，它将成为采购管理过程中不可缺少的部分。

由于采购计划通常是在情况比较紧急时作出的，且计划及生产方法变得相当快，因此在很多情况下高价格的物料必须被采购。一些人认为价值分析适用于现有的生产过程中的所购物料，价值分析工程则着重于设计阶段以探寻降低成本的可能性。在这个阶段，产品正在进行具体设计，并且采购活动实际上尚未发生。很显然，在设计阶段价值分析工程是为了达到最低的成本，能够充分满足功能的物料规格与设计是做好这项工作最有效的方法。但不幸的是这种分析方法由于时间压力通常无法得以应用。

产品面世后，由于受需求、技术更新及供应商等不确定因素的影响，并且关键物料的价格也可能发生改变。因此，在原始设计后进行详细的价值分析可以为价值改进提供巨大的机会，即使原始设计已被认真地进行了价值分析。

价值分析技术同样也适用于服务方面。价值分析技术与处理信息及通信的电子方法相结合，形成了流程再造的基础。

因此，价值分析是削减采购成本的一种行之有效的方法。企业可以根据所需要采购的物料各方面的详细信息，在替代品之间作出明智的选择，从而更有效地利用采购资金。调查的主题包括如下方面：

1. **投资回收**

分析处理方法、渠道及技术以确定什么可以为企业创造最大利润。

2. **租借或采购**

收集每一种替代品优缺点的数据以制定最佳决策。

3. **自制或外购以及继续自制或外购**

比较每一方案的经济及管理效果以作出明智的选择。

4. **包装方式**

调查工序及物料以确定能以最低成本满足要求的方法。

5. **产品规格**

对现有物料规格进行分析以确保满足需要的功能，避免采购具有不必要的属性或不必要的高性能的物料，以保证有竞争力的采购行为。

6. **标准化**

考查所使用的具体物料的用途，考虑用一种通用物料来满足众多要求的可能性。

7. **替代品**

使用不同的物料替代现在所采购的物料，对其技术及经济效果进行分析。

8. **现有供应商**

考虑专业供应商能够增加的效益。

价值分析的标准方法包括上述的大多数方面，它可为通常采购物料所产生的一系列问题提供详细的答案。

（二）物料调查

物料调查的焦点集中在那些有代表性物料上。但是，它也运用于那些被认为严重供应短缺的小笔采购物料中。主要的原材料，如钢、铜或锌，通常也是调查对象，另外一些产品，如发动机或半导体设备也可能是调查对象。

较复杂的物料调查应包括以下主要方面的分析：

（1）企业作为采购方的现在及未来的发展状况。

（2）生产过程的替代性。

（3）该物料的用途。

（4）需求。

（5）供应。

（6）价格。

（7）削减成本和确保供应的战略。

二、编制采购计划的目的

一般而言，制造业的经营活动开始于原材料、零部件的采购，然后经加工制造或经组合装配成为产品，再通过销售获取利润。因此，通过何种渠道、在什么时间购买多少原材料和零部件是采购工作的重点所在。采购计划就是为了维持正常的产销活动，对在某一特定的期间内应在何时购入多少何种材料的一种预先安排，在企业的产销活动中具有重要的作用。

采购计划的编制应达到下列的目的：

（1）预估材料需用数量与时间，防止供应中断，影响产、销活动。

（2）避免材料储存过多、积压资金和占用储存的空间。

（3）配合公司生产计划与资金调度。

（4）使采购部门事先有所准备，选择有利时机购买材料。

（5）确立材料耗用标准，以便管理材料的购入数量和成本。

三、影响采购计划的因素

采购计划的制订是在充分分析企业内外环境的基础上进行的。因此采购计划和预算的第一步是先确定影响计划和预算编制的主要因素，然后决定制订计划和编制预算工作从何处着手。在实际工作中，影响采购计划和预算的主要因素有采购环境、年度销售计划和年度生产计划、用料清单、存量管制卡、物料标准成本的设定和生产效率等。

（一）采购环境

采购活动是发生在一个具有许多变化因素的环境中，这些因素包括外界的不可控因素，如国内外经济发展状况、人口增长、政治体制、文化及社会环境、法律法规、技术发展、竞争者状况等，以及内部不可控因素，如财务状况、技术水准、厂房设备、原料零件供应情况、人力资源及企业声誉等。这些因素的变化都会对企业的采购计划和预算产生一定影响。以纺织企业的棉花采购为例，由于受供求关系、国际市场变化，以及棉花收获的季节性等因素影响，其市场价格往往波动得很厉害，这就造成了棉花采购成本的差价比较大。为了节省成本，棉花的采购除了要按照订单要求满足必要的生产外，还要根据棉花市场的价格波动情况，选择恰当的采购时机进行收购。这就要求采购人员能够预测到环境的变化，并提前作出反应。

（二）年度销售计划

一般在供求平衡和供过于求的市场状况下，企业的年度经营计划通常是以销售计划为起点，但销售计划的制定受到企业内外环境的影响，具有一定的不确定性。因此，要想制定准确的采购计划，必须依赖于对销售因素的准确预测以及销售计划的准确制定。

（三）年度生产计划

一般来说，生产计划是依据销售计划来制定的，而生产所需原材料或零部件的采购又必须依据生产计划来制定，因此，如果销售计划制定得过于保守，采购数量有可能少于生产所需数量，这样就会使企业缺货，丧失销售机会；反之，如果销售计划制定得过于乐观，采购数量超过生产所需，这样就可能产生多余的存货，积压资金。因此，要制定准确的采购计划必须依赖于销售人员对市场需求量的准确估算，并进一步准确制定生产计划。

（四）用料清单

通过生产计划企业可以直接知道所生产的产品的数量，但还无法知道生产某一产品所需要的原材料或零部件数量，因此，要确定采购数量还要借助于用料清单。但用料清单有时会因设计变更等原因而发生变更，所以用料清单必须是拟定采购计划时最新、最准确的用料清单。

（五）存量管理卡

由于应购数量必须扣除库存数量，因此，存量管制信息的记载是否正确，将是影响采购计划准确性的因素之一。这包括实际物料与账目是否一致，以及物料存量是否全为良品。若账上数量与仓库台架上的数量不符，或存量中并非全数皆为规格正确的物料，这将使仓储量低于实际上的可取用数量，故采购计划中的应购数量将会偏低。

（六）物料标准成本的设定

在编制采购预算时，受市场价格波动影响，将来拟购物料的价格可能很不确定，所以多以标准成本替代。标准成本是指在正常和高效率的运转情况下制造产品的成本，而不是指实际发生的成本，是有效经营条件下发生的一种目标成本，在预算控制方面得到广泛应用。一般情况下，在制定标准成本时，企业可以根据自身的技术条件和经营水平，在理想标准成本、历史平均水平和正常标准成本中进行选择，通常正常标准成本大于理想标准成本，但小于历史平均成本。正常标准成本具有客观性、现实性、激励性和稳定性等特点，因此被广泛地运用于具体的标准成本的制定过程中。

（七）生产稳定性

如果生产过程不稳定，针对生产发生的一些异常情况常常会影响到生产计划的重新修订，进而影响到采购计划。比如，紧急插单的情况越多，对采购计划的影响就越大，采购难度和成本也会相应增加；对于产品质量不稳定导致的返工事件，如果处理不妥当，也会影响到采购计划，因为对返工产生的物料需求，可能会造成其他辅件不必要的需求产生，零部件损耗可能会超出正常需用量，这样也就有可能导致额外的采购计划或采购计划的修订。

（八）价格预期

市场价格波动会影响采购计划的制订，所以价格预期也是制订采购计划的重要影响因素，在制订采购计划时，通常要对物料价格涨跌幅度、市场供求状况、汇率变动等因素进行预测，以此为制订采购计划的依据。在资源价格下降，供过于求时，为规避价格风险，采购量应适当加以控制；而在价格上涨，资源供不应求时，为防止缺货，一般需要建立一定的战略储备。

总之，影响采购计划的因素很多，采购计划拟订之后，应听取生产计划、物料控制及销售等部门意见，并针对现实的状况作必要的调整与修订，才能使采购业务与生产活动同步。

四、采购计划的编制方法

1. 掌握采购计划的内容

编制采购计划就是企业从外部采购哪些产品和服务能够最好地满足企业经营需求的过程，涉及事项包括是否采购、怎样采购、采购什么、采购多少以及何时采购。好的采购计划可以使企业的采购管理有条不紊地顺利实现，一项完善的采购计划不仅包括采购工作的相关内容，而且包括对采购环境的分析，并要与企业的经营方针、经营目标、发展计划、利益计划等相符合，如表 3-7 所示。

表 3-7　采购计划的主要内容

部　分	目　的
计划概要	对拟议的采购计划给予扼要的综述，便于管理机构快速浏览
目前采购状况	提供有关物料、市场、竞争以及宏观环境的相关背景资料
机会与问题分析	确定主要的机会、威胁、优势、劣势和采购面临的问题
计划目标	确定计划在采购成本、市场份额和利润等领域所完成的目标
采购战略	提供将用于实现计划目标的主要手段
行动方案	谁去做？什么时候去做？费用多少
控制	指明如何监测计划

采购计划编制需要经过下列几个阶段：企业在编制采购计划之前首先要作自制分析或外购分析，以决定是否要采购。在自制分析或外购分析中，主要对采购可能发生的直接成本、间接成本、自行制造能力、采购评标能力等进行分析比较，并决定是否从单一的供应商或从多个供应商采购所需要的全部或部分物料，或者不从外部采购而自行制造。

当决定需要采购时，合同类型的选择便成为买卖双方关注的焦点，不同的合同类型或多或少地适合不同类型的采购。常见的合同可分为以下四种：

（1）成本加固定费用（CPFF）合同。此类合同适合于研发项目。

（2）成本加奖励费用（CPIF）合同。此类合同适合于高风险项目。

（3）固定价格加奖励费用（FPI）合同。它是长期的高价值合同。

（4）固定总价（FFP）合同。此类合同，买方易于控制总成本，风险最小；卖方风险最大而潜在利润可能最大，因而最常用。

企业采购时可根据具体情况进行选择。

在自制分析或外购分析和确定所采用的合同类型后，采购部门开始着手编制采购计划。采购计划编制主要内容如表 3-7 所示。

2. **制订合理的采购计划**

由于市场变化捉摸不定，采购部门要制订一份合理的采购计划并不是一件容易的事。因此，采购部门应对采购计划工作给予高度的重视，它不仅要拥有一批经验丰富、具有战略眼光的采购计划人员，而且在制订采购计划时，还必须抓住关键的两点：知己知彼，群策群力。

（1）认真分析企业自身情况。采购部门在制订采购计划之前，必须要充分分析企业自身实际情况，如企业在行业中的地位、现有供应商的情况、生产能力等，尤其要把握企业长远发展计划和发展战略。企业发展战略反映着企业的发展方向和宏观目标，采购计划如果没有贯彻、落实企业的发展战略，可能导致采购管理与企业的发展战略不相协调甚至冲突，造成企业发展中的“南辕北辙”，而且脱离企业发展战略的采购计划，缺乏根据，有可能使采购部门丧失方向感。因此，只有充分了解了企业自身的情况，制订出的采购计划才最可能是切实可行的。

（2）进行充分的市场调查，收集真实可靠的信息。采购部门在制订采购计划时，应对企业所面临的市场进行认真的调研，调研的内容应包括经济发展形势、与采购有关的政策法规、行业发展状况、竞争对手的采购策略以及供应商的情况等。只有做好充分细致的准备工作，才能最终完成采购计划的制订。否则，制订的计划无论理论上多合理，都可能经不起市场的考验，要么过于保守造成市场机会的丧失和企业可利用资源的巨大浪费，要么过于激进导致计划不切实际，无法实现而成为一纸空文。

（3）集思广益，群策群力。许多采购部门在制订采购计划时，常常是仅由采购经理来制订，没有相关部门和基层采购人员的智慧支持，从而失去了实际的资料和最有创造性的建议，而且缺乏采购人员的普遍共识，致使采购计划因不够完善而影响采购运作的顺利进行。因此，在编制采购计划时，不应把采购计划作为一个部门的事情，应该广泛听取各部门的意见，吸收采纳其合理和正确的意见和建议，在计划草拟成文之后，还需要反复征询各方意见，以使采购计划真正切入企业的实际，适应市场变化的脉搏。

3. 编制采购计划应注意的其他问题

在把握好编制采购计划的方法外，采购部门在编制采购计划时，还应注意以下问题：

（1）应尽量具体化、数量化，说明何时、何人实施，以便于计划管理、执行和控制。

（2）应适时对计划进行修改和调整。

例如，某企业为了规范公司采购行为，降低公司经营成本，特制定如下采购计划和申请管理办法：

1）根据公司年度经营计划、材料消耗定额、各部门物资需求以及现有库存情况可以制订年度采购计划预案。

2）根据年度生产进度安排、资金情况和库存变化，相应制订年、季度或月度的具体采购计划，该计划按期滚动。

3）公司年度采购计划须经总经理办公会议批准，实施半年、季度采购计划须经总经理审批，月度采购计划变化不大的经主管副总经理核准。

4）根据采购计划制作的采购预算表，以一式多联方式提交，分别经采购部经理、主管副总经理、总经理按权限签批核准。

5）公司物料库存到安全库存量或控制标准时，可及时提出采购申请，并分为定量订购和定时订购两种方法实施采购。

五、编制采购订单计划的程序

采购订单计划的编制主要有以下几个环节：

（一）准备订单计划

准备订单计划主要分为三个方面的内容：

1. 调查市场需求

企业的生产活动是为了满足市场需求，要想制定比较准确的订单计划，就必须了解市场需求状况及其变化趋势。市场需求的进一步分解便得到生产需求计划。企业根据市场需求首先制订销售计划，企业的年度销售计划一般在上年的年末制定，并报送至各个相关部门，同时下发到销售部门、计划部门、采购部门，以便指导全年的企业运转；根据年度计划，再制定季度、月度的市场销售需求计划。

2. 调查生产需求

调查与分析生产需求是评估订单需求首先要做的工作。生产需求在采购中也可以称为生产物料需求。在MRP系统中，物料需求计划是主生产计划的细化，它主要来源于主生产计划、独立需求的预测、物料清单、库存信息。

3. 准备订单背景资料

根据对市场需求和对生产需求的分析结果，就可以得到订单需求。准备订单背景资料是非常重要的一项内容。订单背景是在订单物料的认证完毕之后形成的，订单背景资料主要包括：

（1）订单物料的供应商信息。

（2）订单比例信息（对有多家供应商的物料来讲，每一个供应商分摊的下单比例称为订单比例，该比例由供应商管理人员规划并给予维护）。

（3）最小包装信息。

（4）订单周期。订单周期是指从下单到交货的时间间隔，一般以天为单位。

订单背景资料一般使用信息系统管理。订单人员根据生产需求的物料项目，从信息系统中查询了解该物料的采购参数。

（二）评估订单需求

1. 分析市场需求

采购计划人员要进行市场需求分析，一方面，应仔细分析签订合同的数量、还没有签订合同的数量（包括没有及时交货的合同）等一系列数据，同时研究其变化趋势，全面考虑订单计划的规范性和严谨性；另一方面还应兼顾企业的市场战略以及潜在的市场需求等，这样才能全面、系统、准确地掌握市场需求。

2. 分析生产需求

分析生产需求是评估订单需求首先要做的工作。为了便于理解生产物料需求，就必须研究生产需求的产生过程，采购计划人员应深入分析生产需求的产生过程、生产需求量及需求时间。

3. 确定订单需求

根据对市场需求和对生产需求的分析结果就可以确定订单需求。通常来讲，订单需求的内容是通过订单管理，在未来指定的时间内，将指定数量的合格物料采购入库。

（三）计算订单容量

计算订单容量是采购计划中的重要组成部分。只有准确地计算好订单容量，才能对比需求和容量，经过综合平衡，最后制定出正确的订单计划。计算订单容量主要有以下四个方面的内容：

1. 分析供应资料

对于采购工作来讲，所要采购物料的供应商的信息是非常重要的一项信息资料。如果没有供应商供应物料，那么一切都无从谈起。因此，分析供应商及供应市场资料是非常重要的。

2. 计算总体订单容量

总体订单容量是多方面内容的组合，其中主要是两个方面：①可供给物料的数量；②可供给物料的交货时间。举一个例子来说明这两方面的结合情况：A 供应商在 6 月 30 日之前可供应 3 万个某种零件（m 型 1 万个，n 型 2 万个），B 供应商在 6 月 30 日之前可供应 6 万个某种零件（m 型 4 万个，n 型 2 万个），那么 6 月 30 日之前 m 和 n 两种零件的总体订单容量为 9 万个，其中 m 型零件的总体订单容量为 5 万个。

3. 计算承接订单容量

承接订单是指某供应商在指定的时间内已经签下的订单。仍以上述例子来说明：A 供应商在 6 月 30 日之前可以供给 3 万个零件（m 型 1 万个，n 型 2 万个），若是已经承接 m 型零件 1 万个，n 型 1 万个，那么对 m 型和 n 型物料已承接的订单量就是：m 型 1 万个；n 型 1 万个，共 2 万个。

4. 确定剩余订单容量

剩余订单容量是指某物料所有供应商群体剩余的可供物料的总量，可以用公式表示为

物料剩余订单容量=物料供应商群体总体订单容量-已承接订单量

若物料供应商群体总体订单容量为 5 万件，已承接订单量为 3 万件，则

物料剩余订单容量=5 万件–3 万件=2 万件

（四）制订订单计划

1. 对比需求与容量

对比需求与容量是制订订单计划的首要环节，只有比较出需求与容量的关系才能科学地制订订单计划。如果经过对比发现需求小于容量，即无论需求多大，容量总能满足需求，则企业要根据物料需求来制订订单计划。如果供应商的容量小于企业的物料需求，则要求企业根据容量制订合适的物料需求计划。这样就产生了剩余物料需求，需要对剩余物料需求重新制订计划。若某企业对某种物料的需求量是 12 吨，而供应商的容量为 15 吨，则需求小于容量，企业可以根据容量制订合适的物料需求计划；若供应商的容量为 10 吨，则需求大于容量，这样就产生了剩余物料需求，需要对剩余物料需求重新制订计划。

2. 综合平衡

综合平衡是指综合考虑市场、生产、订单容量等要素，分析物料订单需求的可行性，必要时调整订单计划，计算容量不能满足的剩余订单需求。

3. 确定余量计划

在对比需求与容量的时候，如果容量小于需求就会产生剩余需求，对于剩余需求，要提交计划制定者处理，并确定能否按照物料需求规定的时间及数量交货。

4. 制定订单计划

制定订单计划是采购计划的最后一个环节，订单计划做好之后就可以按照计划进行采购工作了。一份订单包含的内容有下单数量和下单时间两个方面：

下单数量=生产需求量–计划入库量–现有库存量+安全库存量

下单时间=要求到货时间–认证周期–订单周期–缓冲时间

采购订单计划表如表 3-8 所示。

表 3-8 采购订单计划表

<table>
<tr><th rowspan="2">序号</th><th colspan="7">主 项</th><th colspan="7">次 项</th><th rowspan="2">现存库存数量</th><th rowspan="2">订单环境容量</th><th rowspan="2">备注</th></tr>
<tr><th>物资编码</th><th>名称</th><th>型号描述</th><th>年需求量</th><th>单位</th><th>开始日期</th><th>完成</th><th>样品图样</th><th>技术规范</th><th>工艺路线</th><th>工艺指令</th><th>配料清单</th><th>巡回文档</th><th>隶属产品</th></tr>
<tr><td>1</td><td></td><td></td><td></td><td></td><td></td><td></td><td></td><td></td><td></td><td></td><td></td><td></td><td></td><td></td><td></td><td></td><td></td></tr>
<tr><td>2</td><td></td><td></td><td></td><td></td><td></td><td></td><td></td><td></td><td></td><td></td><td></td><td></td><td></td><td></td><td></td><td></td><td></td></tr>
<tr><td>3</td><td></td><td></td><td></td><td></td><td></td><td></td><td></td><td></td><td></td><td></td><td></td><td></td><td></td><td></td><td></td><td></td><td></td></tr>
<tr><td>4</td><td></td><td></td><td></td><td></td><td></td><td></td><td></td><td></td><td></td><td></td><td></td><td></td><td></td><td></td><td></td><td></td><td></td></tr>
<tr><td>5</td><td></td><td></td><td></td><td></td><td></td><td></td><td></td><td></td><td></td><td></td><td></td><td></td><td></td><td></td><td></td><td></td><td></td></tr>
<tr><td>6</td><td></td><td></td><td></td><td></td><td></td><td></td><td></td><td></td><td></td><td></td><td></td><td></td><td></td><td></td><td></td><td></td><td></td></tr>
</table>

（续）

序号	主项							次项							现存库存数量	订单环境容量	备注
	物资编码	名称	型号描述	年需求量	单位	开始日期	完成	样品图样	技术规范	工艺路线	工艺指令	配料清单	巡回文档	隶属产品			
7																	
8																	
9																	
合计																	
制订		日期				审核			日期			批准			日期		
认证计划编号			制订部门			任务来源编号/说明						来源部门					

第三节 采购预算

一、采购预算概述

采购预算就是一种用数量来表示的计划，它是指在计划初期，根据企业整体的目标任务要求，对实现某一计划目标或任务所需要的物料数量及全部活动成本所做的详细估算。将企业未来一定时期内采购决策的目标通过有关数据系统地反映出来，是采购决策的具体化和数量化。采购预算是依据销售预算和生产预算拟定的。从理论上讲，供应部门根据生产预算推算出原料需求量、预测价格，进行订货，并根据生产进度安排交货时间。

传统采购预算的编制是将本期应采购的数量乘以该物料的购入单价，或者按照物料需求计划的请购数量乘以标准成本，可获得采购金额。为了使预算对实际的资金调度具有意义，采购预算应以现金基础编制，也就是说，采购预算应以付款的金额来编制，而不以采购的金额来编制。预算的时间范围要与企业的计划保持一致，既不能过长也不能过短。长于计划期的预算没有实际意义，浪费人力、财力和物力，而过短的预算又不能保证计划的顺利进行。

一般说来，预算主要具有以下作用：

（1）保障战略计划和作业计划的执行，确保组织向良好的方向发展。

（2）协调组织经营资源。

（3）在部门之间合理安排有限资金，保证资金分配的效率。

（4）通过审批和拨款过程以及差异分析控制支出。

（5）将目前的收入和支出与预算的收入和支出相比较，对企业的财务状况进行监视。

（一）预算的种类

预算的类别不同，所起的作用也不同。根据不同的分类标准，可以把预算进行不同的分类。

（1）根据时间的长短，可以将预算分为长期预算和短期预算。长期预算是时间跨度超过一年以上的预算，主要涉及固定资产的投资问题，是一种规划性质的资本支出预算。长期预算对企业战略计划的执行有着重要意义，其编制质量的好坏将直接影响到企业的长期目标是否能够实现，影响到企业今后较长时间内的发展。短期预算是企业一年内对经营财务等方面所进行的总体规划的说明。短期预算是一种执行预算，对业务计划的实现影响重大。

（2）根据预算所涉及的范围，可以将预算分为全面预算和分类预算。全面预算又称为总预算，是短期预算的一种，涉及企业的产品或服务的现金收支等各方面的问题。总预算由分类预算综合而成。分预算种类多种多样，有基于具体活动的过程预算，有各分部门的预算（对于分部门来讲，这一预算又是总预算，因此分预算与总预算的划分是相对的）。

（3）总预算根据其内容的不同分为财务预算、决策预算和业务预算三类。财务预算是指企业在计划期内有关现金收支、经营成果以及财务状况的预算，主要包括现金预算、预计损益表、预计资产负债表等；决策预算是指企业为特定投资决策项目或一次性业务所编制的专门预算，其目的是为了帮助管理者作出决策；业务预算则是指计划期间日常发生的各种经营性活动的预算，包括销售预算、成本预算、管理费用预算等。采购预算就是业务预算的一种，它们的编制将直接影响到企业的直接材料预算、制造费用预算等。

（二）采购中涉及的预算

采购中涉及的主要预算有：

1. *原材料预算*

原材料预算的主要目的是：确定用于生产既定数量的产品或者提供既定水平的服务的原材料的成本。原材料预算的时间通常是一年或更短。预算的依据是生产或销售的预期水平以及未来原材料的估计价格，这就意味着实际费用有可能偏离预算。因此，很多组织采用灵活的预算（灵活的预算要反映条件的变化，比如产品的增加或减少）来调整实际的采购支出。

良好的原材料预算具有如下作用：①确保原材料需要时能够得到；②确定随时备用的原材料和零部件的最大价值和最小价值；③确定和评估采购支出的财务需求。

2. MRO *预算*

MRO（Maintenance Repair Operation，请购单）采购包含在经营管理过程中，

但它们并没有成为生产运作中的一部分。MRO 项目主要有办公用品、润滑油、机器修理用零部件等。MRO 项目的数目可能很大，对每一项都做出预算并不可行。MRO 预算通常按以往的比例来确定，然后根据库存和一般价格水平的预期变化来进行调整。

3. 固定资产预算

固定资产的采购通常占支出的较大部分，良好的采购活动和谈判组织能为企业节省很多资金。通过研究资源市场以及与关键供应商建立密切的关系，可以为企业节省出很多资金。固定资产的预算不仅要考虑初始成本，还要考虑包括维护、能源消耗以及辅助零部件成本等的生命周期总费用。由于这些支出的长期性质，通常用净现值算法进行预算和作出决策。

4. 采购费用预算

采购费用预算的内容包括采购业务中发生的各项费用。通常，这项预算是根据预期的业务和行政工作量来制定的。这些花费包括工资、供热费、电费、通信费、差旅费，以及购买办公用品等的费用。采购费用预算应该反映组织的总体目标。例如，如果组织的目标是减少间接费用，那么业务预算中的间接费预算就应该反映出这一点。

例如，某纺织公司的采购预算表，如表 3-9 所示。

表 3-9　某纺织公司采购预算表

物料类别	主要原料、物料及机器零件											总计
付款方式	到　期					新　购						
	Usance L/C	D/A	Local L/C	P/N	小计	Usance L/C	Local L/C	cash	小计	报关费及运杂费	合计	
月												
月												
月												
月												
月												
月												
半年总计												

二、采购预算的编制

（一）编制采购预算的影响因素

1. 物料标准成本的设定

在编制采购预算时，因为将来拟购物料的价格不容易预测，所以多以标准成本替代。若标准成本的设定缺乏过去的采购资料为依据，也无工程人员严密精确地计算其原料、人工及制造费用等组合生产成本，则标准成本的设定就有一定的困难。因此，标准成本与实际购买价格的差额（Purchase Price Variance），就会影响采购预算的准确性。

2. 生产效率

生产效率的高低将使预计的物料需求量与实际的耗用量产生误差。产品的生产效率降低，会导致原物料的单位耗用量提高，而使采购预算中的预计数量不够生产所需。过低的产出率（Yield Rate）则会导致经常进行业务更改（Rework），而使得零部件的损耗超出正常水平。所以，当生产效率降低时，采购预算必须将这部分额外的耗用率计算进去，才不会发生原材料预算资金的短缺现象。

3. 价格预期

在编制采购预算时，经常需要对物料价格涨跌幅度、市场景气与否、汇率变动等加以预测，因为个人主观判断与事实的变化常有差距，就可能会造成采购预算的偏差。此外，季节性的供应状况，最低订购量等因素，将使采购数量超过正常的需求数量；而且企业财务状况的好坏也将影响采购数量（安全库存量）的多少以及采购预算（付款时间）的准确性。

由于影响采购预算的因素很多，故采购预算拟订之后，必须与产销部门保持经常的联系，并针对现实的状况作出必要的调整与修订，才能达成维持正常产、销活动的目标，并协助财务部门妥善规划资金的来源。

（二）编制采购预算的步骤

通常制造企业是根据企业的销售计划制订生产计划，其生产计划包括采购预算、直接人工预算及制造费用预算。因此可以认为，采购预算是企业采购部门为配合年度的销售预测或生产数量，对需求的原料、物料、零件等的数量及成本进行的估计。采购预算如果单独编制，不但缺乏实际的应用价值，也失去了其他部门的配合，所以采购预算的编制，必须以企业整体预算制度为依据，如图 3-1 所示。

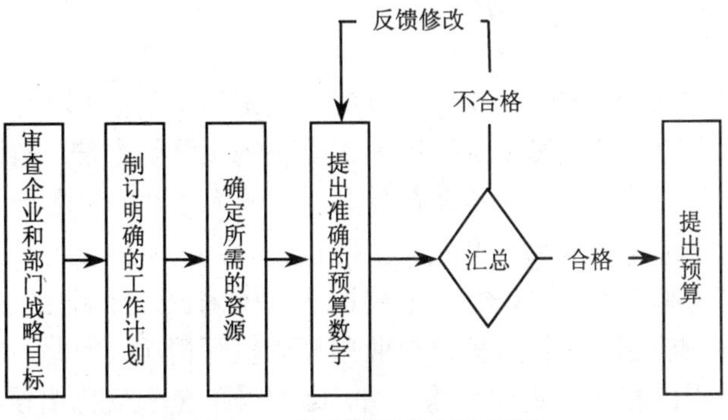

图 3-1　采购预算编制流程图

1. 审查企业和部门战略目标

采购部门作为企业的一个部门，在编制预算时，要从企业总的发展目标出发，审查部门和企业的目标，确保两者之间的相互协调。

2. 制订明确的工作计划

管理者必须了解本部门的业务活动，明确它的特性和范围，制定出详细的工作计划表。

3. 确定所需的资源

制定好详细的工作计划表后，采购主管要对业务支出作出切合实际的估计，确定为实现目标所需要的人力、物力和财力资源。

4. 提出准确的预算数字

管理者提出的数字应当保证其最大可能性，可以通过以往的经验作出准确判断，也可以借助数学工具和统计资料通过科学分析提出准确方案。

5. 汇总

汇总各部门、各分单元的预算，最初的预算总是来自每个分单元，而后层层提交、汇总，最后形成总预算。

由于预算与实际情况或多或少地存在着一些差异，因此必须根据实际情况选定一个偏差范围。偏差范围的确定可以根据行业平均水平，也可以根据企业的经验数据。设定了偏差范围以后，采购主管应比较实际支出和预算的差距以便控制业务的进展。如果支出与估计值的差异达到或超过了允许的范围，就有必要对具体的预算提出建议或进行必要的修订。

6. 提交预算

将编制好的预算提交企业负责人批准。

（三）采购预算的编制方法

编制预算的方法有很多，如固定预算、弹性预算、滚动预算、零基预算、概率预算和定期预算等。下面分别对这几种方法进行简单的介绍。

1. 固定预算

固定预算又称为静态预算，是以预算期内正常的、可能实现的某一业务量水平为固定基础，不考虑可能发生的变动因素而编制预算的方法，是最传统的也是最基本的编制方法，其最大的优点是简便易行，较为直观。但由于是静态的编制方法，不论预算期内业务量水平可能发生哪些变动，都只是按照事先确定的某一个业务量水平作为编制预算的基础，显得过于机械呆板，可比性较差。编制出的预算不利于正确地控制、考核和评价企业预算的执行情况。因此，这种方法只能适用于在一定范围内相对稳定的采购项目，比如采购金额变化比较小，金额比较固定的采购项目，业务量较为稳定的企业或非盈利组织。

2. 弹性预算

弹性预算又称为变动预算法、滑动预算法，是在变动成本法的基础上，根据计划期间可能发生的多种业务量，分别确定与各种业务量水平相适应的费用预算数额，从而形成适用于不同生产经营活动水平的一种费用预算方法，可以反映出各业务量的情况下所应开支的费用（利润）水平。由于弹性预算是以多种业务量水平为基础而编制的一种预算，因此，它比只以一种业务量水平为基础编制的预算（一般称之为固定预算或静态预算）具有更大的适应性和实用性。

编制弹性预算，其关键在于把所有采购成本划分为变动成本和固定成本，需首先确定在计划期内业务量的可能变化范围。在具体编制工作中，对于一般企业而言，其变化范围可以确定为企业正常生产能力的70%～110%，其间隔取为5%～10%，也可取计划期内预计的最低业务量和最高业务量为其下限和上限。然后根据成本形态，将计划期内的费用划分为变动费用部分和固定费用部分，在编制弹性预算时，对变动费用部分，要按不同的业务量水平分别进行计算，而固定费用部分在相关范围内不随业务量的变动而变动，因而不需要按照业务量的变动来进行调整。

弹性预算方法能够提供一系列生产经营业务量的预算数据，是为一系列生产业务量水平编制的，因而当预算项目的实际业务量达到任何水平时都有适用的一套标准。因此弹性预算能够适应不同经营活动情况的变化，能更好地发挥预算的控制作用，但是操作比较复杂，工作量大。这种方法一般使用于采购量随着业务量变化而变化的采购，适用于市场价格和市场份额都不是很确定的企业，往往用于编制采购成本预算。

3. 滚动预算

滚动预算又称连续预算或永续预算，是指按照"近细远粗"的原则，根据上一期的预算完成情况，调整和具体编制下一期预算，并将编制预算的时期逐期连续滚动向前推移，使预算总是保持一定的时间幅度。也就是根据上一期的预算指标完成情况，调整和具体编制下一期预算，并将预算期连续滚动向前推移的一种预算编制方法。滚动预算的编制，可采用长计划、短安排的方式进行，即在编制预算时，可先按年度分季，并将其中第一季度按月划分，编制各月的详细预算。其他三个季度的预算可以粗一些，只列各季总数，到第一季度结束前，再将第二季度的预算按月细分，第三、四季度及下年度第一季度只列各季总数，依此类推，使预算不断地滚动下去按预算期随着时间的推移而自行延伸来进行预算的一种方法。其基本特征如图3-2所示。

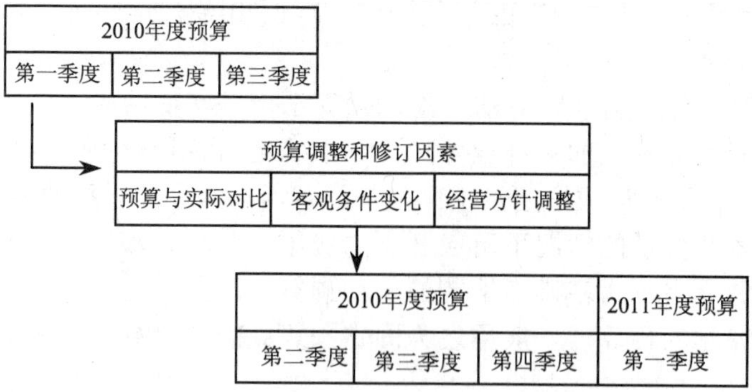

图 3-2 滚动预算编制特征图

滚动预算方法能够保持预算的完整性，从动态预算中把握企业的未来。有利于企业根据前期预算的执行情况及时调整和修订近期预算，能够充分发挥预算的指导和控制作用，保证企业的采购工作稳定而有序地进行，但是其操作比较复杂，工作量大。因此，滚动预算方法适用于一些规模较大、时间较长的工程类或大型设备采购项目。

4. **零基预算**

零基预算又称零底预算，其全称为“以零为基础编制计划和预算的方法”，简称零基预算，最初是由德州仪器公司开发的，是指在编制预算时对于所有的预算支出，均以零为基底，不考虑以往情况如何，而完全根据未来一定期间生产经营活动的需要和每项业务的轻重缓急，从根本上来研究、分析每项预算是否有支出的必要和支出数额大小的一种预算编制方法。这种预算不以历史为基础作修修补补，完全不考虑前期的实际水平，只考虑该项目本身在计划期内的重要程度，其具体数字的确定始终以零为起点，在年初重新审查每项活动对实现组织目标的意义和效果，并在成本—效益分析的基础上，重新排出各项管理活动的优先次序，并据此决定资金和其他资源的分配。

零基预算的编制方法，可以通过几个步骤来完成：

（1）提出预算目标。企业内部各有关部门，根据本企业计划期内的总体目标和本部门应完成的具体工作任务，提出必须安排的预算项目，以及以零为基础而确定的具体经费数据。

（2）开展成本—收益分析。组成由企业的主要负责人、总会计师等人员参加的预算委员会，负责对各部门提出的方案进行成本—收益分析。管理层对某一个项目的所需费用和所得收益进行比较分析，权衡轻重、区分层次、划出等级、挑出先后，列出所有项目的先后次序和轻重缓急。

（3）分配资金、落实预算。按照上一步骤所确定的预算项目的先后次序和轻重缓急，结合计划期内可动用的资金来源，分配资金，落实预算。

与传统预算方法相比较，零基预算法不受现行预算框架的限制；以零为基础来观察和分析一切费用和开支项目，确定预算金额，能充分调动企业各级管理人员的积极性和创造性；可以促进各级管理人员精打细算、量力而行，把有限的资金切实用到最需要的地方，以保证整个企业的良性循环，提高整体的效益；增加了预算的透明度，提高预算管理水平。但是，零基预算编制方法一切支出均以零为起点来进行分析、研究，工作量太大，需要投入大量的人力资源；分层、排序和资金分配时，可能有主观影响，容易引起部门之间的矛盾。零基预算方法适用于各种采购预算，在实际预算工作中，可以隔若干年进行一次零基预算，以后几年内略作适当调整，这样，既可减少预算编制的工作量，同时又可以适当控制费用的发生。

5. **概率预算**

在实际编制预算过程中，涉及的变量比较多，如业务量、价格和成本等。在编制预算时，管理者不可能十分精确地预见到这些因素将来会发生何种变化，以及变化到何种程度，但是根据经验可以估计出它们发生变化的可能性，从而近似地判断出各种因素的变化趋势、范围和结果，然后对各种变量进行调整，计算出可能值的大小。概率预算就是将预算期内不确定的各预算构成变量，根据客观条件，估计他们可能变动的范围及出现在各个变动范围的概率，再通过加权平均计算有关变量在预期内期望值的一种预算编制方法，属于不确定预算。

概率预算的基本特征是：影响预算对象的各因素具有不确定性，因而存在着多种发展可能性，并且这些可能性能够计量；由于对影响预算对象的变量的所有可能都作了客观的估计和测算，因而开阔了变量的范围，改善了预算指标的准确程度。

当销售量的变动与成本的变动没有直接联系，只要利用各自的概率分别计算销售收入、变动成本、固定成本的期望值，然后即可直接计算利润的期望值；而当销售量的变动与成本的变动有直接联系时，就需要用计算联合概率的方法来计算利润的期望值。

概率预算编制一般按照下面几个步骤来进行：

（1）在预测分析的基础上，估计各相关因素的可能值及其出现的概率，它可根据历史资料或经验进行判断。

（2）计算联合概率，即各相关因素的概率之积。

（3）根据弹性预算提供的预算指标以及与之对应的联合概率计算出预算对象的期望值，即概率预算下的预算结果。概率预算的编制过程实际上体现了数学期望的求解过程。

6. 定期预算

定期预算也称为阶段性预算，是指在编制预算时以不变的会计期间作为预算期的一种预算编制方法。定期预算唯一的优点就是能够使预算期间与会计期间相配合，便于考核和评价预算的执行结果。但是定期预算的周期往往较长，具有一定的盲目性和滞后性。因此，定期预算主要适用于服务性质的、经常性采购项目的预算。

三、预算编制注意事项

传统上编制采购预算是将本期应购数量（订购数量）乘以该物料的购买单价，或者按照物料需求计划（Material Requirement Planning，MRP）的订购数量乘以标准成本，即可获得的采购金额（预算）。为了使预算对实际的资金调度具有意义，采购预算应以现金为基础编制，而非采用传统上的应计统计，换句话讲，采购预算应以付款的金额来编制，而不以采购的金额来编制。预算的时间范围要与企业的计划期保持一致，绝不能过长或过短。长于计划期的预算没实际意义，徒然浪费人力、财力和物力，而过短的预算又不能保证计划的顺利执行。企业所能获得的可分配的资源和资金在一定程度上是有限的，受到客观条件的限制，企业的管理者必须通过有效地分配有限的资源来提高效率以获得最大的收益。一个良好的企业不仅要赚取合理的利润还要保证企业有良好的现金流。因此良好的预算既要注重最佳实践，又要强调财务业绩。

为了确保预算能够规划出与企业战略目标相一致的可实现的最佳实践，必须寻找一种科学的行为方法来缓和这种竞争和悲观的倾向，管理者应当与部门主管就目标积极开展沟通，调查要求和期望，考虑假设条件和参数的变动，制订劳动力和资金需求计划并要求部门提供反馈，管理者应当引导部门主管将精力放到应付不确定情况的出现上，而不是开展什么“战备竞争”。

另一方面，为了使预算更具灵活性和适应性以应对意料之外可能发生的不可控事件，企业在编制采购预算过程中应当尽力做到以下几点：

1. 采取合理的预算形式

每一位明智的决策者都知道，现金流对于企业来说是最重要的，因此，企业内部各部门所采用的预算形式应把重点放在现金流而不是收入和利润上。当然，最佳的预算形式最终还是取决于企业的具体目标。

2. 改变绩效评估方式

为了鼓励采购部门提出更具挑战性的预算报告，企业有必要对采购部门的绩效评估方式进行改善。采购预算是在战略目标框架之内提出的，在从设置目标到提交预算这一连续的动态过程当中，不仅要仔细审查影响预算实现的内部不可控因素，还要详细研究外部不可控因素，并进一步识别出影响预算实现的关键成功因素。对于那些不可控因素，人力资源部门在进行业绩评估时，必须有所考虑，并向管理者提出建议。企业的高层管理者必须解决部门主管对绩效评估的后顾之忧，使他们的预算编制更趋于合理。

3. *建立趋势模型*

预算向人们讲述的是未来，所有代表期望行为的数字都是估计值，人们所提供的应是代表收入和支出的最有可能情况的数字预报。为了确保这些数字的最大价值，应当建立一个趋势模型，模型的建立可以使人们对企业期望的产出有完善的规划。模型以直接的数据资料为基础，具有时间敏感性，能够反映服务和产品需求的变化。数学工具的应用将会使预算报告更加准确，使用这一方法，要求企业内部拥有完备的统计资料，并掌握历史数据。

4. *采用滚动预算的方法*

企业经营是一个连续不断的过程，只是为了使用方便才在时间上对它们进行了硬性分割。为了能够使预算与实际过程更紧密地联合在一起，可采用滚动预算的办法。在制订本期预算的时候根据实际情况同时对下期的业务进行预算，以保证企业活动在预算上的连续性。预算活动的滚动性和对细节的强调，要求各个部门的管理人员投入大量精力，紧密高效地开展工作。工作过程可以采取分两步走的方式：第一步是整体思考，要求管理者从总体战略出发，勾画出预算的框架，制定出必要的行动方案，如果预算结果出现偏差要及时修改；第二步进入细化阶段，管理者为每一部门制定最终预算的细节，并确保其被每一部门所接受。

无论是何种类型的预算，只要满足了上面的要求都可以最大限度地发挥其潜能，保障组织计划的顺利实施。

学习情境设计：采购计划与预算的编制

一、实训目的

（1）加深学生对采购需求的认识。

（2）认识采购计划和预算编制对整个采购流程的重要意义。

（3）了解采购计划和预算的编制过程和具体方法。

（4）不断培养和增强学生的分析能力、组织能力、沟通能力、团队协作精神等。

二、实训组织

（1）知识准备：采购需求分析、编制采购计划的程序、采购预算的编制方法。

（2）学生分组：每个小组人数以 3～5 人为宜，小组中要合理分工，每组选出一位小组长。以小组为单位进入采购部门获取一些采购计划与预算编制的实例。

（3）实训地点：各小组成员自主选择的目标企业，以实地调研为主，同时在图书馆、互联网上查找资料，分析采购计划与采购预算编制的过程。

若企业采购需求数据难以得到，可根据学生的整个实训流程，由教师给出模拟数据或环境，也可以在互联网上收集一些相关资料，完成整个实训过程。

三、实训要求

最好能进入企业的采购部门获取所需要的最新数据。能按照理论要求将数据有效地整合在一起，编制出符合要求及逻辑的采购计划和预算。具体要求如下：

（1）由于企业的采购计划比较复杂，可以将班级分成3～4个组，先模拟编制一个班级的节日采购计划和预算，让学生先熟悉简单的计划和预算的编制。

（2）模拟训练后小组组织讨论各类采购计划与预算编制流程与方法，并对数据及流程有明确的认识，然后进入企业的采购部门获取所需要的最新数据。

（3）学生以小组为单位可以根据相关的数据编制出合理的采购计划与预算，并与企业中的实际采购计划及预算作比较，分析其中的差别。

（4）针对采购计划与预算编制中存在的问题，可以提出具体的或多种解决措施，并比较各种解决方案的优缺点。

四、实训报告

在通过实地调查获得相关资料后，以组为单位完成实训报告。实训报告题名为：某企业或产品采购计划与预算方法调查报告。报告中应包含以下内容：

（1）调查时间、地点、对象。

（2）收集企业采购需求单位的物料需求资料。

（3）设计企业内部采购需求调查表。

（4）运用所选定的方法分析企业采购需求，进而编制采购计划和预算。

（5）形成企业采购计划和预算编制总结报告，总结出采购计划与预算编制的一般流程。

五、实训考核

实训成绩根据个人表现和团队表现进行综合评定。考评内容包含以下几项：

（1）相关资料是否通过实地调查获得，资料收集的全面性、真实性。

（2）采购需求分析、采购计划与预算的编制是否规范，相应的方法是否应用得当。

（3）小组内部分工是否明确，组员是否有协作精神，根据个人任务完成情况由组长评分。

（4）小组总结汇报思路是否清晰、内容是否充实、重点是否突出，由教师对小组进行评分。

（5）实训报告是否按要求的规范格式完成，对个人报告或小组报告进行评分。

（6）根据个人得分和小组综合评分最终确定每个学生的实训成绩。

第四章　采购方式的选择

工作任务及过程

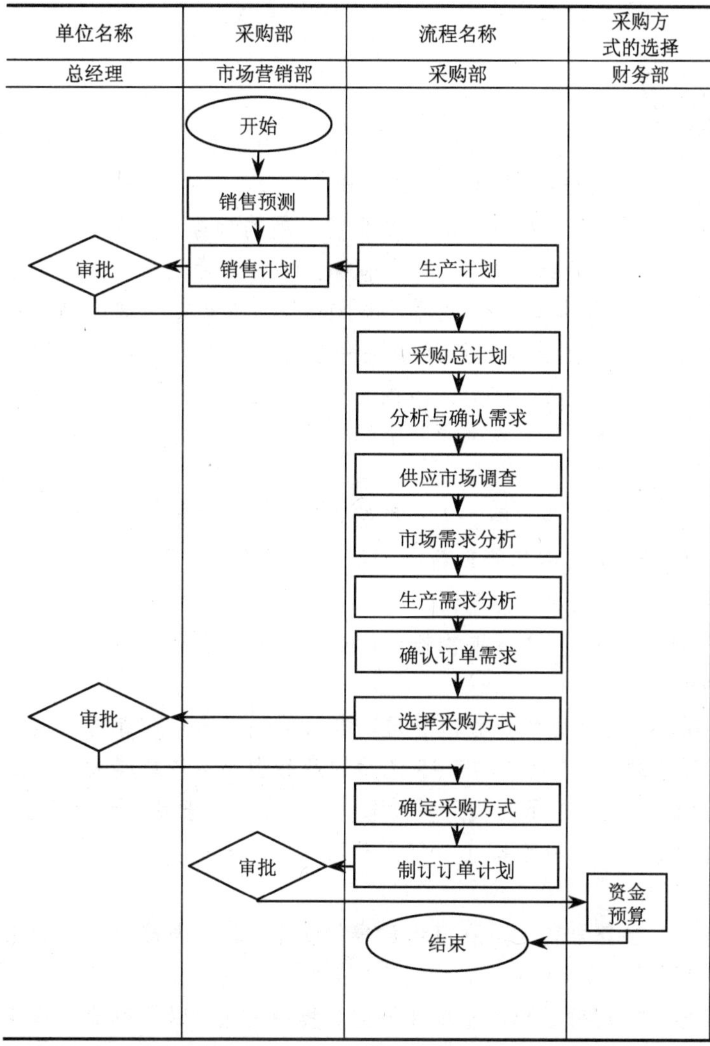

工作任务说明 配置学习领域

市场营销部根据销售预测计划和有关库存信息，制定次年度的预测生产计划。各单位根据年度目标，预测生产计划并制定月份材料需求计划

销售预测及销售计划经过总经理审批通过后，送到采购部。采购部根据实际库存量、生产需求量编制采购总计划

采购部根据总计划所提供的材料分析与确认需求情况，进行供应市场调查，熟知市场需求计划，根据实际情况分析市场需求、生产需求，确定订单需求，包括采购的种类、采购的数量、采购的时间要求等，并且对市场供需形势进行分析，了解市场供应情况，最后对比分析各种采购方式的特点及其可行性，确定一种或多种适合的采购方式，比如集中采购或分散采购、国内采购或国际采购、招标采购、电子采购等，最后采购部制订订单计划，送市场营销部审核通过后，将其送财务部编制资金预算

职业能力要求

岗位：采购经理/主管

（1）负责根据实际库存量、生产需求量编制采购总计划。

（2）负责根据总计划所提供的材料分析与确认需求情况，并进行归类。

（3）组织进行供应市场调查，熟知市场需求计划，了解各种采购方式在供应市场发展趋势。

（4）根据实际情况分析市场需求、生产需求，确定订单需求，进行采购战略决策。

（5）负责对各种采购方式的成本和效率进行评估与审核。

项目任务驱动

三个公司采购方式的对比

从20世纪80年代开始，为了顺应国际贸易高速发展的趋势，以及满足客户对服务水平提出的更高要求，企业开始将采购环节视为供应链管理的一个重要组成部分，通过对供应链的管理，同时对采购手段进行优化。在当前全球经济一体化的大环境下，采购管理作为企业提高经济效益和市场竞争能力的重要手段之一，它在企业管理中的战略性地位日益受到国内企业的关注，但现代采购理念在中国的发展过程中，由于遭遇的"阻力来源"不同，企业解决问题的方法各异等原因，就被予以了不同的全释。

在采购体系改革方面，在一些大型企业，虽然集团购买、市场招标的意识慢慢培养起来，但企业内部组织结构却给革新的实施带来了极大的阻碍。

某企业每年的物资采购总量约85亿元人民币，涉及钢板、木材、水泥、机电设备、仪器仪表等56个大类，12万项物资。行业特性的客观条件给企业采购的管理造成了一定的难度。

该企业目前有9 000多人在做物资供应管理，庞大的体系给采购管理造成了许多困难。每年采购资金的85亿元中，有45亿元的产品由有各种隶属关系的工厂生产，很难将其产品的质量和市场同类产品比较，而且价格一般要比市场价高。还有上级单位指定的产品，只要符合该企业使用标准、价格差不多，就必须购买指定产品。

与上述企业相比，一些全面融入国际市场竞争的企业，较容易接受全新的采购理念。

例如，海尔采取的采购策略是利用全球化网络，集中购买。以规模优势降低采购成本，同时精简供应商队伍。据统计，海尔的全球供应商数量由原先的2 336家降至840家，其中国际化供应商的比例达到了71%，目前世界前500强中有44家是海尔的供应商。

对于供应商关系的管理方面，海尔采用的是SBD模式：共同发展供应业务。海尔有很多产品的设计方案直接交给厂商来做，很多零部件是由供应商提供今后两个月市场的产品预测并将待开发的产品形成图样，这样一来，供应商就真正成为了海尔的设计部和工厂，加快开发速度。许多供应商的厂房和海尔的仓库之间甚至不需要汽车运输，工厂的叉车直接开到海尔的仓库，大大节约运输成本。海尔本身则侧重于核心的买卖和结算业务。这与传统的企业与供应商关系的不同在于，它从供需双方简单的买卖关系，成功转型为战略合作伙伴关系，是一种共同发展的双赢策略。

网上采购平台的应用是海尔供应链环节的主要方法，其具体做法如下：

（1）网上订单管理平台。采购订单100%由网上下达，实现采购计划和订单的同步管理，使采购周期由原来的10天减少到3天。同时，供应商可以在网上查询库存，根据订单和库存的情况及时补货。

（2）网上支付平台。支付准确率和及时率达到100%，为供应商节省近1 000万元的差旅费，有效降低了供应链管理成本，目前网上支付费用已达到总支付额的80%。

（3）网上招标竞价平台。通过网上的招标，不仅使竞价、价格信息管理准确化，而且能防止暗箱操作，降低了供应商管理成本。

在网上可以与供应商进行信息互动交流，实现信息共享，强化战略合作伙伴关系。

据透露，1999年海尔的采购成本为5亿元，由于业务的发展，到2000年，采购成本为7亿元，但通过对供应链管理优化整合，2002年海尔的采购成本在4亿元左右。可见，利益的获得是一切企业行为的原动力，成本降低、与供应商双赢关系的稳定发展带来的经济效益，促使众多企业以积极的态度引进和探索先进、合理的采购管理方式。

与从计划模式艰难蜕变出来的大型国有企业相比，通用汽车的采购体系可以说是含着银匙出世，它没有必要经历体制、机构改革后的阵痛，全球集团采购策略和市场竞标体系自公司诞生之日起，就自然而然地融入了世界上最大的汽车集团——通用汽车的全球采购联盟系统中。相对于尚在理论层次彷徨的众多国有企业和民营企业而言，通用汽车的采购已经完全上升到企业经营策略的高度，并与企业的供应链管理密切结合在一起。

据统计，通用汽车在美国的采购量每年为580亿美金，全球采购金额总共达到1 400～1 500亿美金。1993年，通用汽车提出了全球化采购的思想，并逐步将各分部的采购权集中到总部统一管理。目前，通用汽车下设四个地区的采购部门：北美采购委员会、亚太采购委员会、非洲采购委员会、欧洲采购委员会，四个区域的采购部门定时召开电视会议，把采购信息放到全球化的平台上来共享，在采购行为中充分利用联合采购组织的优势，协同杀价，并及时通报各地供应商的情况，把某些供应商的不良行为在全球采购系统中备案。

在资源得到合理配置的基础上，通用汽车开发了一整套供应商关系管理程序，对供应商进行评估。对好的供应商，采取持续发展的合作策略，并针对采购中出现的技术问题与供应商一起协商，寻找解决问题的最佳方案；而在评估中表现糟糕的供应商，则请其离开通用汽车的业务体系。同时，通过对全球物流路线的整合，通用汽车将各个公司原来自行拟定的繁杂的海运线路集成为简单的洲际物流线路。采购和海运路线经过整合后，不仅使总体采购成本大大降低，而且使各个公司与供应商的谈判能力也得到了质的提升。

任务一：对比三个企业的采购模式，分析其利弊。

任务二：分析影响企业采购方式决策的基本因素。

学习领域配置

确定采购方式是企业采购活动的重要决策，选择适当的采购方式有助于提高采购的工作效率和企业的经济效益。采购方式的选择是指采购机构根据相关要求，通过一定的程序和标准选定采购项目合同订立方式的一系列有组织的活动。各种采购方式各有利弊，实际操作时应该将各种方式进行互补，取长补短，灵活选用。只有科学分析各种采购方式的特点和运作模式，才能实现科学选择采购方式，最终实现有效降低采购成本、保证交付进度、提高采购质量的采购目标。具体的采购方式有：集中采购、分散采购、定量采购、定期采购、国内采购、国际采购、招标采购、电子化采购等。

第一节　集中采购与分散采购

一、集中采购

（一）集中采购的概念

集中采购有两层含义：①降低分散采购的选择风险和时间成本，即一般意义上的集中采购。比如，在大型项目采购中，除了一般“甲供”材料设备由项目部（项目公司）采购外，对于某些大型机电设备等由公司本部负责集中采购。②集中时间、集中人力、集中采购。

集中采购的“集中”功能集中体现在以下四个方面：

1. **财务预算的安排相对集中**

财务部门对相同的采购项目应尽量集中在一个月里进行统筹安排，避免多次重复安排相同项目的采购而产生降低工作效率、丧失采购效益等弊端。任何企业采购项目，最终都要由财务部门负责付款结账，对此，财务部门何时能安排采购预算资金就成了决定采购工作何时才能得以开始和实施的重要前提，因为，一旦财务部门安排了采购资金，相应的采购人员就会随时去实施采购。因此，要充分提高财务资金的使用效率、有效地扩大企业采购的规模，对采购人员的采购项目，财务部门就必须要从源头上给予“通盘地、宏观地”考虑。具体来讲，要将各个预算单位想要采购的相同或功能相近的项目，或是可以连环配套采购的项目，要尽量统一调度或筹集资金进行一次性的安排，否则，每个月都安排几个相同项目的采购，不但浪费了时间、精力，还无法得到规模采购的效益。例如，在实际工作中，就有一些企业的财务部门，由于不会科学地调度和合理地安排财务预算资金，从而造成每个月都安排几个预算单位去采购几台计算机或其他办公耗材等，这就明显地失去了科学性和合理性，人为地增加了工作量。因此，集中采购的集中功能，首先就是要体现在财务部门的预算安排上，要有相对集中的科学性。

2. **采购项目的委托集中**

采购人员对其有关项目的采购，应集中在一次进行委托，不得人为拆分，多次采购。对采购人员来讲，有些采购项目是批量的，或是有关联的，或是可相互配套的整体项目，如学校里的电教项目，既有网络工程项目，也有电视、计算机等物资采购项目，对此，就电教项目而言，其本身就是一个整体采购项目，无需再拆分或细化成工程项目与商品采购项目分别去委托采购；同样，对原来就是一个整批的采购项目，更不可从量上进行化整为零，分次采购，如将一百台计算机，分几次采购等，否则，这些行为就明显会影响到采购的效果。因此，对财务预算已经安排的采购项目，采购人员必须不折不扣地实施集中采购，不得化整为零，不得私自采购。

3. **采购项目的具体操作集中**

集中采购机构对相同或功能相近的受托采购项目，应尽量集中在一次进行采购，以减少采购次数，提高工作效率和经济效益。对集中采购机构来讲，不但委托的采购人员众多，而且采购项目又纷繁复杂，委托时间也有早有迟等，如果集中采购机构采取“随时委托、随时采购”的方式，势必会发生多次、重复采购相同项目的问题，进而出现了重复劳动，增加了工作量，降低了工作效率。因此，如果集中采购机构能采取“定期、汇总”的采购方式，将采购人员委托的采购项目进行归类，或按功能进行相互衔接、配套，每类项目每个月只集中采购一次，这样，就会人为地做大批次采购规模，既可以减少工作量，又能获得更大的规模采购效益。

4. 采购项目的调试和验收集中

集中采购机构应统一组织技术专家、采购人员等进行集中验收，以节约人力、财力等。由于集中采购机构一批购进的采购项目涉及多个采购人员的委托，对此，如果要求采购人员各自去找专家验收，势必会增大困难，也会耗费更多的时间、精力和财力等，而如果由集中采购机构能够出面组织一个专家验收小组，将整批采购项目一次性验收完毕后，再交付采购人员，就会减少诸多采购人员的验收工作量，节省了大量的时间、人力等，同时，集中验收也会增强对验收人员的监督，更便于对采购项目的质量把关。

（二）集中采购的模式

为实现集团采购业务集中管控的业务需求，集中采购包括以下几种典型模式的应用：集中定价、分开采购；集中订货、分开收货付款；集中订货、分开收货、集中付款；集中采购后调拨等运作模式。采用哪种模式，取决于集团对下属公司的股权控制、税收、物料特性、进出口业绩统计等因素，一个集团内可能同时存在几种集中采购模式。这里我们只重点阐述后两种集中采购模式。

1. 集中订货、分开收货、集中付款模式

集团总部或采购公司负责管理供应商及制定采购价格等采购政策，并且负责采购订货工作。分支机构提出采购申请，集团总部或采购公司进行汇总、调整，并根据调整结果下达采购订单，发收货通知单给分支机构；分支机构根据收货通知单或采购订单进行收货及入库；集团总部或采购公司汇集分支机构的入库单进行与外部供应商货款结算，并根据各分支机构的入库单与分支机构分别进行内部结算。

2. 集中采购后调拨模式

集团总部或采购公司负责管理供应商及制定采购价格等采购政策，并且负责采购订货工作。分支机构提出采购申请，集团总部或采购公司进行汇总、调整，根据调整结果下达采购订单，并完成后续的收货、入库、外部货款结算处理。之后，根据各分支机构的采购申请，集团总部或采购公司启动内部调拨流程，制订调拨订单并作调拨出库，分支机构根据调拨订单作入库处理，集团总部或采购公司与各分支机构最后作内部结算处理。

（三）集中采购的优劣势

集中采购的优势主要表现在：

（1）需求的共性。对于某些产品，企业各部门都可能存在着需求，通过采购量的集中来提高企业在谈判中的地位，提高议价能力，降低单位采购成本，同时获得存货控制的规模经济。

（2）供应商的行业结构。如果供应商所在行业是处于寡头垄断的状态，企业集中采购可以加强采购力量，迫使供应商对企业的重要价值给予重视，并获得更优惠的价格以及更好的服务。

（3）采购中的技术要求。如果在采购过程中对技术的要求高，那么采购人员必须与工程技术人员紧密配合，必须实行集中采购。

（4）现代企业更注重于高价值生产模式，更强调速度、专门知识、灵活性和革新。企业在集中资源于自身核心业务的同时，通过利用其他企业的资源来弥补自身的不足，从而变得更具竞争优势。

集中采购的缺点是由于权力过分集中到总部，有可能损失采购的灵活性，导致供应链管理的低效率。

因而集中采购主要适用于：大宗或批量物品，价值高或总价多的物品；关键零部件、原材料或其他战略资源，保密程度高，产权约束多的物品。其适用范围是：集团范围实施的采购活动；跨国公司的采购；连锁经营、OEM（Original Equipment Manufacture，代工生产）厂商、特许经营企业的采购。

二、分散采购

（一）分散采购的概念

与集中采购相对应，分散采购是由企业下属各单位（如子公司、分厂、车间或分店）实施的满足自身生产经营需要的采购。分散采购是集中采购的完善和补充，有利于采购环节与存货、供料等环节的协调配合，有利于增强基层工作人员的责任心，使基层工作富有弹性和成效。

（二）分散采购的适用范围

分散采购主要适用于小批量、单件、价值低，总支出在产品经营费用中占的比重小的物品；市场资源有保证，易于送达，较少的物流费用的物品；分散后，各基层有这方面的采购与检测能力的单位。

1. **分散采购适用的采购主体**

（1）二级法人单位、子公司、分厂、车间。

（2）离主厂区或集团供应基地较远，其供应成本低于集中采购时的成本。

（3）异国、异地供应的情况。

2. **分散采购适用的采购客体**

（1）小批量、单件、价值低、总支出在产品经营费用中所占比重小的物品（各厂情况不同，自己确定）。

（2）分散采购优于集中采购的物品，包括费用、时间、效率、质量等因素均有利，而不影响正常的生产与经营的情况。

（3）市场资源有保证，易于送达，较少的物流费用。

（4）分散后，各基层有这方面的采购与检测能力。

（5）产品开发研制、试验所需要的物品。

（三）分散采购的程序和方法

分散采购的程序与集中采购大致相同，只是取消了集中决策环节，直接实施其他步骤。企业下属单位的生产研发人员根据生产、科研、维护、办公的需要，填写请购单，由基层主管审核、签字，到指定财务部门领取支票、汇票或现金，然后到市场或厂家购买、进货、检验、领取或核销、结算即可。采购时一般借助于现货采购方式。

（四）分散采购的优缺点

分散采购的优点主要体现在几个方面：能适应不同地区市场环境变化，商品采购具有相当的弹性；对市场反应灵敏，补货及时，购销迅速；由于分部拥有采购权，可以提高一线部门员工的积极性及其士气；由于采购权和销售权合一，分部拥有较大权力，因而便于分部考核，要求其对整个经营业绩负责。

分散采购的缺点主要体现在：各部门各自为政，容易出现交叉采购、人员费用较大。例如，联邦百货商店有限公司有八名女装采购员（每个连锁店配备一位）和一位负责自有品牌女装总公司采购员，相比之下，The Gap公司只有一位在公司总部的女装采购员；由于采购权力下放，使采购控制较难，采购过程中容易出现舞弊现象；计划不连贯，形象不统一，难以实施统一促销活动，商店整体利益控制较难；由于各部门或分店的采购数量有限，难以获得大量采购的价格优惠。

由于分散采购制度存在许多弊病，这种方式正逐渐被集中采购所取代。只有在地区之间消费需求存在较大差异时，分散采购才适用于跨地区的连锁公司。

三、集中采购与分散采购的区别

（1）从采购项目特征看，列入集中采购的项目往往是一些大宗、通用性的项目，一般采购单位都会涉及并需要采购，或者是一些社会关注程度较高、影响较大的特定商品、大型工程和重要服务类项目。而列入分散采购的项目往往是一些在限额标准之上、专业化程度较高或单位有特定需求的项目，一般不具有通用性的特征。

（2）从采购执行主体看，集中采购，采购单位必须委托集中采购机构进行代理采购，采购单位不得擅自自行组织采购，其中部门集中采购可以由主管部门统一组织集中采购。而分散采购，采购单位可以按照规定自行组织实施采购，也可以委托集中采购机构或其他具有政府采购代理资格的社会中介机构进行代理采购。委托集中采购机构采购的，采购单位不需支付任何采购代理费用，而如委托社会中介代理机构采购的，则需要按规定支付一定的采购代理费用。

（3）从采购的目的和作用来看，集中采购具有采购成本低、操作相对规范和社会影响大的特点，目的是可以发挥采购的规模优势和政策作用，体现采购的效益性和公共性原则，也有利于集中监管和对分散采购的良好示范作用。分散采购可以借助单位的技术优势和社会中介代理机构的专业优势，充分调动采购的积极性和主动性，提高采购效率，同时也有利于实现采购不断“扩面增量、稳步渐进”的工作目标。

（4）分散采购容易存在采购机构重复设置、易导致腐败现象发生等问题。集中采购目前成为企业或集团型企业的主要采购方式。集中采购使企业采购更倾向于专业化、规模化、规范化。目前国内企业纷纷建立集中采购部门、采购中心或物资装备中心，特别是大型企业集团更加重视集中采购，采取“统一管理、集中采购、统一储备”的模式，对集团的生产性物资及非生产性物品进行统一管理，集中采购，从而降低了成本，同时满足生产建设的需要。分散采购是集中采购的完善和补充，有利于采购环节与存货、供料等环节的协调配合，有利于增强基层工作人员的责任心，使基层工作富有弹性和成效。

当然，集中采购和分散采购并不是完全对立的。客观情况是复杂的，仅一种采购方式是不能满足生产需要的，大多数公司在两个极端之间进行平衡：在某个时候他们会采用集中的采购组织，而在儿年以后也许他们选择更加分散的采购组织。

在实际采购中要趋利避害，扬长避短。根据企业自身的条件、资源状况、市场需要，灵活地作出制度安排，并积极创新采购方式和内容，使本企业在市场竞争中处于有利的地位。

四、决定集中采购或分散采购的标准

在决定集中采购还是分散采购时，应该考虑下面的因素或标准：

1. 采购需求的通用性

经营单位对购买产品所要求的通用性越高，从集中或协作的方法中得到的好处就越多。这就是为什么大型公司中的原材料和包装材料的购买通常集中在一个地点（公司）的原因。如果购买产品通用性较差，可考虑分散采购。

2. 地理位置

当经营单位位于不同的国家或地区时，这可能会极大地阻碍集中采购。若地理位置分布广，宜采用分散采购。实际上，在欧洲和美国之间的贸易和管理实践中存在较大的差异，甚至在欧洲范围内也存在着重大的文化差异。一些大型公司已经从全球的协作战略转为地区的协作战略。

3. 供应市场结构

有时，公司会在它的一些供应市场上选择一个或数量有限的几个大型供应商组织。在这种情况下，力量的均衡肯定对供应商有利，采用一种分散的采购方法以在面对这些强有力的贸易伙伴时获得一个更好的谈判地位是有意义的。

4. 潜在的节约

一些类型的原材料的价格对采购数量非常敏感，在这种情况下，购买更多的数量会立刻导致成本的节约。对于标准商品和高技术部件都是如此，宜集中采购。

5. 所需的专门技术

有时，有效的采购需要非常高的专业技术，如在高技术半导体和微芯片的采购中。因此，大多数电子产品制造商已经将这些产品的购买集中化，在购买软件和硬件时也是如此。

6. 价格波动

如果市场价格持续下跌，为规避价格风险，应根据实时需求实施少量分散采购；而如果市场价格在不断上涨，为防止缺货，一般需要集中大量采购。

7. 客户需求

个性化、多样化是现今客户需求的主要特点，有时，客户会向制造商指定他必须购买哪些产品，这种现象在飞机工业中非常普遍。这些条件是与负责产品制造的经营单位商定的，这种做法明显不利于集中采购。为满足客户的不同特点和多样化的使用需求，有必要采用分散采购。

除了以上需要考虑的因素外，选择集中采购或者分散采购时，还应该有利于资源的合理配置，减少层次，加速周转，简化手续，满足要求，节约物品，提高综合利用率，保证和促进生产的发展，有利于调动各方的积极性，促进企业整体目标的实现等。

第二节　定量采购与定期采购

一、定量订货采购

（一）定量订货法原理

定量订货法是一种基于物资数量的订货法，它主要靠控制订货点和订货批量两个参数来控制订货进货，达到既最好的满足用户需求，又使经营总费用最低的目的。

定量订货法的原理是预先确定一个订货点Q_K，在销售过程中随时检查库存，当库存下降到Q_K时，就发出一个订货批量，订货批量取为经济订货批量Q^*，经过交纳周期（订货至到货间隔时间）LT，库存量继续下降，到达安全库存量S时，收到订货，库存水平上升，具体如图 4-1 所示：

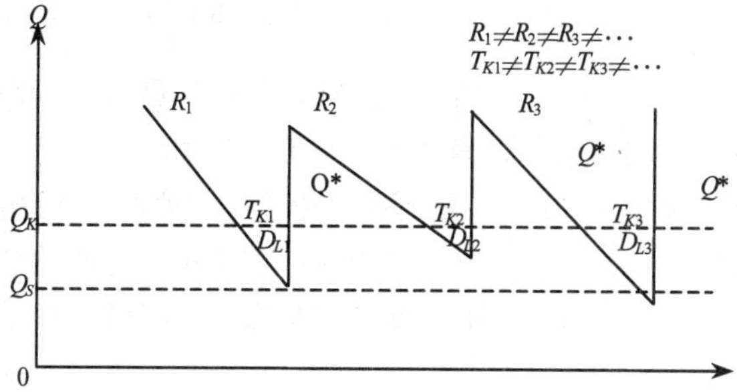

图 4-1　定量订货法原理示意图

Q_K表示订货点，当库存物资达到此点时，应立即提出订货，以补充库存，订货批量可采用经济订货批量Q^*。其中Q_K由两部分构成，一部分是到货期间平均需要量，另一部分安全库存Q_S（正常情况下不动用）。T_K表示“进货提前期”（也称到货期间），是指提出订货到物资入库，并能投入使用所需要的时间，主要包括：①提出订购，办理订购手续所需要的时间；②供货单位发运所需要的时间；③物资在途运输时间；④物资验收入库时间；⑤物资使用前的准备时间。在系统开始运转时，每天检查库存，假设在第一个周期，当库存量下降到Q_K时，就发订货，订货批量为Q^*；随后进入进货提前期T_{K1}；进货提前期结束时，使库存量降到最低，这时所订货物批量Q^*到达仓库，实际库存达到高库存，然后进入第二个周期。这样不断循环下去。

在定量订货法中，关键是正确地确定订货点。订货点是发出订货时仓库里该品种还保有的实际库存量。确定订货点非常重要，如果订货点偏高，将提高平均库存水平，增加储存费用；订货点偏低，则会导致供应中断。

1. 订货点的确定

订货点合适的大小应当等于提前期需要量D_L。如果用Q_K来表示订货点，其计算公式为

$$Q_K = \overline{R}\, T_K$$

式中　$\overline{R}$——平均需求量；

T_K——进货提前期。

“进货提前期”的单位与计算“平均需求量”的单位应该一致。

这个公式说明在客户需求和提前期均确定的条件下，订货点就等于提前期内的需求量，例如，已知某种物资平均每月需用量 300 件，进货提前期为 8 天，则订购点

$$Q_K = \frac{300}{30} \times 8 = 80(\text{件})$$

又如，一家经销计算机的零售商，经测算它的最佳订货批量为 240 台，安全库存量为 120 台，每天平均销售量为 60 台，提前进货时间为 2 天。在第 1 天，最佳订货批量 240 台全部到货，加上安全库存量 120 台，总库存量为 360 台。在第 3 天，总库存量下降到 240 台，到了订购点。因为从订购到收到货物需 2 天，在这段时间里要售出 240 台；由于在正常情况下不动用安全库存，所以当总库存量为 240 台时就得补充订货。如果订货后一天库存量就下降到 120 台，这时上次订货尚未收到，周转库存已用完，以后发货需动用安全库存。如果安全库存也消耗完了，第二次订货误期到这，那么就会发生缺货现象。由此企业确定订货点为 240 台。以上决策如图 4-2 所示。

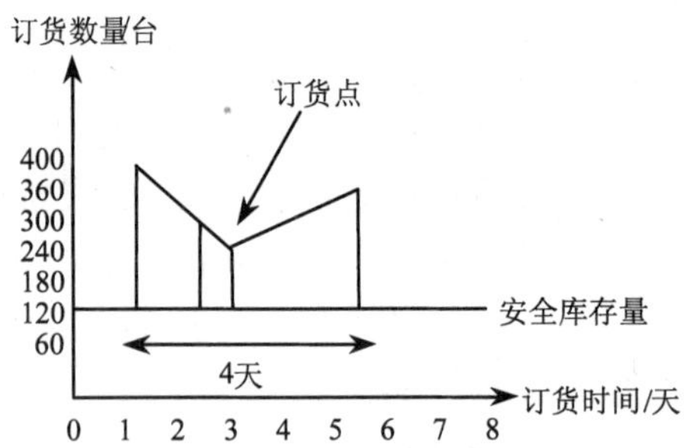

图 4-2　订货点图

从上图中可以发现，该企业每次订货的批量大小是固定的，而两次订货之间的时间间隔是变化的，正常时间间隔为 4 天。

但这种方法仅限于在需求和提前期都是确定的情况下才可以使用。在实际经济活动中，这样的情形是不常见的，更多的是会遇到提前期或需求情况都不确定，发生随机变化。对于企业来讲，不确定条件的库存管理显得更为重要，面对变化的客户需求和不确定的物流运输环境，企业如何保持适量的产品库存来满足客户的需求，预防由于客户需求增加和提前期延长所带来的缺货情况的发生尤为重要。在这种情况下，如何确定准确的订货点，就成为企业面临的主要问题。

2. **订货批量的确定**

在定量订货法中，对一个具体的品种而言，每次的订货批量都是相同的，所以对每个品种都要制定一个一定的订货批量。制订订货批量可以采取以下几种方

法：

（1）通常取订货批量为一个经济订货批量。

（2）取订货批量为一个时间段内需求量的大小。例如，可以取一个小时、一天、一周、一个月、一个季度，甚至一年的需求量为一个订货批量。这样在实际操作中就比较方便、简单，但是也是根据总费用最省这个原理制订的。

（3）还可以取与某种包装单元或运输单元的定额容量相等的，或整数倍的数量。有些产品，生产厂家是以一定的包装单元包装的。例如，香烟是成箱卖的，袜子是成打卖的，采购时也可以成打成箱的确定订货批量。这时候，就既需要考虑包装单位、运输单位，又要考虑需求量。

（4）有些商品，生产企业是轮番批量生产的，有些是季节性生产的，它们都有一个供应周期。这一批生产完成了，要过一段时间才能再生产、再供应。这种情况下，采购订货批量就应取整个供应周期的需求量。

（二）定量订货法的实施和应用

1. 定量订货法适用对象

这种方法特别适合于均匀稳定的需求物资的订货，能做到最好地满足需求节省总费用。

定量订货法还用于那些重要物资的库存控制。例如，单品种物资；价钱高的物资；关键零部件；比较紧缺、订货较难、管理很费手续的物资。

定量订货法不但适用于随机型需求，也适用于确定型需求。因为确定型需求是随机型需求的特殊情况。对于不同的需求类型，可以导出具体的应用形式，但它们的应用原理都是相同的。

2. 定量订货法的优缺点

（1）定量订货法的优点是订货点、订货批量一经确定，则定量订货法的操作就很简单。收货、验收、保管和批发就可以利用现成的规格化器具和结算方式操作，可节省搬运、包装等方面的工作量。定量订货法充分发挥了经济订货批量的作用，可以保持平均库存量和库存费用最低。

（2）定量订货法的主要缺点是：要随时盘存，花费较大的人力和物力；订货模式过于机械；订货时间不能预先确定，所以难于加以严格的管理，也难于预先做出较精确的人员、资金、工作等的安排计划。在实际工作中具体应用定量订货法时，还要注意它适用的环境条件：定量订货法只适用于订货不受限制的情况，即订货时间和订货地点都不受任何限制，市场上的物资资源供应充足、自由流通。定量订货法只能直接运用于单一品种物资的采购，如果要实行多品种联合采购，还要对此法进行灵活处理运用。

3. 定量订货法的实施步骤

实施定量订货法，可以按以下的步骤进行：

（1）做好基础工作。首先，把所有品种进行 ABC 分类，A 类或再加上 B 类，采用定量订货法；其次，进行需求分析和经营分析。

需求分析：确定需求的性质、规律和数量。把过去一段时间（一年或几个月）内该品种的库存消耗量按日或周为时间单位求出单位时间的消耗量，就是该品种的单位时间需求量。把这个单位时间需求量按先后顺序形成一个数列，对这个数列进行深入分析，看它是均匀稳定的确定性需求还是随机变化的随机性需求？看它是逐渐增加的还是逐渐减少的。如果是随机型需求，则是服从正态分布还是非正态分布。如果是确定型需求，则其平均值是多少？如果是正态分布、则其平均值、标准偏差是多少？如果是非正态分布，则其分布率是多少？

经营分析：确定经营方式、经营费用。如果是确定型需求，则是要确定采用不允许缺货、允许缺货、还是补货经营方式？进货采用瞬时进货还是持时进货？如果是随机型库存，则要确定是基于服务水平、基于缺货费用还是基于补货费用？在各种经营方式下，发生哪些费用，一次订货费用是多少？单位物资单位时间的保管费用是多少？缺货费用、补货费用各是多少？

（2）确定库存模型。根据需求和经营分析，确定合适的库存模型。例如，对于确定型需求，我们可以根据情况选用不允许缺货瞬时到货模型、不允许缺货持时到货模型、允许缺货瞬时到货模型、允许缺货持时到货模型、实行补货的瞬时到货模型、实行补货的持时到货模型；对于随机型需求，我们可以选用基于服务率的库存模型、基于缺货的库存模型、基于补货的库存模型。

（3）确定订货点。根据不同的库存模型确定各自合适的订货点。

（4）确定订货批量。根据具体情况，分别采用不同的方法来确定订货批量。

（5）定量订货法运行。在确定了订货点和订货批量这两个参数后，就可以实施定量订货法了。在具体实施过程中，仓库保管员要随时检查库存，每天算出库存量的余额，当库存量下降到给定的订货点时就发出订货，每次订货都为给定的订货批量。

以上，我们讨论了订货批量的各种制订方法，它们分别适用于各种不同的具体情况。

二、定期订货采购

（一）定期订货法原理

定期订货法是基于时间的订货控制方法，它设定订货周期和最高、最低库存量，从而达到库存量控制的目的。只要订货周期和最高库存量控制得当，既可以不造成缺货，又可以达到节省库存费用的目的。

定期订货法的原理，是预先确定一个订货周期 T^*和一个最高库存量 $Q_{\max}$，周期性检查库存，发出订货。订货批量的大小应使订货后的“名义”库存量达到额定的最高库存量 Q_{max}。定期订货法的运行模型如图 4-3 所示。

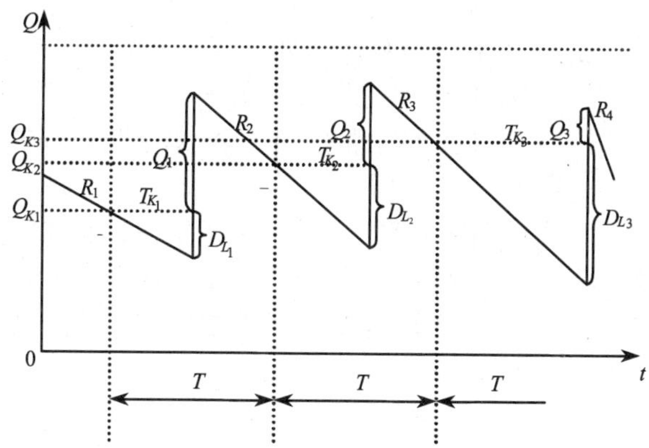

图 4-3 定期订货法原理

在第一个周期内，库存以 R_1 的速率下降，到了订货时间，不论库存量还有多少，都要发出订货。到了第一次订货时间时，就监测库存，求出当时的库存量 Q_{K_1}，并发出一个订货批量 Q_1，使库存上升到 Q_{max}。然后进入第二个周期，又经过 T 时间检查库存，得到此时的库存量 Q_{K_2}，并发出一个订货批量 Q_2，使库存又上升到 Q_{max}，如此循环。

整个订货方法需要解决三个问题：

1. 订货周期的确定

定期订货法中，订货周期决定了订货时机，它也就是定期订货法的订货点。订货周期，即订货间隔期。它与定量订货法的订货间隔期不同，定量订货法的订货间隔期互相可能不等，定期订货法的订货间隔期都互相相等。订货间隔期的长短，直接决定了最高库存量的大小，也就是决定了仓库的库存水平的高低；因而决定了库存费用的大小。所以订货周期不能太大，太大了，就会使库存水平过高；也不能太小，太小了，订货批次太多，增加了订货费用。在一般情况下，可以用经济订货周期作为定期订货法的订货周期，即

$$T^*=\sqrt{\frac{2S}{DH}}$$

式中　D——总需求量（年）；

S——每次订货费用；

H——单位产品存储成本，可用单价的百分比表示。

实际上，订货周期也可以根据具体情况进行调整。

（1）根据人们的日历习惯定。例如，一个月订购一次，订货周期为一个月；或者一周订一次、一个季度订一次，这时订货周期分别就是一周、一个季度。至于取什么样的时间单位，可以根据具体情况定。

（2）根据企业的生产周期或者供应周期来定。有些供应商企业是多品种轮番批量生产型企业，一个品种生产完了就生产另一个品种。从一个品种生产结束到下一次再开始生产。这个品种之间的时间间隔，就是生产周期或供应周期。

2. *最高库存量的确定*

在定量订货法中，我们把订货提前期内的需求量作为制订订货点的依据。在定期订货法中，我们则是把订货周期和其后一个订货提前期合在一起的长度为一个时间单元，把 $T+T_K$ 期间内的需求量 D_{T+T_K} 作为制订 $Q_{\max}$ 的依据。如果 D_{T+T_K} 服从正态分布，则可以用下式求出

$$Q_{\max}=\bar{D}_{T+T_K}+\alpha\sigma_{D_{T+T_K}}$$

式中 $\bar{D}_{T+T_K}$，$\alpha\sigma_{D_{T+T_K}}$ $\alpha\sigma_{D_{T+T_K}}$ 分别为订货周期与提前期的总需求量的平均值和标准差。

定期订货法也可以用于确定型库存模型和随机型库存模型。确定型库存模型包括不允许缺货瞬时到货、不允许缺货持时到货、缺货瞬时到货、缺货持时到货、补货瞬时到货、补货持时到货六个模型和随机型正态分布、非正态分布等模型。

3. *订货量的确定*

定期订货法没有固定不变的订货批量，每个周期的订货量的大小都是由当时的实际库存量的大小确定的，等于当时的实际库存量与最高库存量的差值。这里所谓“实际库存量”，严格地讲，是指检查库存时仓库实际具有的能够用于销售供应的全部物资的数量。即它不光包括当时存于仓库中的物资数量 Q_K，也包括已订未到物资数量 I 和已经售出而尚未发货的物资数量 B。Q_K、I、B 都是由订货时检查库存而实际得到的数据，每次检查的值可能不一样。所以每次的订货量也不一样。第 i 次检查库存发出订货的数量 Q_i 可以表示为

$$Q_i=Q_{\max}-Q_K-I_i+B_i$$

（二）定期订货法应用

1. *定期订货法适用对象*

这种方法主要用于 C 类物资或者再加上 B 类物资，即那些数量多却价值低、利润低，因而不太需要特别精细管理的物资的订货。对于这些多数的品种实行一般管理，可以最大地降低采购和管理成本，而对效益没有太大的影响。

2. 定期订货法的优缺点

（1）优点：①定期订货法最大的优点是管理人员不必每天都检查库存，只是到了订货周期规定要订货的时间，才检查库存，发出订货。这就大大减轻了管理人员的工作量，而又不影响工作效果和经济效益。②另外，这种订货法能通过订货周期来控制库存，它可以合并订购或进货以减少费用；周期盘存也比较彻底、精确；由于是定期订货，所以能预先制订订货计划和工作计划。③定期订货法还方便于实现多个品种联合订购。

（2）缺点：①定期订货法的主要缺点是安全库存量比定量订货法高，因为它的保险时间（$T+T_K$）较长，因此（$T+T_K$）期间的需求量也比较大，因而其标准偏差也比较大，所以安全库存量也就设置较大。②此外，它不能像定量订货法那样利用经济订货批量进行订货，因而不能发挥批量订货的优越性。

第三节 国内采购与国际采购

一、国内采购

（一）国内采购的概念及特点

国内采购是指采购方向国内的供应商采购商品，通常无须动用外汇。国内采购的优势是：首先，国内采购不会遇到商业沟通的困难。由于供应商与采购方有共同的文化背景、道德观念及商业组织，这样有利于维系良好的商业关系，双方都可以减少耗费资源。其次，国内采购不存在国际贸易运输、定价的问题。国内采购因为是国内贸易，故运输距离较短，省却了在国际贸易中洽商费用、保险、交货付款条件等问题。国内采购不需要额外的通信费用、进口关税以及评选合格供应商的费用，这使国内采购的费用低于国际采购。再次，国内采购一般需时较短，而国际采购常常需要面临运输时间的不确定性，无法估计不同活动所需时间，如恶劣的天气，罢工等突发事件等。此外，对于品质的标准的认定不同，也为国际采购带来了困难。国内采购缺点主要是对供应商的选择余地较窄，不能获得高质量和高科技的产品等。

（二）国内采购的作业流程

1. 价格

（1）采购人员接“请购单（内购）”后应按请购事项的缓急，并参考市场行情、过去采购记录或厂方提供的报价，精选三家以上供应商进行价格对比。

（2）如果报价规格与请购单位的要求略有不同或属替代用品，采购人员应附有关资料并于“请购单”上予以注明，报经主管核签，并转使用部门或请购部门签注意见。

（3）属于惯例超交者，如最低采购量超过请购量，采购人员应在议价后，在请购单“询价记录栏”中注明，报主管核签。

（4）对于厂商报价资料，采购经办人员应深入整理分析，并以电话等方式向厂方议价。

（5）采购部门接到请购部门紧急采购口头要求后，主管应立即指定采购经办人员先做询价、议价，待接到请购单后，按一般采购程序优先办理。

2. 呈批

（1）询价完成后采购经办人员应在“请购单”上详细填写询价或议价结果，拟定“订购厂商”、“交货期限”与“报价有效期限”，经主管核批，并按采购审批权限呈批。

（2）采购审批权限。

3. 订购

（1）采购经办人员接到已经审批的“请购单”后应向厂方寄发“订购单”，并以电话确定交货日期，要求供应商在“送货单”上注明“请购单编号”及“包装方式”。

（2）分批交货时，采购人员应在“请购单”上加盖“分批交货”章以便识别。

（3）采购人员使用暂借款采购时，应在“请购单”加盖“暂借款采购”章，以便识别。

4. 进度控制

（1）国内采购部门可分询价、订购、交货三个阶段，依靠“采购进度控制表”控制采购作业进度。

（2）采购人员未能按既定进度完成采购时，应填制“采购交货延迟情况表”，并注明“异常原因”及“预定完成日期”，经主管批示后转送请购部门，与请购部门共同拟定处理对策。

5. 单据整理及付款

（1）来货收到以后，物管部门应将“请购单”连同“材料检验报告表”（其免填“材料检验报告表”部分，应于收料单加盖“免填材料检验报告表”章）送采购部门与发票核对。确认无误后，送会计部门。会计部门应于结账前，办妥付款手续，如为分批收料，“请购单（内购）”中的会计联须于第一批收料后送会计部门。

（2）内购材料须待试用检验者，其订有合约部分，按合约规定办理付款，未订合约部分，按采购部门报批的付款条件办理付款。

（3）短交，待补足者，请购部门应依照实收数量，进行整理付款。

（4）超交，应经主管批示方可按照实收数量付款，否则仍按原订货数付款。

二、国际采购

（一）国际采购的概念及特点

国际采购是指采购方利用全球的资源，在全世界范围内寻找供应商，寻找质量最好、价格合理的产品（货物与服务）。经济的全球化，使企业在一个快速变化的新世界和新经济秩序中生存与发展，采购活动已成为企业的重大战略。目前，全球供应和全球采购已经成为许多公司的主要战略。在全球范围的竞争环境下，产能过剩、企业并购、压缩费用等压力都使得全球采购成为企业生存的关键因素。通过利用更为廉价的劳动力，成本更低的物流网络和管制更少的市场环境可以帮助企业获取更多的利润。与此同时，全球物流容量的增长和通信能力的提高将进一步有助于削减产品的单位成本，成为全球采购发展的动力之一。

不仅如此，全球采购还成为制造商或零售商在制定商业策略时所考虑的重要因素，并成为企业创造客户价值的重要手段之一。在各种分析报告中经常可以见到对这种策略的描述，沃尔玛的年度报告中这样写道："我们在内部产品发展和全球采购这两个领域取得长足的进步。我们通过第三方物流进行了全球范围的采购，这使得我们可以更好地协调我们在全球的供应链，更好地进行货物配送。全球采购还促使我们能够在全球范围内更好地利用我们的采购力量和商业网络。"

国际采购的特点主要表现为：

（1）国际采购最大的特点就是追求更低的成本。这一点在亚洲地区体现得非常明显：较低的劳动力成本吸引了从服装到计算机，从消费品到工程设备的各种制造企业。

（2）国际采购的跨地域性，使得在订货、备货、制造和运输上的时间都被延长。与国内采购相比，国际采购涉及更多的环节，如储运中心、港口、班轮、海关以及质量检验。有研究表明，国际物流在整个供应链中，其成本占货物总成本的2%～5%，但其所花费的时间占到了30%～50%。

（3）由于不同国家和地区运输能力、社会条件、自然环境、动作模式等物流条件的不同，使得国际采购更加复杂，难度更大。例如，受到经济条件制约，西方的企业在亚洲地区会发现，他们无法找到和使用在本国常见的多联式运输，很多转运工作依然是手工操作，而且物流追踪很困难，因为承运人无法提供准确的信息。

（4）与传统"门到门"运输不同，国际采购包含了更多的内容：物料流动、资金管理、风险控制、战略合作，因此要求有更先进的技术和设施的支持。近些年发展起来的集装箱班轮运输、EDI（Electronic Data Interchange，电子数据交换）系统、代码管理是目前国际物流活动中比较重要的技术条件。

（二）国际采购的作业流程

公司在进行国际采购时，通常遵循一定的步骤。尽管各公司进行全球采购时，执行的流程顺序可能会有所差异，但是要想成功地进行全球采购，这些步骤都是必须完成的。

1. 选择进行全球采购的物品

对于那些不熟悉全球采购的企业来讲，第一次进行全球采购是一个学习的过程。国外购买的最初目标可以影响到整个全球采购过程的成功与否。几乎所有能在当地采购到的产品都可以通过全球采购来获得，尤其是基本的日用品。公司应该选择质量好、成本低、便于装运且无风险的商品进行国外采购。

以下是一些有关进行全球商品采购的参考方法：

（1）选择对现存操作并不重要的产品，如日用品或具有多种采购来源的产品。

（2）选择标准化产品或者说明书易懂的产品。

（3）选择购买量大的产品来检验全球采购的效果。

（4）选择能够使公司从长期采购中获得利益的产品。

（5）选择那些需要较为标准化设备的产品。

一旦采购这些产品积累了足够的经验，就可以进行其他种类产品的全球采购了。

2. 获取有关全球采购的信息

在确定需要进行全球采购的商品之后，接下来公司就要收集和评价潜在供应商的信息或者识别能够承担该任务的中介公司。如果公司缺乏全球采购的经验、与外界联系较为有限或获得的信息有限，那么获取有关全球采购的信息对于这些公司而言可能就比较困难。获取全球采购信息可以参考国际工业厂商名录作为公司确定潜在供应商或中间商量的最初途径，工业厂商名录随着互联网的发展而迅速增加，它是获取产业供应商或者区域供应商信息的一个主要来源。数以千计的企业名录可以帮助公司识别潜在的供应商。

3. 评价供应商

无论是买方公司还是外国代理机构进行全球采购，公司评价国外供应商的标准都应该与评价国内供应商的标准相同。

4. 签订合同

确定了合格的供应商之后，买方就要征求供应商的建议书。如果国外供应商并不具备竞争力（通过评价建议书来确定），那么采购员则会选择国内供应商；如果国外供应商能够满足买方的评价标准，那么买方就可以与供应商磋商合同条文了。无论与哪个供应商合作，买方都要在合同的整个有效期内对供应商进行持续的绩效考察。

5. 确定运输方案

在采购品和供应商都确定之后，就要安排货物的运输。由于国际运输的距离和复杂性，运输在采购中所占时间和费用都远高于国内采购。因此，必须选择合理的运输方式，制订经济有效的运输方案，将采购品运送到指定地点，满足生产和经营的需要。

（三）国际采购的发展趋势

1. 供需双方实现信息共享

由于供需双方建立起了一种长期、互利的战略伙伴关系，因此供需双方可以及时把生产、质量、服务、交易期的信息实现共享，使供应商严格按要求提供产品与服务，并根据生产需求协调供应商的计划，以实现准时化采购，最终使供应商进入生产过程与销售过程，实现双赢。零缺陷供应商战略是目前跨国公司采购与供应链管理中的共同战略，是指追求尽量完美的供应商，这个供应商可以是生产商，也可以是分销商。在选择供应商时也要考核其所在地的环境，即我们常讲的跨国采购的四个基本要素，即价值流、服务流、信息流与资金流。

价值流代表产品和服务从资源基地到最终消费的整个过程中的价值增值性流动，包括多级供应商对产品和服务的修改、包装、个别定制、服务支援等增值性活动。

服务流主要指基于客户需求的物流服务和售后服务系统，即产品和服务在多级供应商、核心企业以及客户之间高速有效地流动以及产品的逆向流动，如退货、维修、回收、产品召回等。

信息流指建立交易信息平台，保证供应链成员之间关于交易资料、库存动态等信息的双向流动。

资金流主要是现金流动的速度以及物流资产的利用率。

2. 采购方式由单一化到多元化

传统的采购方式与渠道比较单一，但现在迅速向多元化方向发展，全球化采购与本土化采购相结合。跨国公司生产活动的区域布局更加符合各个国家的区域比较优势，而其采购活动也表现为全球化的采购，即企业以全球市场为选择范围，寻找最合适的供货商，而不是局限于某一地区。

3. 传统采购到电子商务采购

传统的采购模式的重点放在如何和供应商进行商业交易的活动上，特点是比较重视交易过程中供应商的价格比较，通过供应商的多头竞争，从中选择价格最低的作为合作者。而电子商务采购迅捷准确，信息具有开放性，除了能够提高采购效率外，还可以加强同供应商的交流合作，及时了解供应商信息，调整采购活动。

4. *为库存而采购到为订单而采购*

在原材料短缺的状态下，为了保证生产，形成为库存而采购，但在如今供大于求的状态下，为订单而采购则成了一条“铁”的规律。制造订单是在用户需求订单的驱动下产生的，然后，制造订单驱动采购订单，采购订单再驱动供应商。这种准时化的订单驱动模式可以准时响应用户的需求，从而降低了库存成本，提高了物流的速度和库存周转率。

5. *普遍注重采购商品的社会责任*

据统计，全球超过200家跨国公司已经制定并推行公司社会责任守则，要求供应商和合约工厂遵守劳工标准，安排公司职员或委托独立审核机构对其合约工厂定期进行现场评估，即我们常讲的工厂认证或验厂。其中，家乐福、耐克、锐步、阿迪达斯、迪斯尼、美泰、雅芳、通用电气等超过50家公司已经在中国开展社会责任审核，有些公司还在中国设立了劳工和社会责任事务部门，根据专家估计，目前中国沿海地区已经有超过8 000家企业接受这类审核，超过50 000家企业将随时接受检查。

美国、法国、意大利等传统中国轻工业产品进口国的贸易组织正在讨论一项协议，要求中国所有生产纺织、成衣、玩具、鞋类等产品的企业必须事先经过SA8000标准认证（社会责任国际标准认证），否则就要联合抵制进口。SA8000社会责任标准认证是全球第一个关于企业道德规范的国际标准，也是继绿色壁垒之后发达国家设置的又一个新的非关税贸易壁垒。其宗旨是明确生产商和供应商所提供的产品符合社会责任标准的要求，同时提高发展中国家产品的生产成本，扭转发达国家由于劳动力价格较高导致部分产品缺乏竞争力的不利局面。此外，环保也是国际采购必备的条件。

第四节 招标采购

一、招标采购概述

（一）招标采购的概念

标，即标书、任务计划书。招标，是指由招标人发出公告或通知，邀请供应商进行投标，然后由招标人通过对投标人所提出的价格、质量、交货期限和该投标人的技术水平、财务状况等因素进行综合比较评价，确定其中最佳的投标人为中标人，并与其签订合同的过程。

招标采购，就是通过招标方式寻找最好的供应商进行采购的一种采购方法。在商业贸易特别是在国际贸易中，大宗商品的采购或大型建设项目承包等常采用招标的方法。在招标交易中，采购企业的业务是招标；供应商或承包商的业务是投标。所谓的投标，是指投标人接到招标通知后，根据招标通知的要求填写投标文件也称标书，并将其送交招标人的行为。

（二）招标采购分类

目前世界各国和国际组织的有关采购法律、规则基本认可三种招标方式，即公开招标、邀请招标、议标。

1. 公开招标

公开招标，又称竞争性招标，即由招标人在报刊、网络或其他媒体上发布招标公告，吸引众多企业单位参加投标竞争，招标人从中择优确定中标单位的招标方式。按照竞争程度，公开招标方式又可分为国际竞争性招标和国内竞争性招标。

2. 邀请招标

邀请招标也称有限竞争性招标或选择性招标，即由招标单位选择一定数目的企业，向其发出投标邀请书，邀请他们参加竞争。一般选择 3～10 个企业参加较为适宜，当然要视具体的招标项目的规模大小而定。邀请招标具有几个主要特点：①邀请招标不使用公开的公告形式；②接受邀请的单位才有资格参加投标；③投标人的数量有限。由于被邀请参加的投标竞争者有限，不仅可以节约招标费用，而且提高了每个投标者的中标机会。然而，由于邀请招标限制了充分的竞争，因此招标投标法规一般都规定招标人应尽量采用公开招标。

3. 议标

议标也称为谈判招标或限制性招标，即通过谈判来确定中标者。它的主要方式有以下几种：

（1）直接邀请议标方式。在这种方式下，选择中标单位是由招标人或其代理人直接邀请某一企业进行单独协商，达成协议后签订采购合同。如果与一家协商不成，可以邀请另一家，直到协议达成为止。

（2）比价议标方式。“比价”是兼有邀请招标和协商特点的一种招标方式，一般应用于规模不大、内容简单的工程承包和货物采购。通常的做法是由招标人将采购的有关要求送交选定的几家企业，要求他们在约定的时间提出报价。招标单位经过分析比较，选择报价合理的企业，就工期、造价、质量付款条件等细节进行协商，从而达成协议，签订合同。

（3）方案竞赛议标方式。它是选择工程规划设计任务的常用方式。其一般做法是由招标人提出规划设计的基本要求和投资控制数额，并提供可行性研究报告或设计任务书、场地平面图、有关场地条件和环境情况的说明，以及规划、设计管理部门的有关规定等基础资料；参加竞争的单位据此提出自己的规划或设计的初步方案，阐述方案的优点和长处，并提出该项规划或设计任务的主要人员配置、完成任务的时间和进度安排、总投资估算和设计等，一并报送招标人；然后由招标人邀请有关专家组成评选委员会选出优胜单位，招标人与优胜单位签订合同，而对没有中选的参审单位给予一定补偿。

（三）招标采购的特点

1. 招标程序的公开性

招标采购将整个采购程序全部公开，公开发布招标邀请，公开发布招标商资格审查标准和最佳投标商评选标准，公开开标，公布中标结果，公开采购法律，接受公众监督，防止暗箱操作、徇私舞弊和腐败违法行为。

2. 招标过程的竞争性

招标是一种引发竞争的采购程序，是竞争的一种具体方式。招标活动是若干投标商的一个公开竞标的过程，是一场实力的比拼。招标的竞争性体现了市场经济的平等、诚信、正当和合法等基本原则。招标是一种规范、有约束力的竞争，有一套严格的程序和实施方法。企业采购通过招标活动，可以最大程度的吸引和扩大投标商参与竞争，从而使招标企业有可能以适宜的价格采购到所需的物资或服务。

3. 招标程序的公平性

所有对招标感兴趣的供应商、承包商和服务提供者都可以进行投标，并且地位一律平等，不允许对任何投标商进行歧视。评选过程应按照事先公布的标准进行。正是由于招标采购所具有的公平性，促使每个投标者调动全部的智慧来制订和提供最优的方案参与竞争。这就保证了最后中标的方案是在集中了众多投资者集体智慧的基础上所形成的最优方案。

（四）招标采购的适用范围

招标采购是一项比较庞大的活动，涉及面广，耗费人力、物力、财力较多，成本高。因此，一般适宜于比较重大的项目，或者影响比较深远的项目。

（1）寻找长期供应物资的供应商。例如，新成立的物流企业或工商企业，寻找未来长期物资供应伙伴时常采用招标方式。

（2）采购批量比较大的项目。

（3）比较重大的建设工程项目的物资采购供应商。

（4）政府采购。

而对于小批量物资采购或比较小的建设工程，一般都不会采用招标方式。

二、招标采购的基本过程

招标采购是一个复杂的系统工程，它涉及诸多环节。一个完整的招标采购过程，基本上可以分为以下六个阶段：

1. **策划**

招标策划主要应当做以下的工作：

（1）明确招标的内容和目标，对招标采购的必要性和可行性进行充分的研究和探讨。

（2）研究确定招标书的标底。

（3）研究确定招标的方式、操作步骤、时间进度等。例如，是采用公开招标还是邀请招标、是自己亲自主持招标还是请人代理招标、分成哪些步骤、每一步怎么进行等。

（4）研究确定评标方法和评标小组的组成人员。

（5）形成的方案计划，并制订出书面文件，交由企业领导层决定。

2. **招标**

招标实际操作阶段的工作主要有以下几部分：

（1）制作招标书。招标书是招标活动的核心文件。

（2）确定标底。

（3）发送招标书。要采用适当的方式，将招标书传送到潜在的投标人手中。例如，对于公开招标，可以在媒体上发布；对于选择性招标，可以用挂号或特快专递直接送交所选择的投标人。许多标书需要投标者花钱购买，有些标书规定投标者要交一定的保证金的后才能得到。

3. **投标**

投标人在收到招标书以后，如果愿意投标，就要进入投标程序。投标书、投标报价需要经过特别认真地研究、详细地论证完成。这些内容是要和许多供应商的进行竞争评比，既要先进，又要合理，还要有利可图。投标文件要在规定的时间准备好，一份正本、若干份副本，并且分别封装签章，信封上分别注明“正本”、“副本”字样，寄到招标单位。

4. **开标**

开标应按招标通告中规定的时间、地点公开进行，并邀请投标商或其委派的代表参加。开标前，应以公开的方式检查投标文件的密封情况，当众宣读供应商名称、有无撤标情况、提交投标保证金的方式是否符合要求、投标项目的主要内容、投标价格及其他有价值的内容。开标时，对于投标文件中含义不明确的地方，允许投标商作简要解释，但其所作的解释不能超过投标文件已载的范围，或实质性地改变投标文件的内容。开标要做开标记录，其内容包括项目名称、招标号、刊登招标通告的日期、发售招标文件的日期、购买招标文件单位的名称、投标商的名称及报价、截标后收到标书的处理情况等。

5. 评标

招标方收到投标书后，不得事先开封。只有当招标会开始，投标人到达会场，才将投标书邮件交投标人检查。签封完，然后当众开封。开封后，投标人可以拿着自己的投标书当着全体评标小组陈述自己的投标书，并且接受全体评委的质询，如果招标会程序中设有投标辩论，投标人亦可自愿参加投标辩论，陈述或辩论完毕，投标者退出会场。

全体评标人员进行分析评比，最后投票或打分选出中标人。评标由招标人依法组建的评标委员会负责。评标委员会由招标人的代表和有关技术、经济等方面的专家组成，成员人数为 5 人以上单数。招标人应当采取必要的措施，保证评标是在严格保密的情况下进行。评标委员会应当按照招标文件确定的评标标准和方法，对投标文件进行评审和比较。设有标底的，应当参考标底。评标委员会完成评标后，应当向招标人提出书面评标报告，并推荐合格的中标候选人。

评标方法有很多，具体评标方法取决于采购单位对采购对象的要求。货物采购和工程采购的评标方法有所不同。货物采购常用的评标方法有 4 种，即以最低评标价为基础的评标方法、综合评标法、以寿命周期成本为基础的评标方法及打分法。具体评标方法如下：

（1）以最低评标价为基础的评标方法是以价格为尺度，不是指最低报价，而是指最低评标价。最低评标价是指在报价的基础上加入了合理利润的价格。

（2）综合评标法是指除价格以外，还考虑其他因素的评标方法。一般采购耐用货物，如车辆、发动机等机械设备时，可采用这种评标方法。在采用综合评标法时，评标中除考虑价格外，还应考虑下列因素：①运费和保险费；②交货期；③付款条件；④零配件的供应和售后服务情况；⑤货物的性能、生产能力以及配套性和兼容性；⑥技术服务和培训费用等。

（3）采购整套厂房、生产线或设备、车辆等在运行期内的各项后续费用（零配件、油料、燃料、维修等）很高的设备时，可采用以寿命周期成本为基础的评标方法。在计算寿命周期内成本时，可以根据实际情况，在标书报价的基础上加上一定运行期年限的各项费用，再减去一定年限后设备的残值。这些费用和残值都应按标书中规定的贴现率折算成净现值。

（4）打分法。评标通常要考虑多种因素，为了便于综合考虑和比较，可以按这些因素的重要性确定其在评标时所占的比例，对每个因素打分。打分法考虑的因素主要包括：①投标价格；②运费、保险费及其他费用；③交货期；④偏离合同条款规定的付款条件；⑤备用件价格及售后服务；⑥设备性能、质量、生产能力；⑦技术服务和培训。

6. 定标

招标人根据评标委员会提出的书面评标报告和推荐的中标候选人确定中标人，招标人也可以授权评标委员会直接确定中标人。在确定中标人后，要通知中标人。同时，对于未中标人也要明确通知他们，并表示感谢。

以上是一般情况下的招标采购过程。在特殊的场合，招标的步骤和方式也可能有一些变化。

三、招标文件与投标文件

（一）招标文件

招标文件是整个招标投标活动的核心文件，是招标方全部活动的依据，也是招标方的智慧与知识的载体。因此，准备招标文件是非常关键的环节，它直接影响到采购的质量和进度。

招标文件没有特别严格的格式，招标企业可以根据具体情况灵活地组织招标文件的结构。但是一般一个完整的招标文件应当有以下五个基本内容：招标邀请书（或招标通告）、招标目标任务说明（或工作说明书 SOW）、投标须知、购销合同（或合同条款）、投标文件格式（或投标书的编制要求）等，下面分别介绍这五个基本内容。

1. 招标邀请书/招标通告

招标邀请书，有的简称为招标书，其核心内容就是向未定的投标方说明招标的项目名称和简要内容、发出投标邀请，并且说明招标书编号、投标截止时间、投标地点、联系电话、传真、电子邮件地址等。招标邀请书应当简短、明确，让读者一目了然，并得到所需的全部基本信息。

2. 招标目标任务说明/工作说明书（SOW）

招标目标任务说明或工作说明书（SOW）应当详细说明招标的目标任务。如果目标任务是单纯的物资采购任务，那么这里就应当设置需要采购物资的一览表，以及列示供应商所应当承担的服务项目要求和所提供的物资的各项具体要求。如果目标任务是寻找长期合作的物资供应商，如实施准时化采购系统等，就需要详细说明合作项目的内容、本企业和供应商企业相互应当承担的基本任务和责任要求，保障措施等。如果目标任务是开发一个项目，如开发计算机管理信息系统项目等，就需要详细说明功能、技术规格及数据处理方面的要求。

目标任务是一个标的，要求投标方能够实现这个标的，并且提出实现这个标的的技术方案和技术路线。

3. 投标须知

投标须知是向投标者告之关于投标的商务注意事项，是让投标者必须清楚了解投标的一些具体事项。投标须知实际上是要在招标过程中建立起一些规则，把它明确地写出来，作为招标文件的一部分，以期达成共识，作为今后双方行为的规范，在最后要声明未尽事项的解释权归谁所有，以免今后引起争议。投标须知的一些主要内容基本上是一些招投标的基本规则、做法标准等。这些内容基本上都可以从《中华人民共和国投标招标法》（以下简称“《投标招标法》”）中找到依据（不可以与《投标招标法》相抵触）。但也可以根据自己的具体情况将其更加具体化、实用化，把它一条条列出来提供给投标人，作为与投标人的一种约定做法。

4. **合同条款**

有的招标文件把这一部分又称做商务条款。其基本内容就是购销合同、任务内容明细组成、描述方式、货币价格条款、支付方式、运输方式、运费、税费处理等商务内容的约定和说明等。

5. **投标文件格式/投标书的编制要求**

有的招标文件把这一部分称做附件。这一部分很重要，就是要告诉投标人，他们将来的投标文件应该包括一些什么文件，每种文件的格式应当如何，这样便于组织者的统计和识别。

（二）投标文件

投标文件是投标者投标的全部依据，也是招标者招标所希望获得的成果，是投标者智慧与技术的载体。投标文件主要是根据招标文件要求提供的内容和格式进行准备，一般应当包括以下基本组成部分：投标书、目标任务技术方案、投标资格证明文件、公司与制造商代理协议和授权书、公司有关技术资料及客户反馈意见。

1. **投标书**

投标书是投标者对于招标书的回应。投标书的基本内容，是以投标方授权代表的名义写的明确表明参加对招标方招标项目进行投标的意愿、简要说明项目投标的底价和主要条件。除此以外，还要对投标文件的组成及附件清单、正本本数、副本本数做出说明，还要声明愿意遵守哪些招标文件给出的约定、规定和义务。最后要有授权代表的签字和职位。

2. **目标任务的详细技术方案**

目标任务的详细技术方案是投标文件的主体文件。在这份文件中，要针对招标项目提出自己的技术方案和商务方案，还要对完成自己的方案所需要的成本费用以及需要购置的设备材料等列出详细的清单。其具体内容包括：

（1）商务条款和技术规范的逐条应答。对商务条款和技术规范的逐条应答应注意，在应答中不能说满足或不满足，而且应注明满足到什么程度，即尽可能的量化，最好用数字表示。

（2）对招标书中的合同条款的应答。合同条款的内容需要注意交货时间、付款方式、运输和验收、服务、技术支持等。如果项目有多个单位多个人完成的话，还要把项目组织的人员、项目分工等列表说明。

3. 投标资格证明文件

投标资格证明文件要列出投标方的资格证明文件。其包括投标方企业的全称、历史简介和现状说明，企业的组织结构，企业的营业执照副本复印件、企业组织机构代码证、技术交易许可证等，还要有开户银行名称以及开户银行出具的资格证明书，还要对授权代理人的情况、资格等作说明，并附授权委托证明书。

4. 公司与制造商代理协议和授权书

如果投标方是制造商的产品代理，则还要出具和制造商的代理协议复印件以及制造商的委托书。这样做的目的，是为了防止在招标方和投标方将来合作时可能引起的来源于制造商的纠纷。

5. 公司有关技术资料及客户反馈意见

公司有关技术资料及客户反馈意见主要是投标方企业对自己的业务水平、技术能力、市场业绩等提出一些让招标方可信的说明以及证明材料，增加投标方对自己的信任，也是一种对自己技术资格的另一种方式的证明。在这里，可以用实例写出自己令人信服的技术能力、质量保证能力等，列出自己有关技术资格证书、获奖证书、兼职聘任证书等的复印件，特别是可以简述几个自己完成的几个具体实例，说明它们创造的效益等。

第五节　电子化采购

利用电子商务这一先进的经营模式来提高企业的经营效率、降低经营成本、开拓国际国内市场，从而显著地提高企业的竞争力已成为中国企业应对加入世贸组织和迎接网络经济挑战的一项重要举措。电子化采购是实施电子商务的基本内容，美国通用、福特和戴姆勒克莱斯勒三大汽车公司联合宣布，它们将联手建立一个网上采购体系，使得三家公司的原材料、零部件采购集中在一个门户网站上进行，预计这个网站每年采购额将达 2 400 亿美元。电子化采购已成为企业采购的一种新的发展趋势。

一、电子化采购的含义

电子化采购最先兴起于美国，它的最初形式是一对一的电子数据交换系统，即 EDI，该电子商务系统大幅度地提高了采购效率，但早期的解决方式价格昂贵、耗费庞大，且由于其封闭性仅能为一家买家服务，尤其令中小供应商和普通买家却步。为此，联合国制订了商业 EDI 标准，但在具体实施过程中，关于标准问题在行业内及行业间的协调工作举步维艰，因此，真正商业伙伴间 EDI 并未广泛开展。90 年代中期，电子采购目录开始兴起，这是供应商通过将其产品上网，来提高供应商的信息透明度以及市场涵盖面。近年来，全方位综合电子采购平台出现，并通过广泛连接买卖双方的方式来进行电子采购服务。

电子化采购是利用计算机网络和信息技术为采购人员提供的一个快速采购的工具系统。借助这个工具系统，采购人员能够通过互联网在全球范围内实时地同其他供应商进行通信和交易。电子采购也称网上采购。它的基本特点是在网上寻找供应商、寻找商品、网上洽谈贸易、网上订货甚至在网上支付货款。电子化采购具有费用低、效率高、速度快、业务操作简单、对外联系范围宽广等特点，因而成为当前最具发展潜力的企业管理工具之一。

二、电子化采购的优势

为了能在竞争激烈的商业环境里生存与发展，企业必须在生产管理中不断地去降低成本，提高生产率，这是当今企业都必须考虑的战略问题。虽然，目前我国许多企业已经实现了办公自动化，但是仍有部分企业在间接采购领域仍然使用手工操作，如以电话、传真、直接见面等进行信息交流。这样致使在企业生产中，常常因采购效率低而烦恼。

电子化采购将从根本上解决这些问题，它不仅将间接商品和服务采购过程自动化，极大地提高了效率，降低了采购成本，而且使企业在一定程度上避免了因信息不对称引起的资源浪费，有利于社会资源的有效配置，从此使企业实现战略采购。电子化采购主要有以下优点：

（一）潜在市场大

电子化采购的信息交流和管理是建立在互联网基础上的，互联网自由开放的特性，为电子化采购的迅速发展提供了可能和前提。企业可以迅速、及时地收集大量的供求信息，进行集中分类整合，以集中采购的形式统一采购，从而获得更优惠的价格、降低综合成本。对于供应商来讲，利用互联网开展网络营销具有突出的优势，商家的产品目录、新品推荐、网上广告等公共信息可以被互联网上的所有用户浏览。因此，能够将产品说明、市场调查、广告宣传、顾客服务、促销和公关等多种营销活动有机地整合在一起，实现营销组合的综合效益。采购企业也可以对产品的性能、外观、价格进行详细的了解和比较，还可以在网上与商家沟通交流，不受空间和时间的限制。所以，伴随着企业网络营销活动的不断扩展和延伸，网络上的卖主将以较大的规模迅速增加，电子化采购的选择余地也将不断扩大。

（二）降低采购成本，减少采购环节，提高采购效率

首先，电子化采购是依靠互联网的电子商务，面对的是全球市场，可以突破传统采购模式的局限，货比多家，在比质量、比价格的基础上找到满意的供应商，大幅度地降低采购成本。而且电子采购实现了采购信息的数字化和电子化、数据传输的自动化，减少人工重复录入的工作量，使人为失误的可能性降低，业务处理时间缩短，提高采购效率。由于互联网是开放的，网上的竞争是透明的，产品价格的不断下降已是不可逆转的发展趋势，所以电子采购还能使企业获取廉价供应，节约采购成本，并进一步实现其采购活动的合理化。其次，通过实施电子商务可以更加有效地组织企业内部资源，进行集中采购，减少采购环节。另外，采购人员利用电子商务平台进行供应商选择、产品询价、订货等活动，不需要出差，可以大幅降低采购费用。通过网站信息的共享，可以实现无纸化办公，大大提高采购效率。

（三）优化了采购过程，为实行供应链管理奠定了基础

电子化采购管理为采购企业提供了有效的监控手段。电子化采购在提高效率的同时，使各部门甚至个人的任何采购活动都在实时监控之下，能有效堵住管理漏洞，减少采购的随意性，变事后控制为过程控制。同时，还能为企业实行供应链管理提供帮助。电子化采购的实施，使企业的采购计划性加强，周期缩短，货物能够根据计划时间更准确地到达现场，实现零库存生产。另外，电子化采购系统的实施为处于零散分布的企业采购供应提供了集成的机会，为进一步实施供应链管理打下基础。只有实行供应链管理，才能实现运作过程的重组和优化，加快信息传递，共享信息资源，从而有效地协调和控制物料的流动，更好地满足顾客的需求并尽可能地降低经营成本，最终提高企业的经济效益。电子化采购为企业进一步利用现代信息网络，改善物流管理，实行供应链管理奠定了基础。

（四）加强了对供应商的评价管理

电子化采购提供一套商家信用评估体系，采购方和供应商可以对双方交易的过程和结果在网上发表意见，采购企业可以对商家的产品和售后服务进行打分，通过自己的数据库进行分析评估，得出供应商的交易诚信得分，对于信誉差的供应商禁止其投标、报价。另外，供应商静态数据库的建立也为企业采购提供了方便的查询手段，帮助采购企业及时、准确地掌握供应商的变化，可以提前预见供应商的供货能力，及早采取措施降低风险。

（五）增强了服务意识，提高了服务质量

质量可靠的原材料、零部件是企业产品质量的基本保证。由于电子化采购能做到公开透明即能在一定程度上杜绝人情关系、回扣等因素的影响，促进供应商的公平竞争，从而在原材料供应的局面上就解决了提高质量和增强服务的问题。

三、电子化采购模式

（一）电子化采购分类

一般来讲，电子化采购模式分类主要有三种：卖方模式、买方模式、电子市场模式。

1. *卖方模式*

卖方模式是指供应商在互联网上发布其产品的在线目录，采购方则通过浏览来取得所需的商品信息，然后作出采购决策。在这一个模式里，采购方能够比较容易地获得所需采购的产品信息，但为了进行供应商选择，必须寻找并浏览大量的供应商网站，这些网站有各自的界面、布局、格式，不便于进行迅速的比较。如果购销双方能够使用相同的系统标准，电子化采购系统与后端的企业内部信息系统很好地集成，将会极大地简化此过程。

2. *买方模式*

买方模式是指采购方在互联网上发布所需采购的产品信息，由供应商在采购方的网站上投标登录，供采购方进行评估，通过进一步的信息沟通和确认，从而完成采购业务的全过程。在此模式中，采购方通过限定采购产品目录中的种类和规格、给不同的员工设定访问权限和决策权限来控制整个采购流程。供求双方通过采购方的网站进行文档传递，因此有利于对采购网站与后端的信息系统进行有效的连接，使这些文档能够流畅地被后台系统识别并加以处理。

3. *电子市场模式*

电子市场模式是指供应商和采购方通过第三方设立的专业采购网站进行采购。在这个模式里，无论是供应商还是采购方都只需在第三方网站上发布提供或需要的产品信息，第三方网站负责对这些信息进行归纳和整理，然后反馈给用户使用。

企业究竟选择何种采购模式，主要取决于两方面的因素：

（1）企业规模的大小。大型企业由于规模较大、财力雄厚，通常拥有较成熟的 ERP 系统或 MRP II 系统，有实力进行更深、更广的信息系统开发。相对来讲，中小企业的规模和财力都较小，一般不具有整套的 ERP 或 MRP II 系统，无能力进行深入的信息系统开发。

（2）企业采购物料的种类和数量。采购的物料主要分为直接物料和 MRO 物料。直接物料是指与生产直接有关的物料，如原材料、生产设备等，特点是数量大、价值高，需求有一定的周期性和可预测性，采购时要分析较多的技术参数，供应商选择过程也比较复杂。因此，直接物料的供应商数目通常较少，且比较固定，一般不轻易更换。

MRO 物料指那些无法结合进企业最终产品里的材料，以设备维护、修理、生产运行所需物资为主，也包括办公设备、办公用品和其他非生产性材料。因此，MRO物料通常都是低值物品而且品种繁多，其种类繁杂而且采购量不定。

（二）电子化采购三种模式的比较和选择

1. 大型企业的直接物料采购

大型企业依靠成熟可靠的企业信息管理系统，使电子采购系统与之有良好的集成性，能够保持信息流快速的流畅。一般来讲，大型企业在供应链上往往处于优势地位，有比较稳定的供应商，双方的合作关系也十分密切。同时，大型企业也有能力承担建立、维护和更新产品目录的工作。因此，建立买方模式的电子采购系统对直接物料进行集中采购比较合适。

2. 大型企业的 MRO 物料采购

在采购与物料管理的工作中，除了一般直接用于生产或组装的零件和原物料、包装材料以外，还有许许多多同样不可缺少的维修、备用品及杂项的物件等需要采购，这些物料被统称为 MRO（Maintenance，Repair，and Operation）物料。第三方市场模式是进行 MRO 物料采购的最佳模式，不仅能够满足大型企业对系统集成性的要求，对非常复杂的产品目录工作，同时能提供完整的供应商目录，方便进行多品种、小批量的 MRO 物料采购。因此，对于企业内部通用的 MRO 物料可以实行集中采购，而其他 MRO 物料则可由下属单位根据情况分散采购。

3. 中小企业的直接物料采购

由于中小企业不具备完整的企业信息系统，所以是否有很高的系统集成性不是决定直接物料采购模式的关键因素，此时，采购方与供应商之间的实力和关系成为决定问题的关键。如果供应商是一家大企业，采购方的采购量只是供应商销售量的一小部分，则采购方一般最好采用卖方模式；如果供应商也是一个中小企业，则可采用卖方模式或买方模式，具体视双方实施信息化的程度而定。

4. 中小企业的 MRO 物料采购

对于众多中小企业来讲，第三方市场模式是进行 MRO 物料采购唯一的理想途径。

电子化采购作为实施电子商务的重要内容，相对利用网络开展电子商务活动来讲，投入小、难度小，而见效十分明显，通过实施电子化采购对促进企业全方位实施电子商务有重要的意义。电子化采购顺应了电子商务发展潮流，对提高企业的市场竞争力和经济效益有很大的促进作用，我国的企业尽快建立起一套完善的电子化采购体系是十分必要的。

四、电子化采购方案的实施

电子化采购是一个可行且有较高价值的商业运作方式，在电子商务和软件技术的推动下，电子化采购的广泛应用将是大势所趋。尽管电子化采购系统可以促进企业的进步和发展，但电子化采购不仅仅是信息网络和信息技术的简单应用，企业必须有明确的应用目标和必要的成本效益规划，选择适当的应用形式，并进行详细论证后，确定电子采购的实施方案。

（一）实施电子化采购的技术支持

电子化采购集计算机技术、多媒体技术、数据库技术、网络技术、安全技术、密码技术、管理技术等多种技术于一体，要实现电子采购必须依靠下列技术支持：

1. 数据库技术

实施电子采购需要快速准确的获得相关信息、数据。建立合理、完善的数据库，对采购活动进行数据库管理有助于快速查找信息。数据库的作用在于存储和管理各种数据，支持决策，数据库技术在电子商务和信息系统中占有重要的地位，是实现电子采购必不可少的技术条件。

2. EDI 技术

企业与企业之间的交易谈判、交易合同的传送、商品订货单的传送等都需要 EDI 技术。EDI 是指具有一定结构特征的数据信息在计算机应用系统之间进行的自动交换和处理，这些数据信息称为电子单证。EDI 的目的就是以电子单证代替纸质文件，进行电子贸易，达到提高商务交易的效率并降低费用的目的。在 EDI 中，计算机系统是生成和处理电子单证的实体；通信网络是传输电子单证的载体；生成的电子单证必须经过标准化处理，即按规定格式进行转换以适应计算机应用系统之间的传输、识别和处理。

3. 金融电子化技术

电子化采购过程包括交易双方在网上进行货款支付和交易结算，金融电子化为企业之间进行网上交易提供保证。在全球供应链网络中，交易双方可能相隔很远，双方货款只有通过银行系统来结算，银行在企业间的交易中起着重要的作用，它们处理业务的效率将直接影响到企业的资金周转，构成影响供应链的资金流动的因素之一。

4. 网络安全技术

在电子采购这一新领域，我们必须考虑安全问题。①现在的电子采购活动大半是通过互联网进行的，所以电子采购首先涉及提供服务的供应商网站的网络安全问题。一旦“黑客”攻入服务器，就会篡改各种数据如银行账户等，而使企业遭到巨大的损失。②电子采购行动在买卖双方之间通常需要交换大量的关键数据，在互联网上如果没有特殊地保护措施就很容易失密。电子商务系统运作的一个至关重要的问题就是实现网络安全。

网络安全是指网络系统的硬件、软件及其系统中的数据受到保护，不受偶然的或者恶意的原因而遭到破坏、更改、泄露，保证系统连续可靠正常地运行，网络服务不中断。

网络安全技术涉及计算机网络的各个层次，但解决电子商务安全问题，主要采取访问控制、授权、身份认证、防火墙、加密存储及传送、内容控制等措施，主要涉及的技术包括防火墙、加密技术、密钥分配、数字签名技术、认证技术和虚拟专用网等。

（二）实施电子化采购的步骤

企业实施电子化采购的步骤一般可以从以下几方面考虑：

1. 前期培训

很多企业只在系统开发完成后才对使用者进行应用技术培训。但是国外企业和国内一些成功企业的做法表明，事先对所有使用者提供充分的培训是电子采购成功的一个关键因素。

2. 建立数据源

建立数据源的目的是为了在互联网上实现采购和供应管理功能而积累数据。其内容主要包括供应商目录、供应商的原料和产品信息、各种文档样本、与采购相关的其他网站、可检索的数据库、搜索工具。

3. 成立正式的项目小组

项目小组需要由高层管理者直接领导，其成员应当包括项目实施的整个进程所涉及的各个部门的人员，包括信息技术、采购、仓储、生产、计划等部门，甚至包括互联网服务提供商，应用服务提供商、供应商等外部组织的成员。项目小组的作用就是全面处理与电子采购有关的事宜。通常要成立两个项目小组，一个负责制定采购的操作规程，协调企业内部的运作以及与供应商之间的运作；另一个负责培训。

4. 广泛调研，收集意见

为做好电子采购，在实施前应广泛听取各方面的意见，包括技术人员、管理人员、软件供应商等。同时要借鉴其他企业行之有效的做法，在统一意见的基础上，制订和完善有关的技术方案。

5. 建立企业电子采购网站

建立企业电子采购网站，在网站中设置电子采购功能板块，使整个采购过程中管理层、相关部门、供应商及其他相关内外部人员始终保持动态的实时联系。网站应包括如下内容：

（1）提供给供应商的内容。其内容包括：网站任务阐述；公司或者组织的地址与采购目录；供应商注册过程；供应商政策；标准形式的文档，如报价单；如何实现购买的帮助信息；采购信息链接等。

（2）内部人员访问的内容。其内容包括：内部政策和运作程序；与内部目录和供应商目录的链接；完整的合同模板；采购申请信息和工具；与其他采购工具和网站的链接；内、外部以纸为媒介的文档模板（以便于快速更新）。

6. *应用之前的测试*

在电子化采购系统正式应用之前，必须对所有的功能模块进行测试，因为任何一个功能模块如果存在问题，都会对整个系统的运行产生很大的影响。进行测试时，可以先从某种产品或某条生产线的功能模块开始。

7. *后期培训*

测试成功后，对电子采购系统的实际操作人员进行培训十分必要，这样才能确保电子化采购系统能得以很好的实施。另外，在此培训过程中，还应做好供应商的培训。电子化采购是供需双方共同的业务活动，单靠采购部门的努力是不够的，供应商也要对电子化采购策略和运作方法有所认识和理解，只有这样才能获得双方相互的支持和配合。因此，对供应商进行培训也是十分必要的。通过培训，大家取得一致的目标，相互之间就能很好地协调做好网上电子采购工作。

8. *发布采购招标计划*

利用电子商务网站和企业内部网收集企业内部各个单位的采购申请，对这些申请进行统计整理，形成采购招标计划，并在电子采购平台上进行发布。

学习情境设计：社会实践—某产品采购方式调查

一、实训目的

（1）通过以组为单位进行实地调查，了解各种采购方式的特点及运作模式。

（2）通过分析比较了解各种采购方式的优缺点及其适用场合。

（3）不断培养和增强学生的分析能力、组织能力、沟通能力、团队协作精神等。

二、实训组织

（1）知识准备：各种采购方式的运作。

（2）学生分组：每个小组人数以3～5人为宜，小组中要合理分工，每组选出一位小组长。

（3）实训地点：各小组成员自主选择目标企业，或通过互联网调查各种不同企业的采购方式。

三、实训要求

（1）每小组通过讨论确定所熟悉或感兴趣的产品和行业。

（2）以小组为单位到该产品生产、流通过程中涉及的某一节点企业进行实地调查。

（3）重点选择制造商的采购部进行访谈，了解其采购过程和采购方式，并做详细记录。

（4）要求各小组相互协商，尽量调查不同行业、不同产品以及不同的采购方式，以便最后可以进行比较分析。

四、实训报告

在通过实地调查获得相关资料后，以组为单位完成实训报告。实训报告题名为：某企业或产品采购方式调查报告。报告中应包含以下内容：

（1）调查时间、地点、对象。

（2）调研企业所采用的采购模式，并分析企业采用该种模式的原因。

（3）了解并分析企业当前采购模式的运作流程和规范，是否有不合理之处。

（4）对比不同企业的不同采购模式，结合企业实际分析不同采购方式的优劣。

五、实训考核

实训成绩根据个人表现和团队表现进行综合评定，考评内容包含以下几项：

（1）实训过程是否进行实地调查，获得不同采购方式的资料，且资料是否真实。

（2）采购方式分析是否透彻，是否能理论联系实际，举一反三。

（3）小组内部分工是否明确，组员是否有协作精神，根据个人任务完成情况由组长评分。

（4）小组总结汇报思路是否清晰、内容是否充实、重点是否突出，由教师对小组进行评分。

（5）实训报告是否按要求的规范格式完成，对个人报告或小组报告进行评分。

（6）根据个人得分和小组综合评分最终确定每个学生的实训成绩。

第五章　供应商的选择与管理

工作任务及过程

单位名称	采购部	流程名称	供应商选择	工作任务说明 配置学习领域
总经理	采购部门	相关部门	供应商	

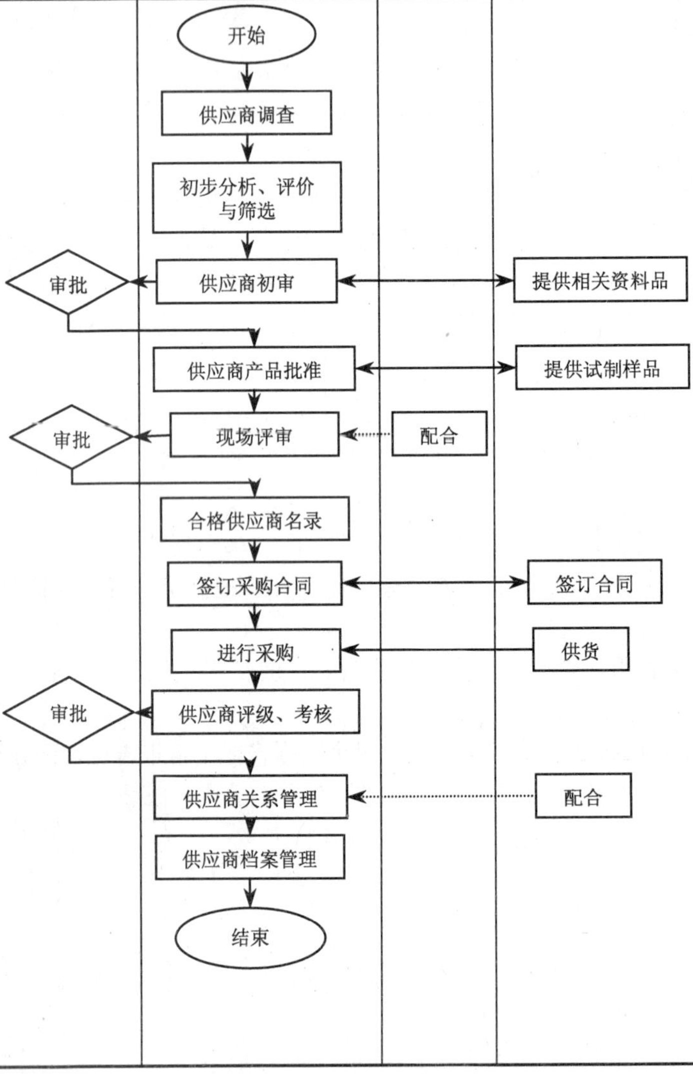

采购部对资源市场、供应商分别进行调查，整理、分析调查所得的资料，根据合格供应商的评定标准，对所有供应商进行初步评价和筛选，通过筛选，采购部提出候选供应商名单，并组织安排初审工作，报采购经理审核

若需要提供样品，则通知供应商提供样品，并对样品的质量进行检验和评估；对需现场评审的供应商，则组织相关人员按相关规定对供应商进行现场评审

现场评审结果报上级批准，并列出合格供应商名单，在选定供应商之后，经磋商拟定采购合同，依此实施具体货物的采购，货物到达后组织验收

最后采购部应定期会同相关部门对供应商进行评级与考核，考核结果报上级审批，按供应商评级和考核结果，对供应商实施分级管理，逐步建立稳定可靠、相互信任的合作关系，如有必要还应对供应商进行相应的指导、培训与扶持

采购部文员应及时整理供应商档案，将供应商的最新信息录入供应商信息管理系统

职业能力要求

1．岗位：供应商主管

（1）负责供应商及供应渠道的开发，并根据公司发展需要制订供应商开发计划。

（2）维护和发展与重要供应商的关系，掌握供应商的变化情况。

（3）创建符合公司发展需求的供应链条，建立全国的供应商开发、考核机制。

（4）对供应商进行评价、分级，并对其进行月度、季度、年终考核的评审及淘汰。

（5）负责定期对供应商数据库进行管理。

（6）对市场行情进行调查，并给予独立的评估意见。

（7）参与采购合同及采购过程的成本分析与审核。

（8）安排部门的日常工作，协调本部门内部及与其他部门的关系。

2．岗位：供应商关系专员

（1）负责协助供应商主管进行供应商的维护和拓展工作。

（2）定期对市场进行调查，收集整理市场信息，汇报供应商情况及编制分析报告。

（3）建立与维护供应商数据库，保证数据及时更新和正常使用。

（4）协助供应商主管处理供应商关系，以及其他行政日常事务的处理。

（5）协助部门主管约访供应商及不定期回访合作的供应商。

（6）配合供应商主管利用各种方式及渠道掌握供应商及市场动态。

项目任务驱动

兖州煤业强化供应商管理

兖州煤业股份有限公司（以下简称“兖州煤业”）是国有特大型企业集团兖矿集团有限公司的控股上市公司，主要从事煤炭生产、煤炭洗选和加工、煤炭销售以及铁路运输业务，年煤炭生产能力在4000万吨左右，销售收入达180亿元左右。在生产经营活动中，兖州煤业每年消耗的材料、设备和备品备件达15亿元，常年使用的物资品种达4万多种，有上千家供应商为公司供应物资。因此，如何管理好供应商，对企业成本和效益、安全与发展有着重要的影响。

对供应商的评价和认证是采购流程中最具战略意义的采购活动之一，对提高采购绩效意义重大。兖州煤业历来重视供应商管理工作，一直实行“动态管理、过程优化、优胜劣汰”的管理方法，每年进行一次供应商的认证和评价工作，将符合条件的供应商作为合格供方，否则进行淘汰，取消供应资格；对符合条件要求加入的新供应商实行准入制度，根据需要按程序审批。

兖州煤业在对供应商的评价过程中，主要参考六项指标：供应商资质、产品质量、交付能力、服务水平、管理水平和成本。供应商资质是一个基本和前提，它包括营业执照、税务登记、机构代码、银行资质等情况，这是供应商开展经营活动的必备条件。产品质量是评价供应商产品满足企业功能性需要的能力，也一直是对供应商进行管理的一个关键问题。评价产品质量主要用具体指标来考核，如供应商产品满足公司规格要求的程度、合格率、各种证件资料、退货率、废品率及质量认证体系等。

兖州煤业作为煤炭企业，对产品的安全性能要求较高，凡井下生产所需的产品必须具备“三证一标志”（《防爆合格证》、《生产许可证》、《产品合格证》和MA标志），才能作为合格产品，凡具有安全隐患的产品全部禁止进入矿区。

交付能力是指供应商满足需要的程度。供应商交付的及时性和准确性是评价其能力的一个比较权威的标准，它主要包括准时制供货、缩短提前期、提供长期供应保证等，同时还考虑订货批量要求、地理位置、产品生命周期、物流能力、库存能力、生产能力等。煤炭生产使用的设备配件等机电产品都具有较高的技术含量，需要供应商较高的服务水平。因此，获得什么样的潜在服务是采购活动重点要考虑的问题，也是反映供应商服务水平的重要指标。供应商的服务水平主要体现在响应速度、技术支持与培训、维护和维修水平等方面，主要参考供应商24小时电话服务、问题的反馈速度、是否提供产品的使用方法培训、售后技术支持和维修人员的到位时间及维修成本等因素。同时，还要考虑供应商的管理能力，因为管理决定了经营活动并影响供应商未来的竞争力，供应商管理应重点考虑企业规模、信誉、经营策略、管理团队、企业文化、信息化水平及员工素质等。

产品质量、交付能力、服务水平和管理是评价供应商的最基本因素，还有一个关键的因素是成本。供应商能否使公司获得一个理想的采购成本是衡量的关键，尤其是价格竞争十分激烈时，成本就显得特别重要。评价供应商成本主要看交付价格和所有权总成本。交付价格是指产品在质量有保障、其他条件满足的情况下价格最有优势。所有权总成本包括所有与采购活动相关的成本，包括采购价格、订单跟踪、催货、运输、检测、返工、存储、废物处置、保修、服务、停工损失、产品退回等造成的费用。对于煤炭企业使用的成套设备等有后续成本的采购项目，比较适合所有权总成本评估。

按照供应商评价的六项指标，兖州煤业在每年进行一次评估的基础上，合理优化，明确分类，便于在采购活动中，因人制宜，区别对待，实现效率和效益的最大化。目前，兖州煤业将所有供应商分为战略型供应商、竞争型供应商（普通供应商）、技术型供应商、待选供应商及淘汰供应商五大类。

战略性供应商有很大一部分是资源型、紧缺型和市场变化较大的企业，其产品质量可靠、信誉好，甚至供不应求，其产品对公司生产经营的制约性很大，采购方没有主动权。因此，和战略性供应商建立长期合作伙伴关系是企业生产发展的保障。竞争性和普通供应商数量较大，他们经常是交叉的，其产品多数是社会长线物资，属于买方市场，竞争比较激烈，采购方有比较大的主动权。技术性供应商是指其产品技术含量较高、通用性较差、市场竞争不很充分的供应商。待选供应商是根据生产形势对物料需求的变化，或者新产品、新技术的推广，或者产业政策变化推出的替代或更新产品，或者在现有供应商无法满足供应的情况下，为了保证生产需要，按照一定程序增加的那些符合条件的供应商。淘汰供应商主要是因为其产品质量、服务或其他原因未能满足公司要求，有的甚至为企业造成损失或影响的供应商。

2003 年，兖州煤业供应体制改革，实行“三集中、五统一”的物流一体化管理体系，结合 ERP 系统上线，对供应商进行了首次评估认证和系统优化，大力淘汰经营性供应商，一次性淘汰 70%，使原有的 3 276 家供应商数量优化为 972 家。这样便于企业合理确定供应商类别及地位，使供应商结构得到优化，为开展供应商动态管理提供基础。

在市场采购活动中，兖州煤业结合不同供应商的特点，坚持因人制宜，区别对待，采取不同的工作措施，开展比价采购“阳光工程”，规范采购行为，对采购计划、渠道、价格、合同、考核等全过程规范程序，落实责任，互相监督，努力降低采购成本，提高经济效益。“阳光工程”的实施主要涉及以下几个方面：

（1）对战略性供应商建立战略联盟，形成供应链关系，实行供应互保，达成保证供应和享受优惠价格的共识，并定期交流沟通，经常走访客户，了解信息，把握市场动态，对需求物资及时作出反应。这样不但做到了货找源头，直达供货，减少了中间环节，而且保证了物料质量。2007 年，公司采购额为 23.3 亿元，其中战略性供应商采购 8 亿多元，占总额的 30%。这类供应商主要集中在钢材、木材、水泥、胶带等大宗材料和主要设备上，如济钢、石横钢厂采购 7 940 万元，全年 78%的物资实现了从生产厂家直接采购。

（2）对竞争性供应商采取招标议标，比价采购。对于小批量、多频率使用的物资，利用批量和买方市场的优势，集中批量进行比价和招标议标。并严格规范比价和议标程序，按照公开、公平、公正的原则，组织尽可能多的供应商参与竞标，避免暗箱操作，使发布公告、投标、开标、评标和授标的工作程序规范、完整。与此同时，改变了设备、配件分别招标的办法，实行关联搭配，捆绑议标，让相关业务科室合作采购，从而减少招标次数，提高单次订货金额，获得更大的价格空间。近年来，每年通过比价采购节约资金都在3 000万元左右。

（3）对普通供应商实行超市采购，二次比价。兖州煤业借鉴商业超市经营模式，在矿井生产一线建设了“物资井口超市”，将阀门、开关、工具等零星使用、多频率使用的小型物资及二三类物资、工矿配件等物资置于其中，让使用单位在超市内自主选择，形成第二次比价。为保证超市规范运作，制定了科学合理的运作流程，细致规定了供应商选择、进货验收、补货、退货等环节的操作规范。目前兖州煤业已开办了6处井口物资超市，品种多达22 529种，年经营额达20 505万元。

（4）对技术性供应商实行供需见面，公开竞标。因国家专控、技术专利、单一来源等原因不具备比价条件的采购物品，在确保产品质量前提下，实行一批一议、专家评定、现场报价、面对面谈判、当场确定供货商的全过程公开议标方式，增加议标透明度。

任务一：如何对供应商进行合理的选择与评价。

任务二：如何进行有效的供应商控制与激励措施。

学习领域配置

第一节　供应商管理概述

一、供应商管理的含义

供应商是指可以为企业生产提供原材料、设备、工具及其他资源的企业。供应商可以是生产企业，也可以是流通企业。企业要维持正常生产，就必须要有一批可靠的供应商为企业提供各种各样的物资供应。因此，供应商对企业的物资供应起着非常重要的作用，采购管理就是直接和供应商打交道而从供应商处采购获得各种物资。因此采购管理的一个重要工作，就是要搞好供应商管理。

供应商管理，就是对供应商的了解、选择、开发、使用和控制等综合性管理工作的总称。其中，了解是基础，选择、开发、控制是手段，使用是目的。供应商管理的目的，就是要建立起一支稳定可靠的供应商队伍，为企业生产提供可靠的物资供应。

供应链的研究结果表明，在所有降低采购成本的方式中，供应商参与产品开发最有潜力，成本的降低幅度可达 42%，利用供应商开展即时生产可降低成本20%，然而通过改进采购过程以及价格谈判等最多只能降低成本 11%。因此，降低采购成本的最高境界就是上游采购，即在产品开发过程中就充分有效地利用供应商。因此，供应商的选择和管理对于企业至关重要。

二、供应商管理的目的和意义

1. 供应商管理的目的

对于任何一个企业，供应商都是客观存在的，而且自然地构成了企业外部环境的组成部分，必然间接或直接地对企业造成影响。因为任何供应商，不管是不是已经与企业有直接关系，他都是资源市场的组成部分。资源市场中物资的供应总量、供应价格、竞争态势、技术水平等，都是由资源市场的所有成员共同形成的。而企业的采购，都只能从这个资源市场中获取物资。所以企业采购物资的质量水平、价格水平都必然受到资源市场每个成员的共同影响。供应商的一个特点，是他们都是一个与采购方独立的利益主体，而且是“以追求利益最大化为目的”的利益主体。按传统的观念，供应商和采购方是利益互相对立的矛盾对立体，供应商希望从采购方手中多得一点、采购方希望向供应商少付一点，为此常常斤斤计较，甚至在物资商品的质量、数量上做文章，以劣充优、降低质量标准、减少数量，甚至制造假冒伪劣产品坑害采购方。为了防止伪劣质次产品入库，采购方需要花费很多人力、物力加强物资检验，大大增加了物资采购检验的成本。因此供应商和采购方之间既互相依赖，又互相对立。对采购方来讲，物资供应没有可靠的保证、产品质量没有保障、采购成本太高，这些都直接影响企业生产和成本效益。

相反，如果企业找到了一个好的供应商，他的产品质量好、价格低，而且服务态度好、保证供应、按时交货，这样企业采购就可以非常放心，不但物资供应稳定可靠、质优价廉、准时供货，而且双方关系融洽、互相支持、共同协调，这样对企业的采购管理、生产和成本效益都会有很多好处。

为了创造出这样一种供应商关系局面，克服传统的供应商关系观念，企业有必要非常注重供应商的管理工作，通过多个方面持续努力，去了解、选择、开发供应商，合理使用和控制供应商，建立起一支可靠的供应商队伍，为企业生产提供稳定可靠的物资供应保障。做好供应商管理也是企业做好采购管理所必须完成的基础工作。只有建立起一支好的供应商队伍，企业的各种采购工作才能比较顺利地进行。

2. 供应商管理的意义

（1）供应商管理有助于提高客户对需求和服务的满意度。加强供应商管理，使采购方与合格的供应商建立合作伙伴关系，通过信息共享，才能达到低成本、高柔性的目标。

（2）供应商管理有助于提高供应商对客户需求反映的敏捷性。零库存、准时制生产、精益物流等，逐渐成为企业竞争优势的核心要素，在这种环境下，只有加强供应商的管理，使采购方与供应商成为合作伙伴而不是竞争对手，才能提高供应商对客户需求反映的敏捷性。

（3）供应商管理有助于保证采购质量，降低采购成本。供应商产品的质量是客户生产质量和研发质量的组成部分，供应商的质量管理体系同时也是采购方的质量管理体系。所以，加强供应商的管理，选择合适的供应商，使供应商在竞争的环境中提高产品质量，合理降低成本的竞争状态，对保证采购质量，降低采购成本都有积极的意义。

三、供应商管理的几个基本环节

供应商管理应当抓好以下几个基本环节：

（1）供应商调查。供应商调查的目的，就是要了解企业有哪些可能的供应商，各个供应商的基本情况如何，为我们了解资源市场以及选择企业的正式供应商做准备。

（2）资源市场调查。资源市场调查的目的，就是在供应商调查的基础上，进一步了解掌握整个资源市场的基本情况和基本性质，是买方市场还是卖方市场？是竞争市场还是垄断市场？是成长的市场还是没落的市场？资源生产能力、技术水平、管理水平以及价格水平如何？等等，为制定采购决策和选择供应商做准备。

（3）供应商开发。在供应商调查和资源市场调查的基础上，可能会发现比较好的供应商，但是我们还不一定能马上得到一个完全合乎企业要求的供应商，还需要我们在现有的基础上进一步加以开发，才能得到一个基本合乎企业需要的供应商。将一个现有的原型供应商转化成一个基本符合企业需要的供应商的过程，就是一个开发过程。供应商开发具体包括供应商深入调查、供应商辅导、供应商改进、供应商考核等活动。

（4）供应商考核。供应商考核是一项很重要的工作。它分布于各个阶段，在供应商开发过程中需要考核，在供应商选择阶段需要考核，在供应商使用阶段也需要考核。不过每个阶段考核的内容和形式并不完全相同。

（5）供应商选择。在供应商考核的基础上，选定合适的供应商。

（6）供应商合作。它是指与选定的供应商开展正常的业务活动。

（7）供应商评估。它是指通过评估在合作过程中进行有效的激励和控制。

第二节　供应商调查与开发

供应商管理的首要工作，就是要了解供应商、了解资源市场。要了解供应商的情况，就是要对供应商进行调查。

供应商调查，在不同的阶段有不同的要求。供应商调查可以分成三种：①初步供应商调查；②资源市场调查；③深入供应商调查。

一、初步供应商调查

（一）初步供应商调查的目的与方法

初步供应商调查，是指对供应商基本情况的调查。其主要是了解供应商的名称，地址，生产能力，能提供什么产品，能提供多少，价格如何，质量如何，市场份额有多大，运输进货条件如何等。

初步供应商调查的目的，是了解供应商的一般情况。而了解供应商的一般情况的目的：①为选择最佳供应商做准备；②为了了解掌握整个资源市场的情况，因为许多供应商基本情况的汇总就是整个资源市场的基本情况。

因此，初步供应商调查的特点：①调查内容浅，只需了解一些简单、基本的情况；②调查面广，最好能够对资源市场中所有供应商都有所调查和了解，从而能够掌握资源市场的基本状况。

初步供应商调查的基本方法，一般可以采用访谈调查法，通过访问有关人员而获得信息。例如，可以访问供应商单位的市场部有关人士，或者访问有关用户、有关市场主管人员及其他的知情人士，通过访问建立起供应商卡片，卡片格式内容如表 5-1 所示。

表 5-1　供应商卡片

<table>
<tr><td rowspan="6">公司基本情况</td><td>名　称</td><td colspan="5"></td></tr>
<tr><td>地　址</td><td colspan="5"></td></tr>
<tr><td>营业执照号</td><td colspan="2"></td><td>注册资本</td><td colspan="2"></td></tr>
<tr><td>联系人</td><td colspan="2"></td><td>部门、职务</td><td colspan="2"></td></tr>
<tr><td>电　话</td><td colspan="2"></td><td>传　真</td><td colspan="2"></td></tr>
<tr><td>E-mail</td><td colspan="2"></td><td>信用度</td><td colspan="2"></td></tr>
<tr><td rowspan="2">产品情况</td><td>产品名</td><td>规　格</td><td>价　格</td><td>质　量</td><td>可供量</td><td>市场份额</td></tr>
<tr><td></td><td></td><td></td><td></td><td></td><td></td></tr>
<tr><td colspan="2">运输方式</td><td></td><td>运输时间</td><td></td><td>运输费用</td><td></td></tr>
<tr><td>备　注</td><td colspan="6"></td></tr>
</table>

注：表 5-1 也可以作为调查表的形式（由供应商填写）。

收集供应商卡片上的信息，是采购管理的基础工作。我们在采购工作中，经常要选择供应商，就可以利用供应商卡片来进行选择。当然，供应商卡片也要根据情况的变化，经常进行维护、修改和更新。

在实施了计算机信息管理的企业中，供应商管理应当纳入计算机管理之中。把供应商卡片的内容输入到计算机管理系统中，利用数据库进行操作、维护和利用。计算机管理系统有很多优越性，它不但可以很方便地储存、增添、修改、查询和删除，而且可以很方便地统计汇总和分析，可以实现不同子系统之间的数据共享。

（二）初步供应商分析

在初步供应商调查的基础上，要利用供应商初步调查的资料进行初步供应商分析。初步供应商分析的主要目的，是比较各个供应商的优势和劣势，选择适合于企业需要的供应商。

初步供应商分析的主要内容包括：

（1）供应商产品的品种、规格和质量水平是否符合企业需要？价格水平如何？只有供应商产品的品种、规格、质量水平都适合于企业，才算得上企业的可能供应商，才有必要进行下面的分析。

（2）供应商的企业实力、规模如何？供应商的企业生产能力、技术水平、管理水平如何？企业的信用度如何？企业的信用度，是指企业对客户、银行等的诚信程度。其表现为供应商对自己的承诺和义务认证履行的程度，特别是在产品质量保证、按时交货、往来账目处理等方面能够以诚相待、一丝不苟地履行自己的责任和义务。

在初步调查阶段，对信用度的调查可以采用访问制，从大众访问结果中得出一个大概的、定性的结论。在详细调查阶段，可以通过大量的业务往来，来统计分析供应商的信用程度，这样可以得到定量的结果。

（3）供应商的产品是竞争性商品还是垄断性商品？如果是竞争性商品，则供应商的竞争态势如何？供应商的产品销售情况如何？市场份额如何？产品的价格水平是否合适？

（4）供应商相对于本企业的地理交通情况如何？通过进行运输方式分析、运输时间分析、运输费用分析，看运输成本是否合适。

在进行以上分析的基础上，得出初步供应商分析结论为选定供应商提供决策支持。

二、资源市场调查

（一）资源市场调查的内容

初步供应商调查是资源市场调查的内容之一，但资源市场调查不仅是供应商调查，还应当包括以下一些基本内容：

1. 资源市场的规模和需求容量

调查资源市场在过去几年中的销售总额，现在市场的需求量及其影响因素，特别要重点针对资源市场进行购买力调查、购买动机调查和潜在需求调查，从而掌握资源市场的规模和需求容量。例如，资源市场究竟有多大范围？有多少资源量？有多少需求量？进而了解整个资源市场的性质，比如，是卖方市场还是买方市场？是完全竞争市场、垄断竞争市场还是垄断市场？是一个新兴的成长的市场，还是一个陈旧的没落的市场等。

2. *资源市场的环境*

政策环境和经济环境的变化、行业法律法规的实施，都对资源市场有重大影响，如资源市场的管理制度、法制建设；税收政策、银行信用情况；行业的限制、资源市场的规范化程度；资源市场的发展前景，等等，这也是资源市场调查不可分割的一部分。

3. *资源市场中供应商的情况*

在初步供应商调查阶段已收集了相关信息，接下来要把众多供应商置于整个资源市场环境中进行分析，从而可以得出资源市场的基本情况，如生产能力、技术水平、管理水平、质量水平、价格水平、主要销售渠道、广告及推销方式等情况。

（二）资源市场分析的内容

资源市场调查的目的，就是要进行资源市场分析。资源市场分析，对于企业制定采购策略以及产品策略、生产策略等都有很重要的指导意义。

资源市场分析的内容，主要有：

（1）要确定资源市场是紧缺型市场还是富余型市场，是垄断性市场还是竞争性市场。对于垄断性市场，企业将来应当采用垄断性采购策略；对于竞争性市场，企业应当采用竞争性采购策略，如采用投标招标制、一商多角制等。

（2）要确定资源市场是成长型市场还是没落型市场。如果是没落型市场，则企业要趁早准备替换产品，不要等到产品被淘汰了再去开发新产品。

（3）要确定资源市场的总体水平，并根据整个市场水平来选择合适的供应商。通常，企业要选择在资源市场中处于先进水平的供应商，即产品质量优且价格低的供应商。

三、深入供应商调查

深入供应商调查，是指采购方对经过初步调查后、准备发展为自己的供应商的企业进行的更加深入仔细的考察活动。这种考察，是深入到供应商企业的生产线、各个生产工艺、质量检验环节甚至管理部门，对现有的设备工艺、生产技术、管理技术等进行考察，看看能不能满足本企业所采购的产品所应当具备的生产工艺条件、质量保证体系和管理规范要求。有的甚至要根据所采购的产品的生产要求，进行资源重组，并进行样品试制，试制成功以后，才算考察合格。只有通过这样深入的供应商调查，才能发现可靠的供应商，建立起比较稳定的物资采购供需关系。

进行深入的供应商调查，需要花费较多的时间和精力，调查的成本高，并不是对所有供应商都是必需的。它只是在以下情况下才需要：

第一种情况是准备发展成紧密关系的供应商。例如，在进行准时化（Just In Time, JIT）采购时，供应商的产品要准时、免检，直接送上生产线进行装配。这时，供应商已经成了采购方企业一个生产车间一样的紧密关系。如果采购方开始要选择这样紧密关系的供应商，就必须进行深入的供应商调查。

第二种情况是寻找关键零部件产品的供应商。如果采购方所采购的是一种关键零部件，特别是如精密度高、加工难度大、质量要求高、在采购方的产品中起核心功能作用的零部件产品，采购方在选择供应商时，就需要特别小心，要进行反复认真的深入考察审核，只有经过深入调查证明确实能够达到要求时，才确定发展他为采购方的供应商。

除以上两种情况以外，对于一般关系的供应商，或者是非关键产品的供应商，一般可以不必进行深入的调查。只需进行简单、初步的调查即可。

对于最高级的深入调查，在具体实施深入调查时，也可以分成三个阶段：

第一阶段：通知供应商生产样品，最好生产一批样品，从中随机抽样进行检验。如果抽检不合格，允许其改进一下再生产一批，再抽检一次，如果还是不合格，则这个供应商就落选，不再进入下面的第二阶段。只有抽检合格的才进入第二阶段。

第二阶段：对于生产样品合格的供应商，还要对其生产过程、管理过程进行全面的详细考察，检查其生产能力、技术水平、质量保障体系、装卸搬运体系、管理制度等，检查有没有达不到要求的地方。如果基本上符合要求，则深入调查可以到此结束。供应商符合要求，可以中选；如果检查结果不符合要求，则进入下面第三个阶段。

第三阶段：对于生产工艺、质量保障体系、规章制度等不符合要求的供应商，要协商提出改进措施，限期改进。供应商愿意改进并且限期改进合格者，可以中选企业的供应商。如果供应商不愿意改进或者愿意改进但限期改进不合格者，则供应商落选。深入调查也到此结束。

第三节　供应商考核与选择

供应商管理的一个重要任务就是要供应商选择。供应商选择就是要从无到有地寻找新的供应商，建立起适合于企业需要的供应商队伍。一批适合于企业需要的供应商是企业的宝贵资源。供应商适时适量地为企业提供物资供应，保证企业生产和流通的顺利进行，这是企业最大的需要。军队打仗需要粮草，企业生产需要物资，供应商就相当于企业的后勤队伍。供应商选择和管理实际上就是企业的后勤队伍的建设。

供应商选择是一项很重要的工作，同时也是一项庞大复杂的系统工程，需要精心策划、认真组织。

一、供应商选择概述

供应商选择是供应链合作关系运行的基础。如今，供应商的业绩对企业的影响越来越大。在交货、产品质量、价格、提前期、库存水平、产品设计、服务等方面都影响着企业经营的成功与否。传统的供应关系已不再适应全球竞争加剧，产品需求日益更新的环境。企业为了实现低成本、高质量、柔性生产、快速反应，采购业务管理就必须包括供应商的选择。

同时，供应商选择是供应商管理的内容之一。供应链采购管理强调企业之间的战略合作，对于下游企业来讲，它的上游企业——供应商的质量将直接影响它的正常生产运行质量。供应商的评价选择无疑是一个重要的工作。选择一批好的供应商，不但对于企业的正常生产起着决定作用，而且对于企业的发展也非常重要。因此，企业采用各种方法选择好供应商。

供应商选择的来源是供应市场。供应商的选择对于企业来说是多目标的，选择的根据也是供应商的评价，其中包括可见和不可见的诸多因素。实际上，供应商选择贯穿于供应商开发的全过程。供应商开发的全过程包括了几次供应商的选择。在众多的供应商中，每个品种要选择 5～10 个供应商进入初步调查。初步调查以后，要选择 1～3 个供应商进行深入调查。深入调查之后又要再作一次选择，初步确定 1～2 个供应商。初步确定的供应商进入试运行，并进行试运行的考核和选择，才能最后确定供应商。

（一）供应商应具备的条件

一个好的供应商的标准，最根本的就是其产品好。而产品好，又表现在：①产品质量好；②产品价格合适；③产品先进、技术含量高、发展前景好；④产品货源稳定、供应有保障。这样的好产品，只有那些有实力的企业才能够生产出来。因此一个好的供应商需要具备以下一些条件：

1. 企业生产能力强

企业生产能力强表现在：产量高、规模大、生产历史长、经验丰富、生产设备好。

2. 企业技术水平高

企业技术水平高表现在：生产技术先进、设计能力和开发能力强、生产设备先进、产品的技术含量高、技术水平达到国内先进水平。

3. 企业管理水平高

企业管理水平高表现在：有一个坚强有力的领导班子，尤其是要有一个有魄力、有能力、有管理水平的一把手；要有一个高水平的生产管理系统；还要有一个有力的、具体落实的质量管理保障体系；要在全企业中形成一种严肃认真、一丝不苟的工作作风。

4. 企业服务水平高

企业服务水平高表现在：能对顾客高度负责、主动热诚认真服务，并且售后服务制度完备、服务能力强。

要选择出合乎这些要求的供应商，需要采用一些科学和严格的方法。常用的方法主要有两类：①考核选择；②招标选择。

（二）选择供应商的原则

许多成功企业的实践经验表明，做好目标明确，深入细致的调查研究，全面了解每个候选供应商的情况，综合平衡，择优选用，是开发新供应商的基本要点。一般而言，寻找和选择新供应商应遵循下面十条原则：

1. 总原则——全面、具体、客观原则

企业应建立和使用一个全面的供应商综合评价指标体系，对供应商作出全面、具体、客观的评价，还应综合考虑供应商的业绩、设备管理、人力资源开发、质量控制、成本控制、技术开发、用户满意度、交货协议等方面可能影响供应链合作关系的方面。

2. 系统全面性原则

企业应建立和使用全面的系统评价体系。

3. 简明科学性、原则

企业对供应商评价、选择步骤和选择过程应力求透明化、制度化、科学化。

4. 稳定可比性原则

企业对供应商的评估体系应稳定运作，标准统一，减少主观因素。

5. 灵活可操作性原则

企业对不同行业、企业、产品需求、不同环境下的供应商评价应是不一样的，保持一定的灵活可操作性。

6. 门当户对原则

供应商的规模和层次应与企业相当。

7. 半数比例原则

企业的采购数量应不超过供应商产能的 50%，反对全额供货的供应商。

8. 供应源数量控制原则

企业同类物料的供应商数量约 2～3 家，有主、次供应商之分。

9. 供应链战略原则

企业应与重要供应商发展供应链战略合作关系。

10. 学习更新原则

企业对供应商评估的指标、标杆对比的对象以及评估的工具与技术都需要不断地更新。

二、企业供应商分类

供应商分类是指在供应市场上，采购方依据采购物品的金额、采购商品的重要性以及供应商对采购方的重视程度和信赖等因素，将供应商划分成若干个群体。供应商分类是供应商关系管理的先行环节，只有在供应商细分的基础上，企业才有可能根据细分供应商的不同情况实行不同的供应商关系策略。企业可以按照以下几种方法进行供应商分类：

（一）按照采购业务的重要程度分类——模块法

供应商分类模块法是从供应市场状况、采购业务对企业的重要程度这两个方面，依据采购业务对公司和供应商的重要程度对供应商的重要性进行矩阵分析，并据此将供应商划分为四种类型，其分类模块如图 5-1 所示。

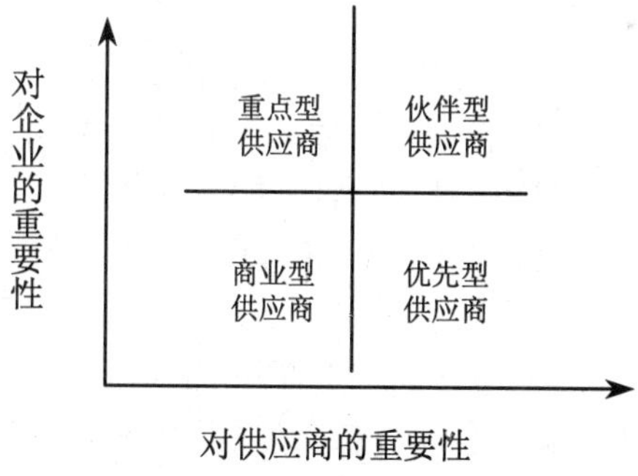

图 5-1　供应商分类模块

在供应商分类的模块中，对于那些对供应商和企业来说均不是很重要的采购业务，相应的供应商可以很方便地选择和更换，那么这些与采购业务对应的供应商就是普通的“商业型供应商”。如果供应商认为企业的采购业务对其非常重要，供应商自身又有很强的产品开发能力，同时该采购业务对企业也很重要，那么这些与采购业务对应的供应商就是“伙伴型供应商”；如果供应商认为企业的采购业务对其无关紧要，但该采购业务对企业却是十分重要的，这样的供应商就是需要注意改进提高的“重点型供应商”；如果供应商认为企业的采购业务对其非常重要，但该项业务对于企业却并不十分重要，这样的供应商无疑有利于企业，是企业的“优先型供应商”；由此可见，重点型和商业型供应商都会给企业采购供应带来较高的风险，应重点维护企业与这些供应商的关系，从而降低或规避采购供应的高风险。

（二）按照采购物品的价值大小分类——80/20 规则

供应商 80/20 规则分类法的基础是物品采购的 80/20 规则，其基本思想是针对不同的采购物品应采取不同的策略，同时采购工作精力也应各有侧重，相应地对于不同物品的供应商也应采取不同的策略。供应商分类 80/20 规则，如图 5-2 所示。

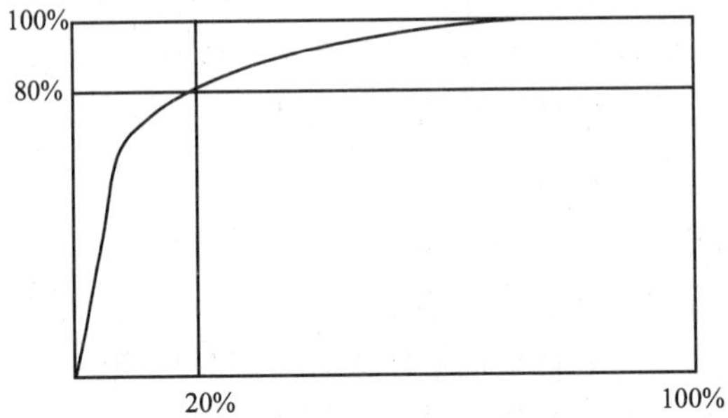

图 5-2　供应商 80/20 分类规则

从图 5-2 可以看出，通常数量 80%的采购物品（普通采购物品）价值占采购物品 20%的价值，而其余数量 20%的物品（重点采购物品）价值，则占采购物品 80%的价值。相应地，可以将供应商依据 80/20 规则进行分类，划分为重点供应商和普通供应商，即占 80%价值的 20%的供应商为重点供应商，而其余只占 20%采购金额的 80%的供应商为普通供应商。对于重点供应商应投入 80%的时间和精力进行管理与改进。这些供应商提供的物品为企业的战略物品或需集中采购的物品，如汽车厂需要采购的发动机和变速器，电视机厂需要采购的彩色显像管以及一些价值高但供应不力的物品。而对于普通供应商则只需要投入 20%的时间和精力同其交货。因为这类供应商所提供的物品的运作对企业的成本质量和生产的影响较小，如办公用品、维修备件、标准件等物品。

在按 80/20 规则进行供应商分类时，应注意几个问题：①80/20 规则分类的供应商并不是一成不变的，是有一定的时间限度的，随着生产结构和产品线调整，需要重新进行分类；②对重点供应商和普通供应商应采取不同的策略。

（三）按照供应商的规模和经营品种分类

按供应商的规模和经营品种进行供应商分类，常以供应商的规模作为纵坐标，经营品种数量作为横坐标进行矩阵分析，如图 5-3 所示。

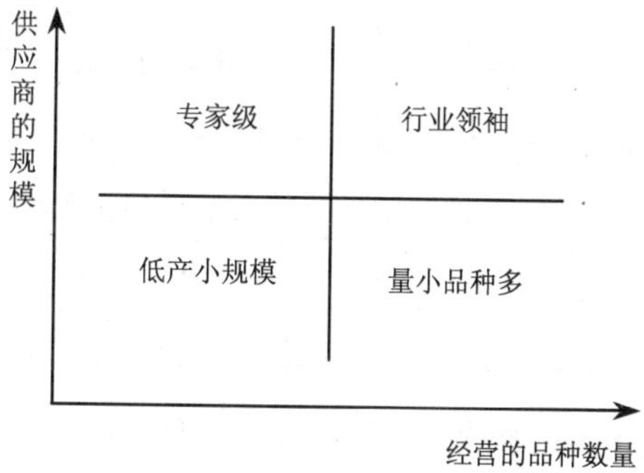

图 5-3　按供应商的规模品种分类

在这种分类方法中，“专家级”供应商是指那些生产规模大、经验丰富、技术成熟，但经营品种相对少的供应商，这类供应商的目标是通过竞争来占领扩大市场；“低产小规模”的供应商是指那些经营规模小、经营品种也少的供应商。这类供应商生产经营比较灵活，但是增长潜力有限，其目标仅是定位于本地市场；“行业领袖”供应商是指那些生产规模大、经营品种也多的供应商，这类供应商财务状况比较好，其目标为立足本地市场，并且积极拓展国际市场；“量小品种多”的供应商虽然生产规模小，但是其经营品种多，这类供应商的财务状况不是很好，但是其潜力可培养。

（四）集成化供应链管理环境下的供应商分类

在集成化供应链管理环境下，供应商合作关系的运行需要减少供应源的数量（追求短期成本最小化需要，但是供应链合作关系并不意味着单一的供应源），相互的链接变得更专有（紧密合作的需要），并且企业会在全球市场范围内寻找最杰出的供应商。这样可以把供应商分为两个档次，重要供应商和次要供应商。重要供应商是少数与采购企业关系密切的供应商，而次要供应商相对较多，与采购企业关系不是很密切。供应链合作关系的变化主要影响重要供应商，而对次要供应商的影响较小。

在继续深入分析的基础上，根据供应商在供应链采购中的增值作用与竞争实力的关系对供应商作了分类，分类矩阵如图 5-4 所示。

纵坐标代表的是供应商供应产品的增值情况。对供应商来讲，如果不能增值，它在供应链存在是不可能的。横坐标代表某些供应商与其他供应商之间竞争力的区别，主要是设计能力、特殊工艺能力、柔性、项目管理能力等方面的竞争力。

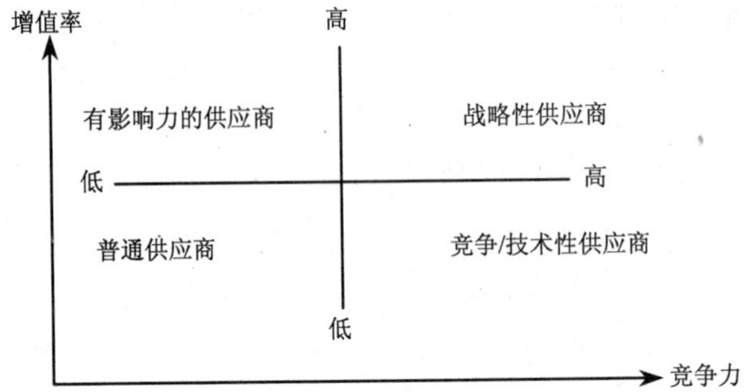

图 5-4　集成化供应链环境下的供应商分类

实际运作中，根据不同的目标选择不同类型的供应商。对于长期需求而言，要求供应商能保持较高的竞争力和增值率，因此最好选择战略性供应商；对于短期或某一短暂市场需求而言，只需选择满足需要的普通供应商即可，以保证成本最小化；而对中期需求而言，可根据竞争力和增值率对供应链的重要程度的不同，选择不同类型的供应商（有竞争力/技术力或有影响力的供应商）。

（五）按照与供应商的目标关系分类

企业与供应商之间的目标关系大致可以分为五种：短期目标型、长期目标型、渗透型、联盟型、纵向集成型。

1. 短期目标型

这种类型的最主要特征是双方之间的关系为交易关系。他们希望彼此能保持较长时期的买卖关系，获得稳定的供应，但是双方所做的努力只停留在短期的交易合同上，各自关注的是如何谈判，如何提高自己的谈判技巧，不使自己吃亏，而不是如何改善自己的工作，使双方都获利。供应一方能够提供标准化的产品或服务，保证每一笔交易的信誉。当买卖完成时，双方关系也终止了。对于双方而言，只与业务人员和采购人员有关系，其他部门人员一般不参与双方之间的业务活动。

2. 长期目标型

采购方与供应商保持长期的关系是有好处的，双方有可能为了共同利益而对改进各自的工作感兴趣，并在此基础上建立起超越买卖关系的合作。长期目标型的特征是从长远利益出发，相互配合，不断改进产品质量与服务水平，共同降低成本，提高供应链的竞争力。同时，合作的范围遍及公司内的多个部门。例如，由于是长期合作，可以对供应商提出新的技术要求，而如果供应商目前还没有这种能力，采购方可以对供应商提供技术资金等方面的支持。供应商的技术创新和发展也会促进采购方企业产品改进，所以这样做有利于企业长远利益。

3. 渗透型

这种关系形式是在长期目标型基础上发展起来的，其管理思想是把对方公司看成自己公司的延伸，是自己的一部分。因此，对对方的关心程度也大大提高了。为了能够参与对方的业务活动，有时会在产权关系上采取适当的措施，如互相投资、参股等，以保证双方利益的一致性。在组织上也采取相应的措施，保证双方派员加入对方的有关业务活动。这样做的优点是可以更好地了解对方的情况，供应商可以了解自己的产品在采购方是怎样起作用的，所以容易发现改进的方向；而采购方也可以知道供应商是如何制造的，对此可以提出相应的改进要求。

4. 联盟型

联盟型关系是从供应链角度提出的。它的特点是从更长的纵向链条上管理成员之间的关系。在难度提高的前提下，要求也相应提高。另外，由于成员增加，往往需要一个处于供应链上核心地位的企业出面协调成员之间的关系，它常常被称为“盟主企业”。

5. 纵向集成型

这种形式被认为是最复杂的关系类型，即把供应链上的成员整合起来，像一个企业一样，但各成员是完全独立的企业，决策权属于自己。在这种关系中，要求每个企业在充分了解供应链的目标、要求，充分掌握信息的条件下，自觉作出有利于供应链整体利益的决策。

三、供应商选择的标准

（一）目前我国企业选择供应商标准的调查

有关调查统计数据显示：目前我国企业在选择供应商时，考虑的主要标准是产品、质量，这与国际上重视质量的趋势一致；其次是价格，92.4%的企业考虑了这个标准，69.4%的企业考虑了交货提前期；批量柔性和品种多样性也是企业考虑的因素之一。我国企业选择供应商标准：质量、价格、交货提前期、批量柔性主要统计数据如图 5-5 所示。

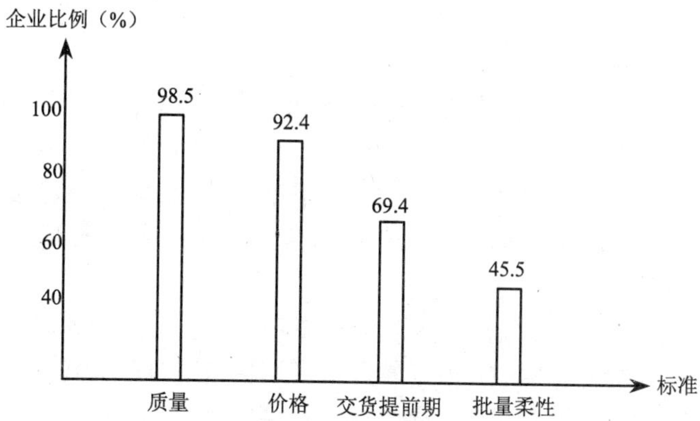

图 5-5　企业选择供应商的标准

从调查数据以及通过与一些企业管理人员的交谈中发现，我国企业评价选择供应商时存在较多问题：企业在选择供应商时，主观的成分过多，有时往往根据采购人员对供应商的印象，尤其供应商选择中还存在一些个人利益成分。但最大的问题是供应商选择的标准不全面，目前企业的选择标准多偏重在供应商的产品质量、价格、柔性、交货准时性、提前期和批量等因素的某些方面，没有形成一个全面的供应商综合评价指标体系，不能对供应商作出全面、具体、客观评价。

（二）选择供应商的标准

采购企业选择供应商建立战略伙伴关系、控制双方关系风险和制定动态的供应商评价体系，是我国采购企业普遍关心的几个问题。随着采购额占销售收入比例的不断增长，采购逐渐成为决定企业成败的关键因素。供应商的评估与选择作为供应链正常运行的基础和前提条件，正成为企业最热门的话题。不同企业的不同发展阶段，对供应商的选择和评价指标也不尽相同。那么怎样才能通过量化指标来客观地评价和选择供应商呢？其基本思路是：阶段性连续评价、网络化管理、关键点控制和动态学习过程。这些思路体现在供应商评价体系的建立、运行和维护上。

1. 建立供应商阶段性评价体系

采取阶段连续性评价的方式，将供应商评价体系分为供应商进入评价、运行评价、供应商问题辅导、改进评价及供应商战略伙伴关系评价几个方面。供应商的选择不仅仅是入围资格的选择，而且是一个连续的、可累计的选择过程。建立供应商进入评价体系，首先需要对供应商管理体系、资源管理与采购、产品实现、设计开发、生产运作、测量控制和分析改进等七个方面进行现场评审和综合分析评分。对以上各项的满意程度，按照从不具备要求到完全符合要求，且结果令人满意，分为 5 个分数段（0～100 分区间），根据各分项要素计算平均得分，如 80 分以上为体系合格供应商，50 分以下为体系不合格供应商，50～80 分之间的为需讨论视具体情况再定的持续考核供应商。合格的供应商进入公司级的 AVL（认定供应商的流程及标准）维护体系。建立供应商运行评价体系，一般采取日常业绩跟踪和阶段性评比的方法。采取 QSTP 加权标准，即供货质量（Quality、35%评分比重）、供货服务（Service、25%评分比重）、技术考核（Technology、10%评分比重）、价格（Price、30%评分比重）。根据有关业绩的跟踪记录，按照季度对供应商的业绩表现进行综合考核。年度考核则按照供应商进入 AVL 体系的时间进行全面的评价。

供应商问题的辅导和改进工作，是通过专项专组辅导和结果跟踪的方法实现的。采购中心设有货源开发组，根据所负责采购物料特性把货源开发组员分为几个小组，如板卡组、机械外设组、器件组、包装组等，该小组的工作职责之一就是对供应商进行辅导和跟进。供应商战略伙伴关系评价是通过供应商的进入和过程管理，对供应商的合作战略采取分类管理的办法。采购中心根据收集到的信息，由专门的商务组分析讨论，确定有关建立长期合作伙伴的关系评估，提交专门的战略小组进行分析。伙伴关系不是一个全方位、全功能的通用策略，而是一个选择性战略。是否实施伙伴关系和什么时间实施，应进行全面的风险分析和成本分析。阶段性评价体系的特点是流程透明化和操作公开化，所有流程的建立、修订和发布都通过一定的控制程序进行，保证相对的稳定性。评价指标尽可能量化，以减少主观因素的干扰。

2. *体现网络化管理*

网络化管理主要是指在管理组织架构配合方面，将不同的信息点连接成网的管理方法。多事业部环境下的采购平台，需要满足不同事业部的采购需求，需求的差异性必须统一在一个更高适应性的统一体系内。对新供应商的认证，应由公司级的质量部门和采购中心负责供应商体系的审核；而对于相关产品的差异性需求则应由各事业部的质量处和研发处提出明确的要求。建立一个评估小组来控制和实施供应商评价。评估小组从公司整体利益出发，独立于单个事业部，组员必须有团队精神，具有一定的专业技能。网络化的管理也体现在业务的客观性和流程的执行监督方面。监督机制体现在工作的各个环节，应尽量减少人为因素，加强操作和决策过程的透明化和制度化。可以通过成立业务管理委员会，采用ISO9000的审核办法，检查采购中心内部各项业务的流程遵守情况。

3. *关键点控制的四项原则*

关键点控制包括门当户对原则、半数比例原则、供应源数量控制原则和供应链战略原则。

（1）门当户对原则体现的是一种对等管理思想，它和合作理论并不矛盾。在非垄断性货源的供应市场上，由于供应商的管理水平和供应链管理实施的深入程度不同，应该优先考虑规模、层次相当的供应商。行业老大不一定就是首选的供应商，如果双方规模差异过大，采购比例在供应商总产值中比例过小，则采购方往往在生产排期、售后服务、弹性和谈判力量对比等方面不能尽如人意。

（2）从供应商风险评估的角度，半数原则要求采购方购买数量不能超过供应商产能的50%。如果仅由一家供应商负责100%的供货和100%成本分摊，则采购方风险较大，因为一旦该供应商出现问题，按照“蝴蝶效应”的发展，势必影响整个供应链的正常运行。不仅如此，采购方在对某些供应材料或产品有依赖性时，还要考虑地域风险。

（3）供应源数量控制原则指实际供货的供应商数量不应该太多，同类物料的供应商数量最好保持在2～3家，有主、次供应商之分。这样可以降低管理成本和提高管理效果，保证供应的稳定性。

（4）采购方与供应商建立信任、合作、开放性交流的供应链长期合作关系，必须首先分析市场竞争环境，通过分析现在的产品需求、产品的类型和特征，确认是否有建立供应链合作关系的必要。对于公开和充分竞争的供应商市场，可以采取多家比价，控制数量和择优入围的原则。而在只有几家供应商可供选择的有限竞争的市场和垄断货源的独家供应市场，采购方则需要采取战略合作的原则，以获得更好的品质、更紧密的伙伴关系、更低的成本和更多的支持。对于实施战略性长期伙伴关系的供应商，可以签订“一揽子协议/合同”。在建立供应链合作关系之后，还要根据需求的变化确认供应链合作关系是否也要相应地变化，一旦发现某个供应商出现问题，应及时调整供应链战略。供应链战略管理还体现在另一个方面：仔细分析和处理近期和长期目标、短期和长远利益的关系。采购方如果考虑长远目标和长远利益，可能要选择某些表面上看似条件苛刻、代价昂贵的供应商，不得不放弃短期利益，主动选择由优秀元素组成的供应链。

4. 体系的维护

供应商管理体系的运行，需要根据行业、企业、产品需求和竞争环境的不同而采取不同的细化评价。细化的标准本身就是一种灵活性的体现，短期的竞争招标和长期的合同与战略供应商关系也可以并存。采购方通过不断地学习和改进，对于供应商的选择评价、评估的指标、标杆对比的对象以及评估的工具与技术都需要不断地更新。采购作为一种功能，它的发展与企业的整体管理架构、管理阶段有关系，需要根据公司的整体战略的调整而不断地调整有关采购方面的要求和策略，对于供应商选择的原则和方法亦然。

四、供应商选择的步骤

企业必须建立一个小组以控制和实施供应商选择，组员以来自采购、质量、生产、工程等与供应链合作关系密切的部门的成员为主，组员必须有团队合作精神，具有一定的专业技能。选择小组必须同时得到采购方企业和供应商企业最高领导层的支持。选择供应商的一个主要工作是调查、收集有关供应商的生产运作等全方位信息。在收集供应商信息的基础上，就可以利用一定的工具和技术方法进行供应商选择。选择一个供应商，基本上要完成前述供应商管理七个环节的全部工作。具体来讲大体上要经过以下几个步骤：

1. 产品分类

首先将采购物料进行 ABC 分类，确定关键的、重要的零部件、原材料及其资源市场。

（1）将主生产物料和辅助生产物料等按采购金额比重分成 A、B、C 三类，求出关键物资、重点物资，进行重点管理。根据物资重要程度决定供应商关系的紧密程度：对于关键物资、重点物资，采购方要建立起比较紧密的供应商关系；对于非重点物资，采购方可以建立起一般供应商关系，甚至不必建立起固定的供应商关系。

（2）按材料成分或性能分类，如塑胶类、五金类、电子类、化工类、包装类，等等，确定资源市场的类型、性质。

2. 供应商调查

根据材料的分类，收集生产各类物料的厂商资料，每类产品选 5～10 家，填写在供应商调查表上；也可以编制供应商调查表，用传真或其他方式交供应商企业自己填写并反馈回来。

3. 资源市场调查

走访供应商、客户、政府主管部门或经济统计部门，了解资源市场的基本情况，包括供应量、需求量、可供能力、政策、管理规章制度、发展趋势等。

4. 分析评估

（1）成立供应商评估小组。由副总经理任组长，采购、品质管理、技术部门经理、主管、工程师组成评估小组。

（2）供应商分析。把反馈回来的供应商调查表进行整理核实，如实填写供应商资料卡。将合格厂商分类按顺序统计记录。然后由评估小组进行资料分析比较和综合评估，按 ABC 物料采购金额的大小以及供应商规模、生产能力等基本指标进行分类，对每个关键物资、重点物资初步确定 1～3 家供应商，准备进行深入调查。

（3）资源市场分析。在供应商分析的基础上，结合资源市场调查的有关资料分析资源市场的基本情况，包括资源能力情况、供需平衡情况、竞争情况、管理水平、规范化程度、发展趋势等，并根据资源市场的性质，确定相应的采购策略、产品策略和供应商关系策略。例如，对于垄断性市场，采用合作和据理谈判策略；对于竞争性市场，采用招标竞争策略等。

5. 深入调查供应商

对初步调查分析合格、被选定为备选供应商的 1～3 家供应商，要进行深入调查。深入调查又分成三个阶段：

第一阶段，送样检查。通知供应商生产一批样品，随机抽样检查。检查合格进入第二阶段；检查不合格，允许再改进生产一批送检，抽检合格也可以进入第二阶段；第二次抽检不合格，供应商落选，到此结束。

第二阶段，考察生产工艺、质量保障体系和管理体系等生产条件是否合格。合格者中选供应商，到此结束。不合格者进入第三阶段。

第三阶段，生产条件改进考察。愿意改进并限期达到了改进效果者中选；不愿意改进或愿意改进但在限期内没有达到改进效果者落选。深入调查阶段结束。

6. 价格谈判

对送样或小批量合格的产品、材料，要评定品质等级，并进行比价和议价，确定一个最优的价格性能比。

采购方进行价格谈判的指导思想是合理、“双赢”，不要自己吃亏，也不要让供应商很吃亏，要考虑长远合作。双方都不吃亏，才能得到共同发展，才会有共同的长远合作和长远利益。要实事求是地进行计算，求出一个合理的价格。

价格谈判成功以后，双方签订试运作协议，进入物资采购供应试运作阶段，以一种供需合作的关系运行起来。试运行阶段根据情况可以是三个月至一年。

7. 供应商辅导

价格谈好以后的试运行供应商，将与采购方企业建立起一种紧密关系，参与试运作。这时企业要积极参与辅导、合作。企业应当根据企业生产的需要，也要根据供应商的可能，来共同设计规范相互之间的作业协调关系，制定一定的作业手册和规章制度。并且为使供应商适应企业的需要，要在管理、技术、质量保障等方面对供应商进行辅导和协助。

8. 追踪考核

在试运作阶段，采购方要对供应商的物资供应业务进行追踪考核。这种考核主要从以下几个方面进行：

（1）检查产品质量是否合格。可以采用全检或抽检的方式，求出质量合格率。质量合格率用质量合格的次数占总检查次数的比率描述。

（2）交货是否准时。检查供应商交货是否准时，用误时的交货次数占总交货次数的比率来描述。

（3）交货数量是否满足。用物资供应满足程度或缺货程度来描述。

（4）信用度的考核。主要考察在试运作期间，供应商是否认真履行自己承诺的义务，是否对合作事业高度认真负责，在往来账目中，是否欠账、拖账。

信用度一般可以用失信次数与总次数的比率来描述。这时失信可以包含多种含义，如没有履行事先的承诺，没有按约定按时交款或还款等，都是失信。

9. 供应商选择

以上各个指标每个月考核一次，一个季度或半年综合考核评分一次，各个指标加权评分综合，按评分等级分成优秀、良好、一般、较差几个等级，优秀者可以通过试运作，结束考核期，签订正式供需关系合同，成为采购方企业正式的供应商，建立一种比较稳定的供需关系。其他的则不能通过试运作，应当结束考核，终止供需关系。

10. 供应商合作

当供应商选定之后，采购方应当终止试运作期，双方签订正式的供应商关系合同，开始正常的物资供应业务运作，建立起比较稳定的物资供需关系。在业务运作的开始阶段，采购方要加强指导与配合，要对供应商的操作提出明确的要求，有些重要的工作原则、守则、规章制度、作业要求等应当以书面条文的形式规定下来，有些甚至可以写到合作协议中去。起初，采购方还要加强对供应商的评估与考核，不断改进工作和配合关系，直到合作关系比较成熟为止。在合作关系比较成熟以后，双方还要不定期地检查、合作和协商，保持业务运行的健康、有序。

11. **供应商评估**

在供应商的整个使用过程中，采购方要加强激励和控制，既要充分鼓励供应商主动、积极地搞好物资供应业务工作，又要采用各种措施，约束防范供应商的不当行为给企业造成损失，保证与供应商的合作关系和物资供应业务健康正常进行，保证企业利益不受影响。

在实施供应链合作关系的过程中，市场需求将不断变化，采购方可以根据实际情况的需要及时修改供应商评价标准，或重新开始供应商评价选择。采购方在重新选择供应商的时候，应给予旧供应商以足够的时间适应变化。

五、供应商选择方法

（一）考核选择

考核选择，是在对供应商充分调查了解的基础上，再进行认真考核、分析比较而选择供应商的方法。

首先，是调查了解供应商。供应商调查可以分为初步供应商调查和深入供应商调查。每个阶段的调查对象都有一个供应商选择的问题，而且选择的目的和依据是不同的。

初步供应商调查对象的选择非常简单，选择的基本依据就是其产品的品种规格、质量价格水平、生产能力、地理位置、运输条件等。从这些条件合适的供应商当中选择出的几个供应商，就是采购方初步供应商调查的对象。

深入供应商调查对象的选择：①根据采购方企业产品的 ABC 分类确定的产品重要程度；②根据供应商企业生产能力水平的实际情况。对于采购方企业的关键产品、重要产品，企业要认真地选择供应商。这些产品，或者是价值高，或者是精度高，或者是性能优越，或者是技术先进，或者是稀缺品，或者是采购方企业产品关键的、核心的零部件，等等。企业要对这些产品的供应商进行深入研究考察考核，选择真正能够满足企业要求的供应商。对于那些不太重要的产品，如普通的、供大于求的原材料，通用件，标准件，零件部件等，可以不需要进行深入供应商调查。深入供应商调查对象的选择标准主要是供应商企业的实力、产品的生产能力、技术水平、质量保障体系和管理水平等。深入供应商调查又分成三个阶段。

初步确定的供应商还要进入试运行阶段进行考察考核。试运行阶段的考察考核更实际、更全面、更严格，因为这是直接面对实际的生产运作。在运作过程中，就要进行各个评价指标的考核评估，包括产品质量合格率、按时交货率、按时交货量率，交货差错率、交货破损率、价格水平、进货费用水平、信用度、配合度等的考核和评估。在单项考核评估的基础上，还要进行综合评估。综合评估就是把以上各个指标进行加权平均计算而得的一个综合成绩。可以用公式 5-1 计算

$$S=\frac{\sum W_iP_i}{\sum W_i}\times 100\% \quad (5\text{-}1)$$

式中 S——综合指标；

P_i——第 i 个指标；

W_i——第 i 个指标的权数，由人们根据各个指标的相对重要性而主观设定。

将各个选定了的单项考核指标值与相应的权数值相乘再相加，就可以算出综合成绩 S。用公式 5-1 算出的 S 可以作为供应商表现的综合描述。这个值越高说明供应商表现越好。

通过试运作阶段，得出各个供应商的综合评估成绩，基本上就可以最后确定哪些供应商可以入选，哪些供应商被淘汰了。一般试运作阶段达到优秀级的应该入选，达到一般或较差级的供应商，应予以淘汰。对于良好级的供应商，可以根据情况，将其列入候补名单，候补名单中的供应商可以根据情况处理，可以入选，也可以落选。

从上述可以看出，考核选择供应商是一个较长时间的深入细致的工作。这个工作需要采购管理部门牵头负责、全厂各个部门的人共同协调才能完成。当供应商选定之后，应当终止试运作期，签订正式的供应商关系合同，进入正式运作期，开始比较稳定正常的物资供需关系运作。

（二）招标选择

选择供应商也可以通过招标的方式选择。招标选择是采购企业采用招标的方式，吸引多个有实力的供应商来投标竞争，然后经过评标小组分析评比而选择最优供应商的方法。

招标选择的主要工作：①准备一份合适的招标书；②建立一个合适的评标小组和评标规则；③组织好整个招标投标活动。

招标书是采购企业的一份目标任务书，也是一份招标操作说明书，作为目标任务书，其中有目标任务，也有对完成标的任务的一些要求。这些都是对供应商提出的要求，也就是企业选择目标供应商的一些标准。作为招标操作书，其中有

关于本次招标操作的具体、详细的操作方法、步骤和规则，告诉供应商如何一步步地参加投标活动。招标书是整个招标投标活动中由采购企业提供的最主要的文件，也是整个招标投标活动的核心和依据。因此，起草好一份合适的招标书，是搞好招标活动的一个关键环节。

招标活动的另一个关键环节就是要组织好评标。评标就意味着具体选择供应商。能不能选择一个好的供应商，关键就看评标活动的具体操作。要搞好评标活动，首先要组织一个好的评标小组，其次要拟定一个好的评标规则，最后要组织好评标活动。

在招标活动中，广大供应商的主要工作：①起草投标书参与投标竞争；②参加招标会，进行投标说明和辩论。评标小组根据各个供应商的标书以及投标陈述，进行质询、分析和评比，最后得出中标的供应商。

第四节　供应商的评估与控制

为了保证供应商使用期间日常物资供应工作的正常进行，企业要采取一系列的措施对供应商进行评估，评估的目的：①要充分发挥供应商的积极性和主动性，努力搞好自己所承担的物资供应工作，保证企业的生产生活正常进行；②要防止供应商企业的不轨行为，预防一切对企业、对社会的不确定性损失。

一、供应商评估概述

企业因为采购业务的需要，而对供应商进行的管理有着不同的挑战和要求。产品的质量、价格、交货、运输、包装、服务以及一些特殊的要求不同，决定了企业对供应商的要求也会不一样。企业要选择合适的供应商，就要对供应商作出系统、全面的评价，也就必须有一套完整、科学、全面的综合评价指标体系。只有客观、科学地评估供应商和进行供应链采购管理，才能选择到合适的供应商，才能为企业提供最大价值的产品和服务。

供应商管理成为关系企业物流采购质量的关键，而供应商评估则是做好供应商管理、使供应链合作关系正常运行的基础和前提条件。

在国外，物流供应链管理是企业的第三利润来源。但在中国，物流供应链管理才刚刚开始。很多企业，特别是中小企业在采购管理中选择供应商时存在较多问题，主要体现在：

（1）有时企业采购人员往往根据对供应商的印象而选择供应商，存在一些个人的成分。

（2）企业对供应商选择的标准不全面，大多只集中在评估要素的某一方面，如产品质量、价格、交货准时性和批量等，没有形成一个全面的供应商评估指标体系，不能对供应商作出全面、具体、客观地评价。

如何进行供应商评估，建立起一整套供应商评估体系，是企业在采购过程需要解决的一个关键问题。其评估原则也已经逐渐成为企业文化的一部分。供应商评估工作在企业实施稳定的供应链采购合作关系，保证产品质量，降低生产成本，提高经济效益等方面发挥着巨大的作用。

二、供应商评估标准

（一）建立有效的评估指标体系

供应商评估指标体系是企业对供应商进行综合评价的依据和标准。不同行业、企业，不同环境下的供应商评价应是不一样的，但基本都涉及供应商的业绩、设备管理、人力资源开发、质量控制、价格、成本控制、技术开发、用户满意度、交货协议等可能影响供应链合作关系的方面。

企业建立供应商评估体系，通常要确定评估的项目、评估的标准、要达到的目标。这些问题明确以后，要有一个评估小组负责某些项目的评估工作，并能针对每一类评估项目制定合适的管理方法，才能依次建立评估体系。企业进行供应商评估的一个重要原则，就是要求公开、公平、公正和科学。目前，很多企业在供应商评估工作中存在个人权利太大，主观成分过多，容易产生消极的后果，而建立规范的供应商评估体系则可以有效解决这些问题。

供应商评估主要有两类：①现有的供应商；②新的潜在供应商。企业对于现有合格的供应商，每个月做调查，着重就质量、价格、交货期、进货合格率、事故率、配合度、信用度等进行正常评估，一至两年做一次现场评估。企业要接纳新的供应商，其评估过程要复杂一些。通常是，首先产品设计提出了新材料的需求，要求潜在的目标供应商提供基本情况，内容包括公司概况、生产规模、生产能力、给哪些企业供货、国际质量体系认证、安全认证、相关记录、样品分析等；其次就是报价，随后企业对该供应商做初步的现场考察，看看所提供的情况和实际情况是否一致，现场考察基本上按新材料采购质量认证的要求进行；最后汇总这些材料，交由采购评估小组讨论。在供应商资格认定以后，企业品质部、采购部等其他相关部门再进行正式考察，如果正式考察认为没有问题，就可以进行供货期考察，即可以开始小批量供货。

（二）保持动态平衡

在实施供应链合作关系的过程中，市场需求和供应都在不断变化，企业必须在保持供应商相对稳定的条件下，根据实际情况及时修改供应商评价标准，或重新开始供应商评估。合格的供应商队伍不应该是静态的，而是动态的。这样才能引入竞争机制，即要淘汰差的，引入好的。按动态方法选择的供应商基本上是行业内出类拔萃的，也几乎都是主动找上门来。这也体现了市场经济的特点。

（三）确定关键的评估因素

在所有的评估要素中，毫无疑问，质量是基本前提。如果产品质量过不了关，其余一切免谈，就没有再评估的必要了。企业要求自己的产品质量要满足客户的要求，所以就要保证企业上游供应商提供的元器件能满足企业的品质要求。虽然价格因素相当重要，但只有在质量得到保证的前提下，谈价格才有意义。

当供应商对产品的质量有了保证，价格就成了评估的主要因素。这时企业要求新的供应商提供一个分析表，内容包括生产的某一元件由哪些原材料组成，费用是如何构成的，考虑里面的价格空间还有多少，如果认为有不合理的因素在里面，就应要求供应商进行调整。

在我国，供应商的个人情况也被列为要素之一。我国企业的经营者素质参差不齐，所以对经营者个人进行评估在实际操作中确有一定难度，只能从与经营者接触的过程中去考察。另外，供应商在行业中的口碑也有一定的参考价值，但很难有一个统一的标准。

三、供应商评估的指标体系

供应商考核，主要是指供应商签订正式合同以后，对供应商整个运作活动的全面考核。这种考核应当比试运作期间更全面。运作期间应该对供应商进行以下几个方面的考核。

（一）产品质量

产品质量是最重要的因素，在开始运作的一段时间内，主要加强对产品质量的检查。检查可分为两种：①全检；②抽样检验。全检工作量太大，一般采用抽样检验的方法。产品质量的好坏直接可以用质量合格率来描述：如果在一次交货中共抽样了 n 件，其中有 m 件是合格的，则质量合格率为 $P=m/n$，显然质量合格率越高越好。

如果在 n 次的交货中，每次的产品合格率 P 都不一样，则可以用平均合格率来描述。有些情况下，企业采取对不合格产品退货的措施，这时质量合格率也可以用退货率来描述。退货率是指退货量占采购进货量的比率。如果采购进货 n 次，其中退货 r 次，则退货率为 r/n。显然，退货率越高，表明其产品质量越差。

（二）交货期

交货期也是一个很重要的考核指标。考察交货期主要是考察供应商的准时交货率。准时交货率可以用准时交货的次数与总次数之比来衡量：

交货准时率=准时的次数/总交货次数

（三）交货量

考察交货量主要是考核按时交货量。按时交货情况，可以用按时交货量率来评价。按时交货量率指给定交货期内的实际交货量与期内应当完成交货量的比率：

按时交货量率=期内实际交货量/期内应当完成交货量

也可以用未按时交货率来描述：

未按时交货量率=期内实际未完成交货量/期内应当完成交货量

如果每期的交货量率不同，则可以求出各个交货期的平均按时交货量率：

平均按时交货量率=各期按时交货量率/n

考核总的供货满足率或总缺货率，用下式描述：

总的供货满足率=期内实际完成供货量/期内应当完成供货量

总缺货率=期内实际未完成供货量/期内应当完成供货量=1–总的供货满足率

（四）工作质量

考核工作质量，可以用交货差错率和交货破损率来描述：

交货差错率=期内交货差错量/期内交货总量

交货破损率=期内交货破损量/期内交货总量

（五）价格

价格是指供货的价格水平。考核供应商的价格水平，可以和市场同档次产品的平均价和最低价进行比较，分别用市场平均价格比率和市场最低价格比率来表示：

平均价格比率=（供应商的供货价格–市场平均价）/市场平均价

最低价格比率=（供应商的供货价格–市场最低价）/市场最低价

（六）进货费用水平

考核供应商的进货费用水平，可以用进货费用节约率来考核：

进货费用节约率=（本期进货费用–上期进货费用）/上期进货费用

（七）信用度

信用度主要考核供应商履行自己的承诺，不故意拖账、欠账的程度。信用度可以用公式来描述：

信用度=期内失信的次数/期内交往总次数

（八）配合度

配合度主要考核供应商的协调精神。在和供应商相处过程中，常常因为环境的变化或企业内部预料不到的情况的发生，需要工作任务进行调整变更。这种变更可能导致供应商工作计划的调整，甚至迫使供应商做出一些牺牲。根据此时供应商的表现，企业可以有效考察供应商积极配合的程度。另外，如果企业工作出现了困难或者发生了问题，有时也需要供应商配合才能解决，这时都可以看出供应商的配合程度。

考核供应商的配合度，主要靠人们的主观评分来考核。可找与供应商相处的有关人员，让他们根据自己的体验为供应商评分。特别典型的，可能会有上报或投诉的情况。这时可以把上报或投诉的情况也作为评分依据之一。

第五节　供应商关系管理

企业在供应链管理环境下与供应商的关系是一种战略性合作关系，提倡一种双赢机制。企业在采购过程中要想有效地实施采购策略，充分发挥供应商的作用就显得非常重要。采购策略的一个重要方面就是要搞好供应商的管理，逐渐建立起与供应商的合作伙伴关系。要搞好供应商的管理，应注意以下几个方面的问题：

一、建立供应商准入制度

供应商准入制度实质上是加强对供应商的资格管理。这种资格范围很广，具体包括法人资格、注册资金大小、生产产品的能力、社会信誉、售后服务体系等。涉及资质要求的供应商应当提供由有关行政主管部门颁发的资质证书；涉及业绩情况的供应商应当提供以前在相关领域的业绩，包括项目名称、效果及用户意见等。可以认为，建立供应商准入制度是与国际规则接轨、提高国内企业采购效率的必然趋势。

对企业的正式供应商要建立档案，供应商档案除有编号、详细联系方式和地址外，还应有付款条款、交货条款、交货期限、品质评级、银行账号等，每一个供应商档案应经严格的审核才能归档。企业的采购必须在已归档的供应商中进行，供应商档案应定期或不定期地更新，并由专人管理，同时要建立供应商准入制度。重点材料的供应商必须经质检、物流、财务等部门联合考核后才能进入，如有可能要实地到供应商生产地考核。企业要制定严格的考核程序和指标，达到标准者才能成为归档供应商。

二、合理使用供应商

供应商经过考核成为企业的正式供应商之后，就要开始进入日常的物资供应阶段。进入供应商使用的第一个工作，就是要签订一份合同。这份合同既是宣告双方合作关系的开始，又是一份双方承担责任与义务的责任状，更是将来双方合作关系的规范书。所以双方应该认真把这份合同书的合同条款协商好，然后双方签字盖章。协议生效后，它就成为直接约束双方的法律性文件，双方都必须遵守。

在供应商使用的初期，企业的采购部门应当和供应商协商，建立起供应运作机制，相互在业务衔接，作业规范等方面建立起一个合作框架。在这个框架的基础上，各自按时、按质、按量完成自己应当承担的工作。在日后供应商使用的整个期间，供应商应当尽职尽责，完成企业规定的物资供应工作。采购企业的采购管理部门应当按合同的规定，严格考核检验供应商执行合同，完成物资供应任务的情况，既充分使用、发挥供应商的积极性，又要进行科学的激励和控制，保证供应商的物资供应工作顺利健康地进行。

采购企业在供应商使用管理上，应当摒弃唯我主义，建立共赢思想，不能只顾自己降低成本，获取利润。供应商也是一个企业，也要生存与发展，也要适当盈利。因此合作宗旨应当尽量使双方能获得好处，共存共荣。从这个宗旨出发，妥善处理合作期间的各种事务，建立起一种相互信任、相互支持的友好合作关系，并把这一宗旨、这种思想落实到供应商使用的激励和控制各个环节中去。

三、建立战略性的双赢供应合作关系

双赢关系已经成为供应链企业之间合作的基础，因此要在采购管理中体现供应链的思想，对供应商的管理集中在如何与供应商建立双赢关系以及维护和保持双赢关系上。

（一）逐渐建立起一种稳定可靠的关系

企业应当和供应商签订一种较长时间的业务合同关系，如一年至三年。时间不宜太短，太短了让供应商不太完全放心，从而不可能全心全意为搞好企业的物资供应工作而倾注全力。只有合同时间长，供应商才会感到放心、才会倾注全力与企业合作，搞好物资供应工作。特别是当业务量大时，供应商会把采购企业看做是他自己生存和发展的依靠和希望，这就会更加激励他努力与企业合作，企业发展供应商自己也得到发展，企业垮台他自己也跟着垮台，形成一种休戚与共的关系。但是合同时间也不能太长，这一方面是因为将来可能会发生变化，如市场变化导致产量变化，甚至产品变化、组织机构变化等；另一方面也是为了防止供应商产生一劳永逸和“铁饭碗”的思想而放松对业务的竞争进取精神。为了促使供应商加强竞争进取，就要使供应商有危机感。所以合同时间一般以一年比较合适，说明如果第二年合适，可以再续签；第二年不合适，则终止合同。这样签合同，就是既要让供应商感到放心，可以有一段较长时间的稳定工作，又要让供应商感到有危机感，不要放松竞争进取精神，才能保住明年的订单量。

（二）与供应商建立相互信任的关系

当供应商经考核转为正式供应商之后，一个重要的措施，就是应当将验货、收货逐渐转为免检收货。免检，这是对供应商的最高荣誉，也可以显示出企业对供应商的高度信任。免检，当然不是不负责任地随意给出，而应当稳妥地进行，既要积极地推进免检考核的进程，又要确保产品质量。一般免检考核时间要经历三个月左右，在免检考核期间，起初总要进行严格的全检或抽检。如果全检或抽检的结果，不合格品率很小，则可以降低抽检的频次，直到不合格率几乎降到零。这个时候，要组织供应商有关方面的人，稳定生产工艺和管理条件，保持零不合格率。如果真能保持零不合格率一段时间，这时就可以实行免检了。当然，免检期间，也不是绝对地免检，还要不时地随机抽检一下，以防供应商的质量滑坡，影响本企业的产品质量。抽检的结果如果满意，则就继续免检。一旦发现了问题，就要增大抽检频次，进一步加大抽检的强度，甚至取消免检。通过这种方式，也可以激励和控制供应商。

此外，建立信任关系，还可以通过很多方法。例如，不定期地开一些企业领导的碰头会，交换意见，研究问题，协调工作，甚至开展一些互助合作。特别对涉及企业之间的一些共同的业务、利益等有关问题，一定要开诚布公，把问题谈透、谈清楚。企业要搞好这些方面的工作，需要树立起一个指导思想，就是“双赢”，一定要尽可能让供应商有利可图，不要只顾自己，不顾供应商的利益。只有这样，双方才能真正建立起比较协调可靠的信任关系，这种关系实质上就是一种供应链关系。企业的工作，实际上就是一种供应链管理的工作。

（三）信息交流与共享机制

信息交流有利于减少投机行为，有助于促进重要生产信息的自由流动。为加强供应商与采购企业的信息交流，可从以下几个方面着手：

（1）在供应商与采购企业之间经常进行有关成本、作业计划、质量控制信息的交流与沟通，保持信息的一致性和准确性。

（2）实施并行工程。并行工程是指在开发设计产品的同时，同步地设计产品生命周期的有关过程，力求使产品开发人员在设计阶段就考虑到整个生命周期的所有因素，包括设计、分析、制造、装配、检验、维护、可靠性和成本等。

并行工程的具体做法是：在产品开发初期，组织多种职能协同工作的专案组，使有关人员从一开始就获得对新产品需求的要求和资讯，积极研究涉及本部门的工作业务，并将所需要求提供给设计人员，使许多问题在开发早期就得到解决，从而保证了设计的质量，避免了大量的返工和浪费。实现并行工程的技术手段是利用产品模型，在电脑上进行仿真，产生软样品。通过各种职能人员对软样品的分析、评估，来改进设计。并行工程另一个对传统设计方法的改革是“逆向工程”。它从市场调研开始，充分了解顾客的要求和爱好，并分析解剖其他工厂产品的结构性能，找出设计开发的突破点。它还要求从生产线上的工人那里征求意见，了解问题，然后才开始设计。并行工程克服了原来的部门分割，流程中断，部门之间互不通气，消极等待的状况，把分阶段进行的过程转变为并行的过程，使产品开发不再是产品设计一个部门的工作，而是所有对产品开发具有重要影响的部门都参与的集体工作。

（3）建立联合任务小组，解决共同关心的问题。在供应商与采购企业之间应建立一种基于团队的工作小组，双方的有关人员共同解决供应过程以及制造过程中遇到的各种问题。

（4）供应商与采购企业经常互访。供应商与企业采购部门经常性地互访，及时发现和解决各自在合作过程中出现的问题和困难，建立良好的合作氛围。

（5）使用电子数据交换（EDI）和互联网技术进行快速的数据传输。

（四）对供应商的激励机制

要保持长期的双赢关系，采购企业对供应商的激励是非常重要的。没有有效的激励机制，就不可能维持良好的供应关系。在激励机制的设计上，要体现公平、一致的原则。给予供应商价格折扣和柔性合同以及采用赠送股权等，使供应商和采购企业分享成功，同时也使供应商从合同中体会到双赢的好处。

采购企业应有意识地在供应商之间引入竞争机制，促使供应商之间在产品质量、服务质量和价格水平方面不断优化的努力。例如，现在一些企业为了制造供应商之间的竞争机制，创造了一些做法，就是故意选两个或三个供应商，称作 A、B 角或 A、B、C 角。这也是一种激励和控制的方式。A 角作为主供应商，分配较大的供应量；B 角或再加上 C 角作为副供应商，分配较小的供应量。综合成绩为优的中选供应商担任 A 角，候补供应商担任 B 角或 C 角。在运行一段时间以后，如果 A 角的表现有所退步而 B 角的表现有所进步的话，则可以把 B 角提升为 A 角，而把原来的 A 角降为 B 角。这样无形中就造成了 A 角和 B 角之间的竞争，促使他们竞相改进产品和服务，使得采购企业获得更大的好处。我们主张变换的时间间隔不要太短，最少一个季度以上。太短了不利于稳定，也不利于一旦偶然失错的供应商纠正错误。

（五）合理的供应商评价方法和手段

没有合理的评价方法，就不可能对供应商的合作效果进行评价，将大大挫伤供应商的合作积极性和稳定性。对供应商的评价要抓住主要指标或问题，比如交货质量是否改善了，提前期是否缩短了，交货的准时率是否提高了等。通过评价，把结果反馈给供应商，和供应商一起探讨问题产生的根源，并采取相应的措施予以改进。

总之，在建立起信任关系的基础上，也要建立起合理的供应商评价方法。特别是一旦供应商出现了一些问题或者一些可能发生问题的苗头之后，一定要建立起相应的监督控制措施。根据情况的不同，可以分别采用以下一些措施：

首先，对一些非常重要的供应商或是当问题比较严重时，采购企业可以向供应商单位派常驻代表。常驻代表的作用，就是沟通信息、技术指导、监督检查等。常驻代表应当深入到生产线各个工序、各个管理环节，帮助发现问题，提出改进措施，确实保证把有关问题彻底解决。对于那些不太重要的供应商或者问题不那么严重的供应商，则视情况分别采用定期或不定期到工厂进行监督检查，或者设监督点对关键工序或特殊工序进行监督检查，或者要求供应商自己报告生产条件情况、提供流程管制上的检验记录，让双方进行分析评议等办法实行监督控制。

其次，采购企业应加强成品检验和进货检验，做好检验记录，退还不合格产品，甚至追究赔款或罚款，督促供应商改进。

最后，组织本企业管理技术人员对供应商进行辅导，提出产品技术规范要求，使其提高产品质量水平或企业服务水平。

学习情境设计：手机供应商的选择

一、实训目标

（1）能熟练运用互联网和所学采购知识进行供应商调查。

（2）会根据采购商品的特点建立供应商选择指标体系。

（3）会应用合适的方法对供应商进行综合评价。

（4）不断培养和增强学生的分析能力、组织能力、沟通能力、团队协作精神等。

二、实训组织

假定你需要换一部新手机，首先在众多手机中初选出三款作为备选对象，这三款手机在价格、功能、外观等方面各有利弊，请建立相应的评价指标体系，并选择一种供应商评价和选择的方法选择出一款综合重要度最大的手机。

（1）知识准备：供应商选择和评估步骤、供应商评价指标体系、供应商综合评价方法。

（2）学生分组：每个小组人数以 3～5 人为宜，小组中要合理分工，每组选出一位小组长。

（3）实训地点：模拟职场（教室、会议室、实训室等）。

三、实训要求

（1）各组同学尽自己的搜索能力在互联网上（百度、雅虎、搜狐、阿里巴巴、易趣淘宝以及其他一些专业性的网站，大家各尽所能）搜索这个产品的供应商，然后按自己的判断进行初选，初选出 5 家供应商（注意不要仅局限于国内品牌），当然也可课外使用其他途径，比如打电话，参加展览会议等，方式不限。收集供应商信息可参考以下供应商卡片，如表 5-2 所示。

表 5-2　供应商卡片

公司基本情况	名　称					
	地　址					
	企业性质					
	联系人			部门职务		
	电　话			传真		
	E-mail			信誉程度		
产品情况	产 品 名	规　　格	质　　量	价　　格	生产规模	可 供 量
运输方式	代办托运	自　提	送货上门	售后服务		
备　　注						

（2）在初选的 5 家供应商中，对其供应价格、商品品质、运输方式、售后服务等项目进行考核，参考表如表 5-3 所示。

表 5-3　供应商评价表

项　　目	评价				
	A	B	C	D	得分/分
商品畅销程度	非常畅销（10）	畅销（8）	普通（6）	滞销（4）	
运输方式	送货上门（15）	代办托运（10）	提供方便（8）	自提（6）	
交货期	准时（15）	偶误（10）	有误（7）	常误（4）	
供应价格	优惠（20）	适中（15）	较高（10）	高（4）	
销售配合	极佳（10）	佳（8）	较差（6）	差（4）	
商品品质	佳（10）	可（8）	较差（6）	差（4）	
售后服务	准时（10）	偶误（8）	常误（6）	极差（4）	
厂商经营潜能	极佳（10）	佳（8）	普通（6）	小（4）	

（3）统计得分情况，按分数段进行供应商评级。根据上表的得分情况，依据学过的采购知识，作出选择供应商的决策。

四、实训报告

（1）各小组派一位代表上台讲解本组实训任务解决的思路、步骤和结果。

（2）报告内容应包括完成任务的步骤、解决方案，并分析所选择供应商的优缺点。

五、实训考核

实训成绩根据个人表现和团队表现进行综合评定，考评内容包含以下几项：

（1）供应商选择和评估流程和步骤是否规范。

（2）评价指标体系是否合理、客观。

（3）评价方法是否合理，逻辑是否清晰。

（4）收集供应商的资料是否真实、充足。

（5）小组内部分工是否明确，组员是否有协作精神，根据个人任务完成情况由组长评分。

（6）小组总结汇报思路是否清晰、内容是否充实、重点是否突出，由教师对小组进行评分。

（7）实训报告是否按要求的规范格式完成，对个人报告或小组报告进行评分。

（8）根据个人得分和小组综合评分最终确定每个学生的实训成绩。

第六章　采购价格与成本控制

工作任务及过程

单位名称	采购部	流程名称	采购价格/成本	工作任务说明
总经理	采购部门	相关部门	供应商	配置学习领域

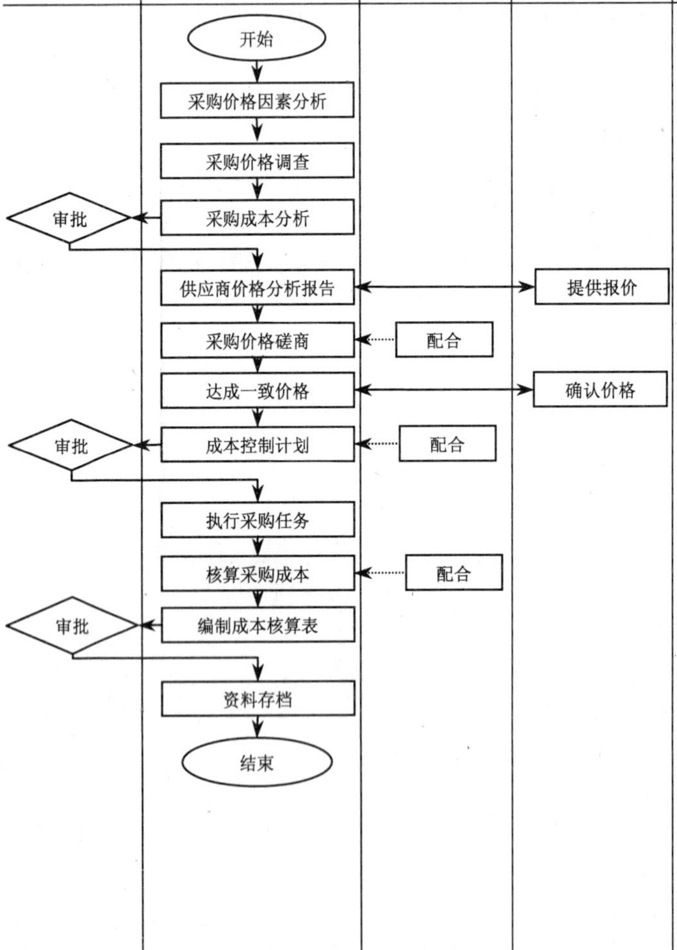

采购部通过对各种价格资料的分析，确定影响价格的因素，包括供应商成本、规格与品质、物料的供求关系、采购数量、交货条件等

采购部还要对市场作进一步的了解，调查具体的供应商价格、档次和变动情况等信息

根据调查信息，采购部对拟采购物品的成本进行分析，包括工程或制造方法、所需的特殊设备、人工成本等，然后分析供应商的报价，并与供应商进行价格磋商，经过充分沟通达成一致价格

采购部根据采购成本管理相关制度，编制采购成本控制计划，并报上级审核，审核通过后执行具体采购活动，同时严格执行成本控制计划

在采购过程中，采购成本专员核算采购订货成本，包括请购手续成本、往来沟通成本等；核算采购维持成本，包括资金成本、搬运成本、仓储成本、折旧等；核算采购缺货成本，包括安全存货成本、延期交货成本、失去顾客成本等；核算采购费用，包括人工费用、保险费用等

采购结束后，将这些成本汇总编制成本核算表，报上级审核。最后存档

职业能力要求

1．岗位：采购成本控制主管

（1）协助采购部经理完成采购管理的各项规章制度的建设工作。

（2）配合相关部门完成采购流程的优化设计，完善采购流程，控制采购成本。

（3）负责制订采购成本控制目标，编制采购成本控制计划，报主管领导审核后执行。

（4）负责采购成本目标达成的规划、实施跟进等工作。

（5）负责采购成本目标达成工作中各相关部门的协调。

（6）负责采购成本控制计划的执行监督。

（7）负责组织采购成本分析专员进行采购成本分析工作。

（8）负责组织采购成本核算工作。

（9）负责公司采购费用的控制，提出降低采购成本的方案。

（10）协助人力资源部做好下属员工的绩效考核工作。

2．岗位：采购成本控制专员

（1）协助采购成本控制主管拟定采购成本控制目标、采购成本控制计划。

（2）协助采购成本控制主管完成采购成本降低方案的编制。

（3）按照主管的要求，实施采购策划工作。

（4）负责定期编制内部采购成本分析报表。

（5）按照领导要求编制采购成本分析报告。

（6）根据实际情况向其他部门提供精准的各类采购成本分析报告。

（7）负责其他与采购成本核算、分析、控制有关事项。

项目任务驱动

伯克莱电脑公司的新设计建立在物流系统上

Acreage Foods是一个美国跨国食品加工企业，这家公司在其产品生产过程中使用各种浓缩果汁，浓汤和调味料。贝蒂是这家公司负责购进生产所需水果产品的老资格采购员，她的职责之一是每年与供应商就这些配料购买合同进行磋商。其中的一种配料——番石榴浓缩汁在世界多个国家季节性生长和收获。

贝蒂现在正在检查一项支出。这笔支出是用于支付给一家菲律宾的番石榴种植及加工商的，Acreage Foods已经和这个高质量的供应商合作多年了。番石榴浓缩汁产于菲律宾一个偏远的地区，要运到加工厂进行浓缩、包装，然后出口海外。口味独特的番石榴系列产品以其美味著称，而其特殊口味的制成来源于供应商所采用的特殊加工过程。

番石榴浓缩汁目前FOB（Free on Board，离岸价）价格为0.29美元，用银箔进行内包装，每包产品重50磅，配以纸箱外包装。这些纸箱堆在托板上，每个托板堆40个纸箱，以便装入集装箱。每个集装箱可装20个托板，通过海运运出。海运费用为每集装箱2 300美元。集装箱到达美国港口后，再以每箱250美元的运费运至本地仓库储存。美国海关收取货物本身价格（不含运费）15%的关税。该公司每个月需要一集装箱番石榴浓缩汁。

集装箱在本地存储到需要提货加工为止，月库存费用为每托板5.5美元。

此外，仓库还收取每托板6美元的进出费作为管理成本。Acreage Foods 公司的资本成本为18%（假设1年中番石榴浓缩汁的需求不变）。

厂家需要番石榴浓缩汁时，集装箱由本地运输公司从仓库运来，每箱运价150美元，每托板质量控制成本约为2美元。公司估计由于产品的特性，购买和储存番石榴浓缩汁会有一定的损失，并入公司产品预算时，番石榴浓缩汁以97%计，另外3%为产品损耗，这些损耗是不可以从生产商处兑换的。

一些事前未发现的腐坏变质的番石榴浓缩汁要从商店的货架上撤掉并回收，每次产品回收发生的现付成本为20 000美元，供应商不承担弥补这些损失的责任。公司记录表明，这种事件平均每8个月发生1次。此外，公司会计政策要求划出全部采购总额的15%作为管理成本。

任务一：分析采购成本结构及其影响因素。

任务二：讨论控制和降低采购总成本的有效途径。

学习领域配置

采购价格管理是采购管理中最核心的部分之一，它与采购活动的其他环节，如采购谈判、供应商选择等是相互关联的。采购活动的最终目标就是通过一系列的业务过程采购到物美价廉的商品。

第一节　采购价格概述

在商品经济条件下，价格是实现再生产过程的重要因素之一。任何商品交易都要有价格，人们到市场上去采购商品，最关心的交易条件就是价格。但是市场环境复杂多变，使得商品价格问题变得复杂微妙。这里介绍有关采购价格的基本知识，以便在采购中把握住合理的价格，为采购决策提供准确而有用的信息，从而使采购者作出科学的决策。

一、采购价格的概念

价格可以定义为以标准货币单位为尺度的商品或服务的价值，即商品的价值与货币价值的对比。在比较两笔报价单时，价格通常被用来评估每个供应商所提供的相对价值。

经济学理论表明，价格可以影响和制衡供需关系；均衡价格即表明在该点的供给和需求正好是一致的。所以也可以认为，价格是供应商和采购方之间相互妥协的结果；供应商如果想卖出更多的物品，必须不能收取太高的价格，否则就卖不出太多的物品；采购方如果想采购足够多的物品，也不能支付太低的价格，否则供货商就不愿意供货。采购价格是指企业进行采购作业时，通过某种方式与供应商之间确定的所需采购的物品和服务的价格。

在特殊的情况下，由于某些不确定因素的影响，市场价格可能暂时与均衡价格分离。当这些因素稳定之后，价格即会回到均衡状态。这表明“弹性”或者说供应或需求对价格变化的反应程度会影响需求曲线的状态。当轻微的价格变化就可以导致需求的幅度变化时，称该商品需求为弹性需求；反之，当价格的巨大变化只引起需求的轻微变化时，该商品需求是缺乏弹性的。研究表明，在弹性需求的条件下，供应商降低较少价格便会吸引更大比例的买者，从而带来销售利润的增加，但价格要在商品本身的成本以上，因为这是其经营的基本保证。如果是缺乏弹性需求，则增加大比例的价格仅仅引起较小比例销售量的减少，这样提高价格会引起利润的增加，供应商一般采取高价措施。

二、采购价格的种类

依据不同的交易条件，采购价格会有不同的种类。采购价格由成本、需求以及交易条件决定，一般有送达价、出厂价、现金价、期票价、净价、毛价、现货价、合约价及实价等。

（一）送达价

送达价指供应商的报价当中包含负责将商品送达采购方的仓库或指定地点时，期间所发生的各项费用。以国际而言，即到岸价加上运费（包括在出口厂商所在地至港口的运费）和货物抵达采购方之前的一切运输保险费，其他还有进口关税、银行费用、利息以及报关费等。这种送达价通常由国内的代理商，以人民币报价方式（形同国内采购）向外国原厂进口货品后，售予采购方，一切进口手续皆由代理商办理。

（二）出厂价

出厂价指供应商的报价不包括运送责任，即由采购方雇用运输工具，前往供应商的仓库提货。这种情形通常出现在采购方拥有运输工具或供应商附加的运费偏高时，或当市场为卖方市场时，供应商不再提供免费的运送服务。

（三）现金价

现金价指以现金或相等的方式支付货款。但是“一手交钱，一手交货”的方式并不多见，按零售行业的习惯，月初送货、月中付款，或月底送货、下月中付款，即视同现金交易，并不加计延迟付款的利息。现金价可使供应商免除交易风险，采购方亦享受现金折扣。

（四）期票价

期票价指采购方以期票或延期付款的方式来采购商品。通常采购方会加计迟延付款期间的利息于售价中。如果供应商希望取得现金周转，会将加计的利息超过银行现行利率，以使采购方舍弃期票价取现金价。另外，从现金价加计利息变成期票价，可以用贴现的方式计算价格。

（五）净价

净价指供应商实际收到的贷款，不再支付任何交易过程中的费用。这点在供应商的报价单条款中通常会写明。

（六）毛价

毛价指供应商的报价，可以因为某些因素加以押让。例如，供应商会因为采购方采购金额较大，而给予其某一百分比的折扣。

（七）现货价

现货价指每次交易时，由供需双方重新议定价格，即使签订买卖合约亦以完成交易后即告终止。现货价可以让买卖双方按交易当时的行情进行，不必承担以后价格可能发生的巨幅波动的风险或困扰。

（八）合约价

合约价指买卖双方按照事先议定的价格进行交易。合约价格涵盖的期间依契约而定，短的几个月，长的一两年。由于价格议定在先，经常造成与时价或现货价的差异，使买卖时发生利害冲突，因此，合约价必须有客观的计价方式或定期修订，才能维持公平、长久的买卖关系。

（九）实价

实价指采购方实际上所支付的价格。特别是供应商为了达到促销的目的，经常提供各种优惠的条件给采购方，这些优待都会使采购方的采购价格降低。

三、影响采购价格的因素

采购价格的高低受各种因素的影响。对于国内采购而言，尽管地区、商业环境、时间与人力关系等方面有所不同，但其价格变动性还是比较易于预测与控制的。而对于涉外采购而言，来自世界各地市场的供应关系以及其他许多因素，包括规格、服务（如机器设备的长期服务）、运输及保险、交货期限等，都对价格有相当大的影响。影响采购价格的因素主要包括：

（一）供应商成本

供应商成本是影响采购价格的最根本、最直接的因素。供应商进行生产，其目的是获得一定利润，否则生产无法继续。因此，采购价格一般在供应商成本之上，两者之差即为供应商的利润，供应商的成本是采购价格的底线。

（二）规格与品质

采购企业对采购品的规格要求越复杂，采购价格就越高。采购价格的高低与采购品的品质也有很大的关系。采购人员应首先确保采购物品能满足本企业的需要，质量能满足产品的设计要求，千万不要只追求价格最低，而忽略了质量。

（三）供求关系

采购价格受到供求关系的影响。当供求平衡时，此时的采购价格基本上等于其价值，是商品的均衡价；当供求发生变化时，商品的采购价格也会随之而变。当供大于求时，价格会下降；当供不应求时，价格会上升。

（四）替代产品价格

若商品 A 和商品 B 可以互相替代，当商品 B 的价格下降时，商品 A 不能有较高商品价格，否则人们会购买商品 B，而不购买商品 A。

（五）生产季节与采购时机

当采购方企业处于生产的旺季时，对原材料需求紧急，因此不得不承受更高的采购价格。避免这种情况的最好办法是提前做好生产计划，并根据生产计划制订出相应的采购计划，为生产旺季到来提前做好准备。

（六）竞争状况

成本固然是价格的基础，但在激烈竞争的条件下，供应商可能将竞争对手的价格作为定价的基础。若自己与竞争者相比处于优势，可定高于对手的价格；反之，可略低于竞争对手的产品价格。

（七）采购数量

如果采购数量大，采购企业就会享受供应商的数量折扣，从而降低采购的价格。因此，大批量、集中采购是降低采购价格的有效途径。

（八）交货条件

交货条件也是影响采购价格非常重要的因素。交货条件主要包括运输方式、交货期的缓急等。如果货物由采购方来承运，则供应商就会降低价格；反之，就会提高价格。有时为了争取提前获得所需货物，采购方会适当提高价格。

（九）付款条件

在付款条件上，供应商一般都规定有现金折扣、期限折扣，以刺激采购方能提前用现金付款。

有些产品的供应价格几乎全部取决于成本结构（如塑胶件），而另外一些产品则几乎全部依赖于市场（如短期内的铜等原材料）。对于后一类产品，单个供应商处于完全竞争的市场，对产品价格的影响无能为力。当然不少产品的供应价格既受市场结构影响，同时供应商又能通过成本结构来进行控制。下面列表举例，不同种类的产品的供应价格影响因素构成如表 6-1 所示。

表 6-1　不同产品的供应价格影响因素的构成

产品类别	成本结构为主	侧重于成本结构	50%成本结构、50%市场结构	侧重于市场结构	市场结构为主
原材料				√	√
工业半成品			√	√	
标准零部件		√	√	√	
非标准零部件	√	√	√		
成品	√	√	√		
服务	√	√	√	√	√

第二节　采购价格分析

在采购过程中，采购价格对供需双方都有着十分重要的意义，因此，有必要对采购价格进行分析，并科学、合理地确定采购价格。对采购价格的分析，首先应该分析商品的生产成本及其价值，这是采购价格的分析基础；其次是研究供应商的定价方法，进一步确定价格。传统的定价一般由供应商制定，定价方法主要有成本导向定价法、需求导向定价法和市场导向定价法等。除此之外，现在又出现了生命周期定价法、目标成本定价法等一些新的定价方法，了解这些方法有助于采购方更好地作出采购决策。

一、产品成本分析

根据价值规律，价格总是围绕价值上下波动。采购价格也是与生产成本密切相关的。为了维持长期的业务关系，应该有一个“公平的价格”。虽然各种产品的生产材料、结构工艺各异，但从根本上来讲，分析一种产品的成本主要包括直接成本、间接成本和其他成本。

（一）直接成本

直接成本通常指能够被具体而准确地归入某一个特定生产部件的成本，即直接材料成本及直接劳动力成本。

直接材料成本是指直接用于产品生产的材料成本，它包括标准用量和标准单位成本两方面。材料标准用量，首先要根据产品的图样等技术文件进行产品研究，列出所需的各种材料以及可能的代用材料，并要说明这些材料的种类、质量以及库存情况；其次，通过对过去用料经验的记录进行分析，采用其平均值，或最高与最低值的平均数，或最节省的数量，或通过实际测定，或技术分析等数据，科学地制订用量标准。

直接劳动力成本是用经济可行的办法能追溯到最终产品上的所有劳动力成本，如机器的操作员，组装人员的劳动力成本。对同样的设备，不同的供应商所需的直接劳动力成本是不同的。

（二）间接成本

间接成本是指在工厂的日常工作中发生的，不能直接归入任何一种生产部件的成本，主要包括管理费用、间接材料成本、知识产权成本、间接制造成本和其他费用。

管理费用是指企业的行政管理部门为管理和组织经营而发生的各项费用，包括管理人员工资和福利费、公司一级折旧费、修理费、技术转让费、无形资产和递延资产摊销费及其他管理费用（办公费、差旅费、劳保费、土地使用税等）。

间接材料成本指一些胶水、钉子等少量材料。在实际计算中，间接材料成本一般取直接材料成本的1%～2%。

知识产权成本包括设计费和文件资料费。设计费与设备的类别、级别、结构等有密切关系，一般也可以取材料与制造费用的一定比例来计算。

间接制造成本包括质量检查、监察、热处理、包装等费用。

（三）其他成本

其他成本主要包括设备的运费，备品备件的费用，供应商的合理利润、增值税和设备移交给采购方之前的保险金。

二、采购定价方法

（一）成本导向定价方法

1. 成本加成定价法

成本加成定价法主要是先计算产品单位平均总成本再按一定的加成率制定

出产品的价格。其计算公式为

$$单位产品价格=单位产品总成本\times(1+加成率)$$

式中　加成率——预期利润占产品总成本的百分比。

例如，单位产品总成本为 100 元，加成率为 20%，则

$$单位产品价格=100\times(1+20\%)=120（元）$$

这种定价方法加成比例高低悬殊比较大，即使同一行业加成率也不尽相同。这种定价方法简便易行，应用面广，历史悠久，生产者和中间商都使用，对产量与成本稳定的商品和供需矛盾不大的商品最适用。

但是，这种定价方法完全没有考虑市场需求一方的利益，只是保证了卖方的利益，它的基本原则是“将本求利”、“水涨船高”，因此，其定价缺乏科学依据。

2. ***目标收益率定价法***

目标收益率定价法是根据企业总成本和计划的总产量或总销售量，加上按投资收益率制定的投资报酬额，作为定价基础的方法。其计算公式为

$$单位产品价格=\frac{总成本+目标利润}{预计销售量}$$

例如，总成本为 2 300 元，目标利润为 61 700 元，预计销售量为 3 200 件，则

$$单位产品价格=\frac{2\,300+6\,1700}{3\,200}=20\ （元/件）$$

这种定价方法的优点是可以保证实现既定的目标利润，从而实现既定的目标收益率。它的缺点是：首先，只考虑了生产者（销售者）的利益，而没有考虑到竞争和需求情况；其次，企业根据销售量倒求价格，但价格又会影响到销售量。

这种定价方法适用于市场占有率很高的企业或具有垄断性的企业，特别是对大型公用事业单位更为适用。

3. ***收支平衡定价法***

收支平衡定价法也称保本点定价法。在预测市场需求的基础上，企业按照生产某产品的总成本和销售收入维持平衡的原则，来制定产品的保本价格的方法。销量既定的条件下，企业产品的价格必须达到一定的水平才能做到盈亏平衡、收支相抵。既定的销量就称为盈亏平衡点，这种制定价格的方法就称为盈亏平衡定价法。科学地预测销量和已知固定成本、变动成本是盈亏平衡定价的前提。其计算公式为

$$单位产品价格=\frac{固定成本+单位变动成本\times盈亏平衡点产销量}{盈亏平衡点产销量}$$

例如，某企业的年固定成本为 125 000 元，每件产品的单位变动成本为 25 元，若盈亏平衡点产销量为 5 000 件，其单位产品价格为

$$单位产品价格=\frac{125\,000+25\times5\,000}{5\,000}=50（元/件）$$

保本价格虽无利可言，但在市场不景气或临时困难时，保本经营总比停业损失要小得多，且有可回旋的余地。

4. 边际贡献定价法

边际贡献定价法，只计算变动成本，不计算固定成本，以预期的边际贡献补偿固定成本，从而获得收益的定价方法。边际贡献是指预计的销售收入减去变动成本后的收益。

边际贡献定价法的计算公式为

$$单位产品价格=\frac{总的变动成本+边际贡献}{总产量}$$

例如，某企业的年固定成本为 180 000 元，每件产品的单位变动成本为 50 元，计划边际贡献为 150 000 元，当销售量预计为 6 000 件时，其单位产品价格为

$$单位产品价格=\frac{50\times6\,000+150\,000}{6\,000}=75（元）$$

这种定价方法，适用于供过于求，卖方竞争激烈的情况，是企业为迅速开拓市场采用的较灵活的做法。当边际贡献等于固定成本时，即可实现保本价格；当边际贡献大于固定成本时，便有较大盈利了。

（二）需求导向定价方法

1. 理解价值定价法

理解价值定价法是根据消费者理解的某种商品的价值，也就是根据买主的价值观念，而不是根据卖主的成本来定价的方法。卖方运用各种营销手段和策略，影响买方对产品的认识，使之形成对卖方有利的价值观念，而后再根据产品在买方心目中的价值来定价，即根据市场调查资料，先确定一个能销售该产品的总的零售价，再根据它推算批发价和出厂价，因此，这种定价法也称为反向定价法。这种定价方法的计算公式为

$$出厂价=市场可销的零售价\times（1-批零差率）\times（1-进销差率）$$

例如，某商品经调研在市场上的零售价格为 12 元，批发企业与厂家的进销差率为 6%，批发企业与零售企业的批零差率为 8%。则其出厂价格为

$$商品出厂价格=12\times（1-8\%）\times（1-6\%）=12\times0.92\times0.94=10.38（元）$$

理解价值定价法的关键，是卖方对买方愿意承担的价值要有正确的估计和判断，因此，要充分考虑买方的心理和需求弹性，考虑确定一个什么样的价格最易于为买方所接受。需求弹性大的商品，价格应定得低一些；需求弹性小的商品，

价格可定得高一些。名家名牌产品价格可定得更高一些，这样既能为买方接受，又能扩大销售量。因此，这种定价方法的优点是能够反应市场供求关系，有利于开拓销售渠道，但它对市场上可销售的零售价格难以进行准确的估计，最好先选取有代表性的地区和对象进行实销评估，以取得经验。

2. 区分需求定价法

区分需求定价法也称差别定价法，即对同一商品，按照不同需求的顾客，采用不同的价格。价格差异并非取决于成本的高低，而是取决于顾客需求差别。价格差异的基础是：顾客需求，顾客心理，产品样式，地区差别，时间差别等。

例如，对于不同的顾客群，可以采用不同的价格。对学生可制定优惠价格，对老顾客给予一定的优惠。对商品的式样不同，可规定不同的价格，花色陈旧，定价较低；款式新颖，定价可适当高些。对不同的地区、不同的时间可以制定不同的价格。

（三）市场导向定价方法

市场导向定价方法，主要以竞争对手的价格为基础，与竞争商品的价格保持一定的比例。其特点是：价格与成本和需求不直接发生关系。产品成本或需求变动了，由于竞争商品的价格没变，就维持原价；相反，成本和需求未变，竞争商品价格变动，也应相应调整价格。

1. 随行就市定价法

随行就市定价法是以本行业的主要竞争者的价格作为企业定价的基础。因为有些产品的需求弹性难以计算，随行就市定价可以反映行业的集体智慧和市场供求情况，也可以保持适当的收益，同时，还可以处理好同业关系。

2. 招标和拍卖定价法

招标定价法是买方引导卖方通过竞争，从中选择有利的价格成交的方法。这是社会集团（企业和事业）购买者在进行批量采购，从事大型机械设备购买或建筑工程项目投资选择承建商时常用的一种方法。这种方法包括以下三个主要步骤：

（1）招标。由买方发布招标公告，提出征求什么样的商品和劳务，引导卖方参加竞争。

（2）投标。卖方根据招标公告的内容和要求，结合自己的条件，考虑成本、赢利和竞争对手可能的报价，向买方密封提出自己的书面报价。

（3）开标。买方积极进行选标，审查卖方的投标报价、技术力量、工程质量、信誉、资本和生产经验，从而选择中标客商，到期开标。

拍卖定价法，是由卖方预先展示出拍卖物品，买方预先看货，到时公开拍卖，由买方竞争出价，最后不再有人提出竞争的价格，即为成交价格。这是西方一种古老的买卖方式，现在出售古董、珍品、高级艺术品或大宗商品时，仍被广泛采用。

（四）产品生命周期成本法

管理会计师注册协会（CIMA）将生命周期成本法定义为：以最低的成本，在生命周期内使具体的物理资产获得最佳利用，即所谓的“物尽其用技术”。这一实践是通过综合管理、财务、工程和其他原则来实现的。因此，生命周期成本就是那些涉及购置、使用、保养和报废物理资产的成本，包括可行性研究、调查、开发、设计、生产、维护、更新和报废等成本，以及在资产拥有期间相关的支持、培训和运作等成本。这种方法可以让采购者站在采购物品的整个生命周期的角度来认识物品的价格，计算出生命周期中的成本和收益，选择能带来最大生命周期收益的物品进行采购，获得最好的物品。

生命周期成本对基于技术迅速发展变化的产品是非常重要的。从生产者的角度看，飞速的科技变革意味着销售利润可能小于初期设计和开发上的投资。而从采购者的角度看，投资的产品，在投入资金获得回报之前，产品已经或多或少地过时了。生命周期成本法对于采购价格的确定有重要的意义。它并不仅仅从初期采购价格的角度来衡量采购成本，而且把成本的衡量纳入整个生命周期中来进行，具有现实意义。这一点在采购面临着多个供货商的高科技产品时表现得尤为明显。

对于采购成本高、使用周期长的物品一般采用这种方法。对于这一点，可以举一个简单的例子加以说明。例如，当企业要采购某一物品时，同时有两家供应商提供该种物品，一家的价格为 200 万元，另一家价格为 250 万元。但经过计算，第一家的产品在生命周期内的成本为 200 万元，而第二家为 100 万元。假设生命周期内的收益相同（为了说明的方便），显然第二家的产品更为划算。

（五）目标成本法

管理会计师注册协会（CIMA）对目标成本法的定义是：源于市场竞争价格推导出的产品成本估算，它被用来不断改进和更新技术及生产程序，以降低成本。

目标成本法的含义是采购方首先依据市场供需情况预测产品的市场价格，然后扣除自己计划得到的利润，即确定了产品的目标成本。由于最终产品的市场价格是动态的，会随市场供求情况的变化而变化，因此，目标成本也不是固定不变的，而是动态的。

目标成本确定以后，采购部门就要承担起通过与供应商协调来实现这个目标价格的责任。例如，如果产品预计将以 3 000 元的价格出售，同时采购成本占销售收入的 60%，那么采购部门就要对 3 000 元售价中的 1 800 元负责。如果考虑价格折扣对销售收入的影响，提供 10%的价格折扣能取得令人满意的结果，那么采购部门就要保证商品的材料成本部分能够降低 10%，即 180 元，这就意味着商品成本中的材料采购成本不能超过 1 620 元。由此就构成了价格框架中的目标材料成本。

根据以上论述得出其计算公式为

目标成本=（预测的产品市场价格–目标利润）×（1–折扣）

或　　目标成本=预测的产品市场价格×（1–利润率）×（1–折扣）

目标定价可以在公司范围内使成本降低，比如：①设计规划部门的设计成本；②生产部门的制造成本；③采购部门的采购成本。从采购主管和供应主管的角度来看，目标定价对于采购是有益的，因为它能够提供供应商需要的具体价格减让的文件证明，证明采购对于实现企业价格目标的贡献，并且为此提供各种产品的文件证明。

为了更有效率，目标定价最好在以下情况中应用：①客户对于供应链有一定影响；②在采供双方之间存在着类似于联盟企业之间的那种忠诚关系；③供应商也能从成本降低中有所收益。

三、采购价格决策的过程

（一）采购价格调查

1. 调查的主要范围

在大型企业里，原材料种类不下千种，若每一种类都要挨个去调查，那是不可能的。一个企业所需使用的原材料，按其性质划分，可分为高价物品、中价物品与低价物品三类。因此，要了解帕累托定理所讲的“重要少数”，就是通常数量上仅占 10%，而其价值却占全体总值的 70%～80%的原材料。假如能掌握住80%左右价值的“重要少数”，那么，就可以达到控制采购成本的目的，这就是重点管理法。根据一些企业的实际操作经验，可以把以下六大项目列为主要的采购调查范围：①选定主要原材料 20～30 种，其价值占总值的 70%～80%以上的；②常用物料、器材，尤其是属于采购项目的；③性能比较特殊的物料、器材（包括主要零配件），一旦供应脱节，可能导致生产中断的；④突发事变需紧急采购的；⑤波动性大的物资、器材；⑥计划外设备器材的采购，数量巨大，影响经济效益深远的。

上面所列六大项目，虽然种类不多，但却是所占数值的比例很大，或影响经济效益甚广的。其中①②③三项，应将其每日行情的变动，记入记录卡如表 6-2 所示，并于每周或每月作一个“周期性”的行情变动趋势分析。由于项目不多，而其金额又占全部采购成本的一半以上，因此必须作详细细目调查的记录。至于③④⑥三项，则属于特殊性或例外性采购范围，价格差距极大，也应列为专业调查的重点。

表 6-2 调查记录卡

原材料名称	近日价格	昨日价格	增减幅度（%）	上周价格	上月价格

制表人： 日期：

在一家企业中，为了便于了解占总采购价值 80%的“重要少数”的原材料的变动行情，就应当随时记录，真正做到了如指掌。

2. 信息收集方式

调查采购价格信息的收集方式有三类：

（1）上游法。上游法是指了解拟采购的产品是哪些物料或哪些物料组成的，查询制造成本及产量资料。

（2）下游法。下游法是指了解采购的产品用在哪些地方，查询需求量及售价资料。

（3）水平法。水平法是指了解采购的产品有哪些类似产品，即查询替代品或新供应商的资料。

3. 信息的收集渠道

调查采购价格的信息收集渠道有下列五种：①杂志、报纸等媒体；②信息网络或产业调查服务业；③供货商、顾客及同行；④参观展览会或参加研讨会；⑤加入协会。

不过，由于商情范围广阔，来源复杂，加之市场环境变化迅速，因此，必须筛选正确有用的信息以供决策。

4. 处理调查资料

采购部门可将采购市场调查所得资料，加以整理、分析与讨论，在此基础上提出报告及建议，即根据调查结果，编制物料调查报告及进行商业环境分析，向本企业提出有关改进建议，供采购时参考，以求降低成本，增加利润。根据科学的调查结果，研究更好的采购方法。

（二）市场分析

在商品经济条件下，不同商品处于不同的市场，一般按市场上竞争和垄断的程度，将现实的市场划分为四种类型：

1. 完全竞争市场

完全竞争市场是一种竞争不受任何阻碍和干扰的市场，没有垄断，完全由买卖双方自由竞争的市场。该市场上的产品无差异，市场上有许多生产者和消费者，且规模较小，处于该市场上的产品的价格是由整个市场的供求关系决定的。

在这种市场条件下，商品采购价格的核定往往表现为对市场价格的择优选择，可以在一定范围内讨价还价。

2. 完全垄断市场

完全垄断市场是指整个行业的市场完全处于一家厂商所控制的状态下，该独家厂商决定商品供应数量和商品的市场价格。在这种情况下，一家厂商可以实行价格歧视，即在同一时间，厂商对同一种产品向不同的采购者索取不同的价格。在完全垄断市场条件下，采购价格的核定必须考虑以下方面：①物品的需求性，即对供应商的依赖程度；②寻找代替品；③国家有关政策，如对处于完全垄断市场的物品的限价政策。

3. 垄断竞争市场

垄断竞争市场（不完全竞争市场）是指一种既有竞争又有垄断的市场，既不是完全竞争又不是完全垄断的市场，不同厂商的产品式样、质量、性能等有差异。

在这种市场条件下，物品采购价格的核定应以名牌、优质产品的价格为标准。若选购的是非名牌的一般产品，其价格应低于名牌产品价格。

4. 寡头垄断市场

寡头垄断市场是指少数几家厂商垄断某一行业的市场，控制了该行业的供给，产品可能有差别，也可能无差别。商品的价格形成有两种情况：

（1）其中一个或少数几个厂商实力雄厚、成本低、在市场上处于支配地位，其他厂商也追随其后改变产品的价格。

（2）各寡头为了共同利益，达成统一价。在这种市场条件下，企业物品采购价格的核定较被动，有可能的话，可考虑替代品。

总之，以上四种类型的市场中，完全竞争市场和完全垄断市场在现实生活中较少，而不完全竞争市场和寡头垄断市场广泛存在，特别是垄断竞争市场大量存在。企业的采购部门要对处于该市场中的产品认真分析，制定对策，以便获得较优的采购价格。

（三）预估底价

预估底价是指在市场调查、市场分析的基础上，根据反复地询价和比价供应商提供的成本分析表以及以往的采购价格资料所拟定的价格基准。这个底价是采购时打算支付的最高价，若供应商的报价高于底价，则要求其减价。因此，合理的底价使采购人员对价格的高低可做到心里有数，报价太高无法成交。但底价的确定有一定的依据，而不是盲目地推测。如果定得太高，浪费企业的资金；定得太低，又会影响供应。

（四）确定价格

企业的采购部门可通过询价、招标等方法，反复比较，以适当的价格成交。

所谓适当的价格是指为了买卖双方长期合作，使价格尽可能体现公平、合理的原则。一味地杀价，会使供应商失去合作的兴趣或采取一些伎俩，如故报虚价、降低产品质量等。所以成交价并不一定是最低价，允许有一个适宜的幅度。采购价格确定的方式注意包括：

1. 报价采购方式

报价采购，即采购方根据需采购物品向供应商发出询价或征购函，请其正式报价的一种采购方法。通常，供应商需寄发报价单，内容包括交易条件及报价有效期等，有时自动提出信用调查对象，必要时另寄“样品”及“说明书”。报价经采购方完全同意接受，订立买卖契约才算成立。

2. 招标确定价格

招标方式是采购方确定价格的重要方式，其优点在于公平、合理。因此，大批量的采购一般采用招标的方式。但采用招标的方式须受几个条件的限制：①所采购的商品的规格要求必须能表述清楚、明确、易于理解；②必须有两个以上的供应商参加投标。这是采用招标方式的基本条件。

3. 谈判确定价格

谈判是确定价格的常用方式，也是最复杂、成本最高的方式。谈判方式适合各种类型的采购。

四、采购价格的确定

采购价格是采购方和供应商注意的焦点。供应商想尽可能地卖出好价钱，以便取得利润；采购方想尽可能地压低价格、减少采购费用的支出，降低采购成本。因此，采购价格是采购决策的重要内容之一。

（一）采购价格

采购价格是采购活动十分关心的一个问题，在价格选择上要遵循适当的原则，既防止采购价格过高，又要避免价格越低越好的误区。价格是供求关系的表现，是买卖双方讨价还价的结果，因此，不妨可以采用以下手段获得适当的价格。

1. 公开市场采购

采购人员在公开交易或拍卖时随时机动地采购，因此采购大宗物料时，价格变动会比较频繁。

2. 议价采购

采购人员与厂商经讨价还价后，议定价格进行采购，一般来讲，询价、比价和议价是一起使用的，很少单独进行。

3. 询价现购

采购人员选取信用可靠的厂商将采购条件讲明，并询问价格或寄询价单并促请对方报价，比较后现价采购。

4. **比价采购**

采购人员请数家厂商提供所购物料的价格、性能、质量等进行比较，从中加以选择后，决定进行采购。

5. **定价收购**

购买物料数量巨大，几家厂商无法全部提供，如纺织厂订购棉花、糖厂订购甘蔗等，或当市场上该物料短缺时，则确定价格现款收购。

6. **招标采购**

将物料采购的所有条件（如物料名称、规格、品质要求、数量、交货期、付款条件、处罚规则、投标押金、投标资格等）详细列明，进行公告。投标厂商根据公告的条件，在规定时间内，交纳投标押金，参加投标。招标采购的开标按规定必须至少有三家以上厂商从事报价投标方得开标，开标后基本以报价最低的厂商得标，但得标的报价仍高出标底时，采购人员有权宣布废标，或征得监办人员的同意，以议价方式办理。

（二）确定价格的步骤

在确定采购价格的时候，采购方应首先考虑决定一个合适的价格步骤。

1. **多渠道询价**

采购方应全方位探听市场行情，包括市场最高价、最低价、一般价格等。

2. **比价**

采购方需分析各供应商提供材料的性能、品质要求、规格、用量等才能建立比价标准。

3. **自行估价**

采购方成立由采购员、技术员、成本会计构成的估价小组，在品质合格的条件下，估算出准确的底价。

4. **议价**

采购方根据底价的资料，市场的行情，供应商用料的不同，采购量的大小，付款期的长短等给供应商议定出一个双方都能合理接受的价格。

第三节　采购成本概述

一、采购成本管理的意义

采购是企业管理中“最有价值”的部分，采购成本是企业成本管理中的主体和核心部分。在工业企业的产品成本构成中，采购的物料成本占企业总成本的比例因行业而异，大体在30%～90%，平均水平在60%以上。从世界范围来讲，一个典型企业销售额中，一般采购成本要占 60%，工资和福利占 20%，管理费用占 15%，利润占 5%。而我国的企业，采购成本要占销售额的 70%。在现实中，许多企业在控制成本时，将大量时间和精力放在不到总成本 40%的企业管理费用及工资和福利上，而忽视其主体部分——采购成本，这样做的结果往往是事倍功半、收效甚微。

例如，假设某企业每 100 元销售收入中物料成本占 50 元，其他成本占 40 元，税前利润为 10 元（假设所有的成本费用都随着销售成比例变动）。如果该企业欲将利润提高一元钱，可以通过提高销售额和降低成本两种途径来解决：①如果提高销售额，则销售额必须由 100 元提高到 110 元（增长率为 10%）才能实现；②如果通过降低物料成本就只需将其由 50 元降低至 49 元（降低率为 2%）即可。

在这一例子中反映出采购成本降低 2% 与销售额增长 10%对税前利润的影响是对等的。但是，增加销售额则要比降低采购成本付出更多的努力，而且采购成本占总销售额比例越高，这种差别也就越明显。

现在，企业之间的竞争相当激烈，为了降低经营成本，取得竞争优势，各企业都在千方百计地控制其经营成本。而企业经营成本的绝大多数都与采购活动有关，因此，采购成本的管理不仅是采购人员的工作重点，也是整个企业的工作重点。

二、采购成本的含义

（一）采购成本

采购成本是指企业在采购活动中以货币表现的，为达到采购目的而发生各种经济资源的价值牺牲或代价。采购成本有广义和狭义之分。狭义的采购成本仅指物料的价款及运杂费等采购费用。广义的采购成本不仅包括物料的价款和运杂费，还包括物料的仓储成本及物料的品质成本。本章所讨论的是广义的采购成本。

在现代市场经济形势下，企业之间的竞争日趋激烈，各企业为了减少成本，让利顾客，采取了许多降低成本、控制成本增加的方法，加大管理的措施，如过量的采购使商品积压而占用大量的资金。因此采购成本的控制不仅是采购管理也是企业经营管理的重点所在。

采购是企业经济活动的主要组成部分。在采购活动中，一方面通过采购，获取了资源，保证了企业的正常生产的顺利进行；另一方面，在采购过程中，也会发生各种费用，这就是采购成本。

采购成本是指与采购原材料部件相关的物流费用。它不仅仅是指商品本身的价值，还包括因采购而带来的采购管理成本和储存成本。

1. **材料成本**

材料成本是指材料的进价成本，又称购置成本，是指材料本身的价值，等于采购单价与采购数量的乘积。

即　　　　　　　　　材料成本=采购单价×采购数量

在一定时期进货总量既定的条件下，无论企业采购次数如何变动，材料的进价成本通常是保持相对稳定的，因而属于决策的无关成本。

2. **采购管理成本**

采购管理成本中有一部分与订货次数无关，如专设采购机构的基本开支等，另一部分与订货次数有关，如差旅费、通信费、咨询费等费用与进货次数成正比变动，这类变动性进货费用属于决策的相关成本。更详细地讲，采购管理成本包括与下列活动相关的费用：①检查存货水平；②编制并提出采购申请；③对多家供应商进行调查比较，选择最合适的供货商；④填写并发出采购单；⑤填写、校对发货单；⑥结算资金并进行付款。

3. **储存成本**

企业为持有存货而发生的费用即为存货的储存成本。其主要包括存货资金占用费（以贷款购买存货的利息成本）或机会成本（以现金购买存货而同时损失的证券投资收益等）、仓储费用、保险费用、存货残损霉变损失等。与进货费用一样，储存成本可以按照与储存数额的关系分为固定性储存成本和变动性储存成本两类。其中，固定性储存成本与存货储存数额的多少没有直接的影响，如仓库折旧费、仓库职工的固定月工资等。这类成本属于决策的无关成本；而变动性储存成本则随着存货储存数额的增减成正比例变动关系，如存货资金的应计利息、存货残损或变质损失、存货的保险费用等，这类成本属于决策的相关成本。

（二）整体采购成本

在采购过程中，原材料或零部件的采购价格固然是很重要的财务指标，但作为采购人员，不只要看到采购价格本身，还要将采购价格与交货、运输、包装、服务、付款等相关因素结合起来考虑，衡量采购的实际成本。

某单位采购的电视机玻壳采购成本分析如表 6-3 所示，由表中数据可知，采购单价为 37.20 美元，而实际采购单位成本则为 68.50 美元，采购价格仅占采购成本的 54.31%。

表 6-3 某单位玻壳采购成本分析

项 目	单价/单位费用/元	该项目占总采购成本的比例
库存利息	0.97	1.42%
仓储费用	0.92	1.34%
退货包装等摊销	0.09	0.13%
不合格品内部处理费用	0.43	0.63%
不合格品退货费用	0.14	0.20%
付款利息损失	0.53	0.77%
玻壳开发成本摊销	6.20	9.05%
提供给供应商的专用模具摊销	5.60	8.18%
包装投资摊销	6.00	8.76%
其他费用	47.62	69.52%
总 计	68.50	100%

对于非生产用原材料（如设备、服务）等采购，除以上因素外，影响采购成本的还有维修与保修、备件与附件、安装、调试、图样、文件与说明书、安全证明、使用许可证书、培训、专用及备用工具等。

整体采购成本又称为战略采购成本，是指除采购成本之外考虑到原材料或零部件在本企业产品的全部寿命周期过程中所发生的成本，它包括采购在市场调研、自制或采购决策、产品预开发与开发中供应商的参与、供应商交货、库存、生产、出货测试、售后服务等整体供应链中各环节所产生的费用对成本的影响。概括起来，整体采购成本是指在本企业产品的市场研究、开发、生产与售后服务各阶段，因供应商的参与或提供的产品（服务）所导致的成本，它包括供应商的参与或提供的产品（服务）没有达到最好水平而造成的二次成本或损失。作为采购人员，其最终目的是降低整体采购成本。

按功能划分，整体采购成本发生在以下的过程中：开发过程、采购过程、企划过程、质量过程、服务过程。

1. 开发过程中，因供应商介入或选择导致可能发生的成本

（1）原材料或零部件影响产品的规格与技术水平而增加的成本。

（2）对供应商技术水平的审核产生的费用。

（3）原材料或零部件的认可过程产生的费用。

（4）原材料或零部件的开发周期影响本企业产品的开发周期而带来的损失或费用。

（5）原材料或零部件及其工装（如模具）等不合格影响本企业产品开发而带来的损失或费用。

2. 采购过程中可能发生的成本

（1）原材料或零部件采购费用或单价。

（2）市场调研与供应商考察、审核费用。

（3）下单、跟催等行政费用。

（4）文件处理费用。

（5）付款条件所导致的汇率、利息等费用。

（6）原材料运输、保险等费用。

3. 企划（包括生产）过程中可能因采购而发生的成本

（1）收货、发货（至采购方生产使用点）费用。

（2）安全库存仓储费、库存利息。

（3）不合格来料滞仓、退货、包装、运输带来的费用。

（4）交货不及时对仓库管理等工作的影响造成的损失。

（5）生产过程中的原材料或零部件库存费用。

（6）企划与生产过程中涉及原材料或零部件的行政费用等。

4. 质量过程中可能发生的采购成本

（1）供应商质量体系审核及质量水平确认产生的费用。

（2）检验成本。

（3）因原材料或零部件不合格而导致的对本企业的生产、交货方面造成的损失。

（4）不合格品的返工或退货成本。

（5）生产过程中不合格品导致的本企业产品不合格而造成的损失。

（6）处理不合格来料的行政费用等。

5. 售后服务过程中因原材料或零部件而发生的成本

（1）零部件失效产生的维修成本。

（2）零部件服务维修点不及时造成的损失。

（3）因零部件问题严重而影响本企业的产品销售造成的损失。

（4）因零部件问题导致本企业的产品理赔等产生的费用。

在实际采购过程中，整体采购成本分析通常要依据采购物品的分类模块，按80/20规则选择主要的零部件进行，而不必运用到全部的物料采购中。

三、影响采购成本的因素

采购成本由各方面构成，影响采购成本的因素也很多，包括采购次数、采购批量大小、采购价格的高低，同时还受企业采购策略、企业产品成本结构和供应商成本结构、采购谈判能力等方面的影响，但最重要和最直接的影响因素还是采购的批量、批次、价格及谈判能力。

（一）采购批量和采购批次

如同批发和零售的价格差距一样，材料采购的单价与采购的数量成反比，即采购的数量越大，采购的价格使采购单价大幅度降低，使各企业的采购费用相应降低。因此，采购批量和采购批次是影响采购成本的主要因素。

（二）采购价格及谈判能力

企业在采购过程中谈判能力的强弱是影响采购价格高低的主要原因。当前，随着社会主义市场经济体制的深入，不同市场形态在供应、需求等方面的要素也不同，企业在实施采购谈判时，必须要分析自身所处市场的现行态势，有针对性地选取有效的谈判议价手段。例如，根据市场形态呈现卖方市场、中性市场和买方市场等不同的情况，分别采取“忍”、“等”、“狠”不同的议价策略，以获取适宜的采购价格的目的。

四、采购成本的分类

采购成本可以按不同的标志进行分类，不同类型的成本可以分别满足企业管理的不同要求。下面简要介绍本章将要涉及的几种主要成本分类。

（一）成本按其核算的目标分类

现代成本核算有三个主要目标：①反映业务活动本身的耗费情况，以便确定成本的补偿尺度；②落实责任，以便控制成本，从而明确有关单位的经营业绩；③确保产品质量。成本按上述核算目标不同可依次分为业务成本、责任成本和质量成本三大类。

业务成本是以采购业务为中心，以其开支范围为半径的所有成本的集合，即广义的采购成本。责任成本是指责任中心的各项可控成本。质量成本的具体内容本章暂不讨论。区分业务成本、责任成本和质量成本有助于搞好成本核算、加强成本的责任管理，提高产品质量。

（二）成本按其发生的时态分类

成本按其时态分类可分为历史成本和未来成本两类。历史成本是指以前时期已经发生或本期刚刚发生的成本，即实际成本。未来成本是指预先测算的成本，又称预计成本，如估算成本、计划成本、预算成本和标准成本等。未来成本实际上是一种成本目标和控制成本。区分历史成本和未来成本有助于合理组织事前成本的决策，事中成本的控制和事后成本的计算、分析与考核。

（三）成本按其可控性分类

成本的可控性，是指责任中心对其成本的发生是否可以事先预计并落实责任，在事中施加影响以及在事后进行考核的性质。以此为标志，成本可分为可控成本和不可控成本两类。可控成本是指能为某个责任中心所控制的成本。不可控成本是指责任中心无法控制的成本。在不同的时期和不同的责任中心，其判断标准会有所不同。某个责任中心的可控成本可能是另一个责任中心的不可控成本。有一些成本项目，从某一特定时期看是不可控的，但放在一个较长时期看又是可控的，比如固定资产的折旧费等。对于一个成本中心来讲，应以其可控成本作为评价其业绩的主要依据，而不可控成本只作为参考指标。

（四）成本按其性态分类

成本性态是指成本总额与特定业务量之间在数量方面的依存关系，又称为成本习性。

成本按其性态分类可分为固定成本、变动成本和混合成本三大类。固定成本是指在一定条件下，其总额不随业务量变动发生任何数额变化的那部分成本。变动成本是指在一定条件下，其总额随业务量成正比例变化的那部分成本。混合成本是指介于固定成本和变动成本之间，既随业务量变动又不成正比例的那部分成本。成本按性态分类有利于进行成本分析。

（五）成本按其经济用途分类

成本按其经济用途可分为获取成本、储存成本和品质成本。

1. *获取成本*

获取成本包括：

（1）货款及相关税金。

（2）运杂费。运杂费是指运输过程中的运费、装卸费、保险费等。

（3）请购手续成本。它是指请购所花的人工费用、事物用品费用、主管及有关部门的审查费用。

（4）事务成本。它是指估价、询价、比价、议价、采购、通信联络、事务用品等所花的费用。

（5）进料验收成本。它是指检验员的验收手续所花费的人工费用、交通费用、检验仪器仪表费用等。

（6）进库成本。进库成本是指物料托运所花费的成本。

（7）其他成本。它是指如会计入账支付款项等所花费的成本等。

2. *储存成本*

物料储存成本包括：

（1）资金成本。它是指物料的品质维持需要资金的投入。投入了资金就使其他需要使用资金的地方丧失了使用这笔资金的机会，如果每年其他使用这笔资金的地方的投资报酬率为 20%，即每年物料资金成本为这笔资金的 20%。

（2）搬运成本。它是指物料数量增加，则搬运和装卸的机会也增加，搬运工人与搬运设备同样增加，其搬运成本同样也增加。

（3）仓储成本。它是指仓库的租金及仓库管理、盘点、维护设施的费用。

（4）折旧成本。它是指物料容易发生品质变异、破损、报废、价值下跌、呆滞料的出现等，这些都会给企业造成一定的费用增加。

（5）其他。其他成本是指如物料的保险费用，其他管理费用等。

3. **品质成本**

为了促使和鉴定采购物料达到合同规定的品质要求所支付的费用，以及采购未达到品质要求给企业造成的损失。品质成本不是会计中的成本概念，具有一定的隐含性。品质成本可分为以下三个部分：

（1）采购预防成本。它是指采购方评价供应商的品质保证能力，提出采购物料的品质要求，帮助供应商改进产品品质和完善品质体系等活动所发生的费用。

（2）采购鉴定成本。它是指采购方对采购物料进行检验鉴定所发生的费用，这种检验活动包括货源地核对和进厂检验。

（3）采购损失成本。它是指由于采购物料未达到合同规定的品质要求给采购方所造成的而供应商又未能给予补偿的损失。

第四节 采购成本分析

一、采购成本分析的意义

现在，企业之间的竞争日趋激烈，为了能降低经营成本，让利于顾客，企业必须下大力气控制其经营成本。如前所述，企业经营成本中与采购活动有关的成本占很大比重，因此采购成本管理成为企业管理中的重要工作。企业要加强采购成本管理必须对采购成本进行分析，通过分析，可以实现下列目标。

（一）正确评价企业过去

通过对实际成本费用等资料的分析能够准确地说明企业过去的业绩状况，指出企业的成绩和问题及产生的原因，判断该原因是主观原因还是客观原因等，这对于正确评价企业过去的经营业绩是十分有益的。

（二）全面评价企业现状

根据不同分析主体的分析目的，采用不同的分析手段和方法，可得出反映企业在该方面现状的指标，如反映企业营运状况的指标、企业盈利能力指标等。通过这种分析，对于全面反映和评价企业的现状有重要作用。

（三）准确估价企业潜力

企业的潜力通常是指在现有技术水平条件下，企业在一定资源投入情况下的最大产出，即产出潜力；或在一定产出情况下资源的最小投入，即成本潜力。通过成本分析可正确、及时地挖掘出企业采购业务的潜力。例如，通过趋势分析方法可说明企业的总体发展潜力，通过因素分析和对比分析可找出企业采购成本管理某环节的潜力。

（四）充分揭示企业风险

企业风险包括投资风险、经营风险和财务风险等。风险的存在产生于经济中的不确定因素。成本分析，特别是对企业潜力的分析与企业风险有着密切联系。一般地讲，成本效益越差，企业的经营风险越高；反之，成本效益越好的企业经营风险越小。

二、采购成本分析的分类

（一）根据分析主体不同分类

根据分析主体不同，采购成本分析可分为内部分析与外部分析。

1. **内部分析**

内部分析是指企业内部经营者对企业成本状况的分析。内部分析的目的是判断和评价企业采购成本是否正常，及时、准确地发现采购业务的成绩与不足，为企业未来采购业务的顺利进行，提高采购效益和效率指明方向。

2. **外部分析**

外部分析是指企业外部的投资者及政府部门等，根据各自需要或分析目的，对企业的采购成本进行的分析。例如，政府有关部门通过对企业采购成本的分析，核算其对社会的贡献状况。在现代企业制度条件下，外部采购成本分析是采购成本分析的重要或基本形式。

（二）根据分析的内容和范围不同分类

根据分析的内容与范围不同，采购成本分析可分为全面分析和专题分析。

1. **全面分析**

全面分析是指对企业在一定时期的采购总成本进行系统、综合、全面地分析与评价。全面分析的目的是找出采购过程中带有普遍性的问题，全面总结在这一时期的成绩与问题，为搞好采购业务奠定基础或提供依据。

2. **专题分析**

专题分析是指根据分析主体或分析目的的不同，对采购过程中某一方面的问题所进行的较深入地分析。如经营者对采购过程运输环节或储存环节存在的突出问题进行分析。专题分析对解决关键性问题有重要作用。

在采购成本分析中，应将全面分析与专题分析相结合，这样才能全面、深入地揭示问题。

（三）根据分析的时期和目的不同分类

根据分析的时期和目的划分，采购成本分析可分为趋势分析、现状分析、潜力分析。

1. 趋势分析

趋势分析是指对企业某个时期各单位时间的总体成本状况或某个成本评价指标的变动情况所作的分析，借以评价企业成本管理的发展趋势。趋势分析是成本分析的基本形式之一，它不仅有利于评价过去，而且有利于指导现在和预测未来。趋势分析可广泛应用于不同的分析领域和分析目的。

2. 现状分析

现状分析是成本分析的最基本和最主要的形式，它是指对企业当期的成本活动所进行的分析。现状分析最真实地反映了企业成本管理状况，为经营者及其他有关部门和人员提供决策的直接依据。通过对不同企业现状的分析，还可反映企业成本管理水平在同行业或在社会各部门中所处的地位，发现自己的差距和不足，为企业改进成本管理工作、制定正确的成本控制目标提供依据。

3. 潜力分析

潜力分析是在趋势分析和现状分析的基础上，结合企业资源变动状况和经营目标，对企业未来发展能力的估价与判断。潜力分析对于经营者和投资者都是至关重要的。潜力分析的正确与否，决定着决策的正确与否。应当指出，潜力分析通常与风险分析是紧密相关的。因此根据潜力分析进行决策时必须考虑不同潜力的风险程度，这也就加大了潜力分析的难度和复杂性。

从上述三种形式的含义与特点可看出，趋势分析、现状分析及潜力分析是相互联系的。进行采购成本分析，不能将它们割裂开来，孤立的使用某一种形式则可能得出片面的结论。因此，对其他企业成本状况进行分析，也是企业采购成本分析组织的一项重要任务。只有建立健全各级分析组织，才能保证成本绩效分析工作的顺利、有效进行。

三、采购成本分析的步骤

（一）准备阶段

成本分析准备阶段主要由以下四个步骤组成：

1. 明确采购成本分析目的

企业首先必须明确为什么要进行采购成本分析，是要评价采购管理业绩，还是要制定未来经营策略。只有明确了采购成本分析的目的，才能正确地搜集整理资料，选择正确的分析方法，从而得出正确的结论。

2. 确立采购成本分析标准

不同的分析目的，其分析的评价标准是不同的，有的可用绝对标准；有的可用相对标准；有的可采用历史标准；有的则采用预算标准等。企业只有确立正确的分析评价标准，才会得出准确的分析结论。

3. 制定采购成本分析计划

在明确采购成本分析目的与标准的基础上，企业应制订采购成本分析的计划，包括采购成本分析的人员组成及分工、时间进度安排，拟采用分析方法等。采购成本分析计划是采购成本分析顺利进行的保证。

4. 搜集整理采购成本分析资料

采购成本分析资料是采购成本分析的基础，资料搜集整理的及时性、完整性，对分析的正确性有着直接的影响。资料的搜集整理应根据分析的目的和计划进行。

（二）采购成本分析实施阶段

采购成本分析的实施阶段，即具体分析阶段，是在采购成本分析准备阶段的基础上进行的，它主要包括以下三个步骤：

1. 整体分析

整体分析主要运用水平分析法、垂直分析法及趋势分析法等全面分析。

2. 成本指标分析

企业对成本指标进行分析，特别是进行成本费用利润率指标分析，是企业采购成本分析的一种重要形式。

3. 基本因素分析

采购成本分析不仅要解释现象，而且应分析原因。因素分析法就是要在整体分析和成本效益指标分析的基础上，对一些主要指标的完成情况，从其影响因素角度，深入进行定量分析，确定各因素对其影响的方向和程度，为企业正确进行成本评价提供最基本的依据。

（三）采购成本分析报告阶段

采购成本分析报告阶段是采购成本分析实施阶段的继续，具体地讲，又可分为三个步骤：

（1）得出采购成本分析结论。

（2）提出可行性措施建议。

（3）编写采购成本分析报告。

四、采购成本分析的方法

采购成本分析采用的技术方法是多种多样的，它可以采用会计的方法、统计的方法或数学的方法。在实际的采购成本分析工作中，使用最广泛的技术方法主要有指标对比法和因素分析法。

（一）指标对比法

指标对比法又称比较法，这是实际工作中广泛应用的分析方法。它是通过相互关联的成本指标的对比来确定数量差异的一种方法。通过对比，揭露矛盾，发现问题，寻找差距，分析原因，为企业进一步降低采购成本，提高采购成本使用效益指明方向。成本指标的对比分析可采取以下几种形式：

1. 实际指标与计划指标对比

企业进行采购成本分析时，可以将实际成本指标与计划成本指标进行比较，通过对比，说明计划完成的程度，为进一步分析指明方向。

2. 本期实际指标与前期实际指标对比

企业通过本期实际指标与前期(如上年同期或历史最高水平)实际指标对比，反映企业成本动态和变化趋势，有助于企业吸取历史经验，改进成本管理。

3. 本期实际指标与同行业先进水平对比

企业通过本期实际指标与同行业先进水平对比，可以反映本企业与国内外先进水平的差距，以便扬长避短，努力挖掘降低成本的潜力，不断提高企业的经济效益。

应该指出的是，企业采用指标对比法时，应注意对比指标的可比性，即对比指标采用的计量单位、计价标准、时间单位、指标内容和计算方法等都应具有可比的基础和条件。在同类企业比较成本指标时，还必须考虑它们在技术经济上的可比性。指标的对比可以用绝对数对比，也可以用相对数对比。

（二）因素分析法

因素分析法是将某一综合指标分解为若干个相互联系的因素，并分别计算、分析每个因素影响程度的一种方法。成本升降是由许多因素造成的，概括起来有两类：①外部因素；②内部因素。外部因素来自社会，是外部经济环境和条件所造成的；内部因素是由企业本身经营管理所造成的。这样分类有利于评价企业的各方面工作质量。

因素分析法的一般做法是：第一，确定分析指标由几个因素组成；第二，确定各个因素与指标的关系，如加减、乘除关系等；第三，采用适当方法，将指标分解成各个因素；第四，确定每个因素对指标变动的影响方向与程度。

因素分析法的具体计算程序是：以采购成本的计划指标为基础，按预定的顺序将各个因素的计划指标依次替换为实际指标，一直替换到全部都是实际指标为止。每次计算结果，与前次计算结果相比，就可以求得某一因素对计划完成情况的影响。下面举例说明指标与因素的关系。

设成本指标 N 是由 A，B，C 三因素乘积所组成，其计划成本指标与实际成本指标分别为

$$计划成本\ N_1=A_1\times B_1\times C_1$$

$$实际成本指标\ N_2=A_2\times B_2\times C_2$$

$$差异额\ G=N_2-N_1$$

计算程序是：计划成本指标 $A_1\times B_1\times C_1=N_1$

第一次替换 $A_2\times B_1\times C_1=N_3$，$N_3-N_1=A$ 变动的影响；

第二次替换 $A_2\times B_2\times C_1=N_4$，$N_4-N_3=B$ 变动的影响；

第三次替换 $A_2\times B_2\times C_2=N_2$，$N_2-N_4=C$ 变动的影响；

以上三个因素变动影响的总和为

$$(N_3-N_1)+(N_4-N_3)+(N_2-N_4)=G$$

从上式可知，三个因素变动的差异之和与前面计算的实际成本指标脱离计划成本指标的总差异是相符的，这就确定了各个因素对成本指标升降的影响程度，并可以确定各个因素所占差异比重程度，为企业采购成本分析提供可靠的依据。从上例可以看出，因素分析法是在指标对比法的基础上开展的，成为对比法的补充。

第五节　降低采购成本的方法

美国密西根州立大学（Michigan State University）一项全球范围内的采购与供应链研究结果表明：在所有的降低采购成本的方式当中，供应商参与企业产品开发最具潜力，采购成本降低可达 42%，利用供应商的技术与工艺，企业则可降低采购成本 40%，利用供应商开展即时生产，企业可降低采购成本 20%，供应商改进质量，企业可降低采购成本 14%，而通过改进采购过程以及价格谈判等降幅仅可达到 11%。欧洲某专业机构的另一项调查也得出类似结果：在采购过程中，企业通过价格谈判降低采购成本的幅度一般在 3%～5%，通过采购市场调研比较优化供应商平均可降低采购成本 3%～10%，通过发展伙伴型供应商并对供应商进行综合改进可降低采购成本 10%～25%，而供应商早期参与企业产品开发采购成本降低则可达到 10%～50%。由此可见，在整体采购成本中，采购人员更应该关注“上游”采购（Upstream Purchasing），即在产品的开发过程中充分有效地利用供应商。

一、采购成本控制

采购成本控制对于一个企业的经营业绩起到非常重要的作用。采购成本下降不仅体现在企业现金流的减少，而且直接体现在企业产品成本的下降、利润的增加，以及企业竞争力的增强。所以，控制好采购成本并使之不断下降，是一个企业不断降低经营成本、增加利润的重要和直接手段之一。如何运用有效的采购成本管理方法对企业来讲至关重要，本节较系统地介绍了采购成本管理方法，并对传统采购成本方法和现代采购成本方法进行评价分析。

企业应建立、完善采购制度，做好采购成本控制的基础工作。

采购工作涉及面广，并且主要是和外界打交道，因此，如果企业不制定严格的采购制度和程序，不仅采购工作无章可循，还会给采购人员提供暗箱操作的温床。建立、完善采购制度，企业必须注意下列几个方面：

（一）建立严格的采购制度

企业建立严格、完善的采购制度，不仅能规范企业的采购活动，提高效率、杜绝部门之间扯皮，还能预防采购人员的不良行为。采购制度应规定采购的申请、授权人的批准权限、采购的流程、相关部门的责任和关系、各种物料采购的规定和方式、报价和价格审批等。比如，企业可在采购制度中规定采购的物品要向供应商询价、列表比较、议价，然后再选择供应商，并把所选的供应商及其报价填在同一张请购单上；还可规定超过一定金额的采购须附上三个以上的书面报价等，以供财务部门或内部审计部门稽核。

（二）建立供应商档案和准入制度

企业的正式供应商要建立档案，供应商档案不仅要有编号、详细联系方式和地址，还应有付款条款、交货条款、交货期限、品质评级、银行账号等，每一个供应商档案应经严格地审核才能归档。企业的采购活动必须在已归档的供应商中进行，供应商档案应定期或不定期地更新，并有专人管理，同时要建立供应商准入制度。重点物料的供应商必须经质检、物料、财务等部门联合考核后才能进入，如有必要，还需到供应商的生产地加以考核。企业要制定严格的考核程序和指标，要对考核的问题逐一评分，只有达到或超过评分标准者才能成为归档供应商。

（三）建立价格档案和价格评价体系

企业采购部门要对所有采购物料建立价格档案，对每一批采购物品的报价，首先与归档的物料价格进行比较，分析价格差异的原因，如无特殊原因，采购的价格是不能超过档案中的价格水平，否则要作出详细的说明。采购部门对于重点物料的价格，要建立价格评价体系，由企业有关部门组成价格评价组，定期收集有关的供应价格信息，分析、评价现有的价格水平，并对归档的价格档案进行评价和更新。这种评议一般三个月或六个月进行一次。

（四）建立物料的标准采购价格，对采购人员根据工作业绩进行奖惩

财务部对重点监控的物料应根据市场的变化和产品标准成本定期制定标准采购价格，促使采购人员积极寻找货源，货比三家，不断地降低采购价格。企业可将标准采购价格与价格评价体系结合起来进行，并提出奖惩措施，对完成降低企业采购成本任务的采购人员进行奖励，对没有完成采购成本下降任务的采购人员，分析原因，确定对其惩罚的措施。

通过综上所述的四个方面的工作，虽然不能完全杜绝采购人员的暗箱操作，但对完善采购管理、提高效率、控制采购成本，确实有较大的成效。

二、采购成本控制的方法

（一）传统采购成本控制方法

1. 集中采购法

集中采购法（Centralized Purchasing）是指企业将各部门的需求集中起来，采购单位便可以较大的采购筹码得到比较好的数量价格折扣。商品标准化后，企业可取得供应商标准品的优惠价格，库存量也可以相对降低。如此，还可以借助统一采购作业而减少行政费用的支出。

然而，集中采购或许会给人一种僵化、没有弹性的感觉，另一个较折中的方法是由使用量最多的单位（Lead-divisional Buying）来整合所有采购数量，负责主导采购议价。这除了可以拥有与集中采购相同的采购筹码外，还能让采购单位更靠近使用单位，更了解使用单位的需求状况。也可以运用其他类似的方法降低采购成本，如由各相关部门代表组成的产品委员会、联合采购、长期合约以及总体采购合约等。

2. 价值分析法

利用价值分析（Value Analysis）也是企业控制采购成本的重要方法之一。企业通过价值分析降低采购成本的途径有：将产品设计简化以便于使用替代性材料或制造程序；采用提供较佳付款条件的供应商；采购二手机器设备而非全新设备；运用不同的议价技巧；选择费用较低的货运承揽业者（Forwarder），或考虑改变运输模式如将空运改为海运，亦可同样达到成本降低的目的。当然，前置时间（Lead-time）是否足够，是否会影响到其他工作，必须先行确认，并作周密的评估。

3. 作业成本法

作业成本法（Activity Based Costing）是企业另外一个控制成本的方法，这在美国惠普公司已经实施了多年。这种方式将间接成本（Indirect Cost）依照在某一产品上实际花费的时间正确地进行配置，有别于传统会计作业将间接成本平均分摊的做法。作业成本法运用到采购管理中，即将采购间接成本按不同的材料、不同的使用部门等进行分配，从而科学地评价每种材料、每个部门等实际分摊的采购间接费用。它可以让管理阶层更清楚地了解间接采购成本分配的状况。不过，分析的过度细化，往往容易导致越想全面掌控却又越抓不到重点的情形。所以，适时地利用如帕累托分析（Pareto Analysis）等工具来找出关键的成本是非常必要的。

4. 目标成本法

目标成本是指企业在新产品开发设计过程中，为了实现目标利润而必须达到的成本目标值，即产品生命周期成本下的最大成本允许值。目标成本法的核心工作就是制定目标成本，并且通过各种方法不断地改进产品与工序设计，以最终使得产品的设计成本小于或等于其目标成本。这一工作需要由包括营销、开发与设计、采购、工程、财务与会计，甚至供应商与顾客在内的设计小组或工作团队来进行。

产品的目标成本确定后，可与企业目前的相关产品成本相比较，确定成本差距。而这一差距就是设计小组的成本降低目标，也是其所面临的成本压力。设计小组可把这一差距从不同的角度进行分解，如可分解为各成本要素（原材料和辅助设备的采购成本、人工成本等）或各部分功能的成本差距；也可按上述设计小组内的各部分包括零部件供应商来分解，以使成本压力得以分配和传递，并为实现成本降低目标指明具体途径。采购部门则要根据每种材料的目标成本去进行采购，以保证最终产品的成本能达到目标成本的要求。

5. 供应商成本结构分析法

在实际操作中，企业了解供应商成本结构可以在谈判过程中取得合理的价格。企业控制、降低采购成本的一个基本手段是要求供应商提供尽量详细的报价单，即将供应商提供的产品按固定费用及可变费用细项展开计算，逐项核定其准确合理性。

6. 谈判法

企业在采购管理中一项至关重要的工作就是对供应商的成本结构及其业绩进行分析，并在此基础上进行谈判。谈判是降低采购成本的重要渠道之一，但最新研究表明，通过谈判降低采购成本的幅度是有限的，企业还要配合集中采购法、目标成本法、供应商成本结构分析等方法的运用，综合考虑如何降低采购成本。

（二）现代采购成本控制方法

现代企业发展需要企业能在全球化环境下不断提高自身竞争力，企业采购范围也突破了传统的区域限制范围。企业采购需要站在企业发展战略的高度，从企业整体价值链上进行控制，这一方面因为全球化环境要求企业在实施走出去战略时，必须首先实施采购全球化战略，用战略采购的思路来代替传统的局部和短期成本控制方法；另一方面现代信息技术和网络技术为企业价值链管理提供了科学的工具，从而使供应链管理得以实施。

1. 战略采购成本控制方法

企业通过战略性采购来加强企业营运能力及市场定位的系统方法——战略采购方法被引入成本控制过程，可以有效地降低物料价格、简化供应链程序并改进市场反应速度，进而产生大量的成本节约。

战略采购可以降低采购和服务成本。虽然它仅仅是一种控制成本的工具，但它在降低采购产品及服务总成本的能力方面表现突出。在此，引入“总成本”而不是发票成本的概念，因为它代表了企业拥有这些物料的总成本。运用“总成本”的概念有助于企业将管理重点引向获得所有权的总成本。为了以更低的总成本购得物料，战略采购运用一种以数据分析为基础的方法，帮助企业针对各类目物料制定采购战略。一旦企业采购战略定下来，就可以运用多种策略加以执行，并能更有效地处理供应商的确认、挑选、谈判及供应商关系管理等事项。通过运用全球采购和采购量集中等策略，企业可以进入更大的供应基地，并增强对各个供应商的影响力。另外，运用如重建与供应商的关系、改善合作过程等策略，企业可以简化采购过程，加强企业与供应商的关系，从而降低交易成本。

企业通过战略采购不仅在于压价，其本质上也是达到战略性决策的目的。企业战略采购重点在于开发一个战略性供应基地，从而加强企业的竞争力，使企业能在高速发展的经济中成长壮大。为达到这个目标，战略采购运用一种有系统、以数据分析为基础的方法，帮助企业更了解外部供应市场状况及内部需求。通过这种认识，企业能对其采购成本、内部需求控制、采购战略、供应基地联盟做出战略性决策。

战略采购帮助企业重新理解如何与供货商交易，如何永久降低成本和提高供应商的价值贡献。在专业化和产品分组化的情况下，很多企业扩大其供货商的责任范围，包括设计和研究开发等。这种战略性关系需细心设计和维持，才能确保双方在互惠的情况下交易。战略采购须对供货商的生产能力、生产量、战略方向、发展潜力及在竞争性市场上的定位作出有系统地评估。企业采用战略采购而降低生产成本和提高竞争能力，平均来讲，战略采购能为企业降低采购物料的成本10%～20%。在一些类目，物料的价格降幅更高达50%。除了降低物料的价格，战略采购也使企业在运作上的灵活度大大提高。例如，更新采购程序和与供应商的协调而降低库存，使部分营运资金能被有效地分配使用。

尽管战略采购方式是一种有力的工具，但它仍有不足之处。战略采购的关键问题是从始至终需要很长时间。对每个类目可能需要六个月至一年的时间才能完成战略采购。随着互联网的普及，部分战略采购可以在网上进行，将每个类目战略采购过程缩短至三个月的时间。而且战略采购除了可降低采购的成本，还使企业能比离线战略采购更早获得成本节约的效果。但在线战略采购在我国还需要普及。虽然战略采购在我国还是新鲜事物，但我国的企业将来发展的方向应该是，绕过传统的离线战略采购方法而直接使用这种降低成本的工具——电子采购法，并战略地利用采购职能来加强企业市场定位和市场竞争力。

企业的采购战略成本核算流程一般由以下四个步骤组成：

（1）估计供应商的产品或服务成本。企业采购人员可以通过参观供应商的设施，观察并适当提问获得许多有用的数据，以估计供应商的成本。而要估计供应商的成本，采购人员必须了解产品的用料、制造该产品的人员数量以及所有直接用于生产过程的设备的总投资额。

企业组建团队去参观供应商设施，这一团队至少应有 3 个人，其中包括来自工程部、采购部和生产部等 3 个关键部门各一人。参观前，小组成员应先碰头，确定每个人承担的角色及参观重点。每个人分配一个成本动因，即物料、总投资和人工中的一个，并且就该动因收集尽可能多的信息。由于工程部人员对设备最为熟悉，通常会指派他去了解生产产品所用的全部生产设备以及这些设备的供应商。采购人员的任务则是深入了解用于制造这些产品的物料。而生产部人员则通常去了解生产流程以及人员配置。

了解供应商的基本成本情况以后，企业就可以规划一个使自己在价格上获利的谈判。但最佳的战略选择却应是企业如何跟供应商一起降低比重最大的成本，从而降低企业的物料成本，提高收益。就谈判而言，要始终争取双赢的局面，也就是说要尽量从谈判中获得双方都有利的最佳结果。如果企业试图与供应商建立长期的关系，就不能在谈判中把供应商逼到赔钱的地步；与此同时，企业自己也不能做太多的让步。

（2）估计竞争对手的产品和服务成本。采购人员对竞争对手的估测能提供必要的信息，使企业在市场中占据主动地位。这种先发制人的姿态能使企业保持业界的领先地位，并最终使其保持盈利性，长久地生存下来。

竞争力评估不仅仅是指瞄准业界同行的标杆，也指对竞争对手的业务、投资、成本、现金流作出细致的研究，并找出其长处和弱点。这些信息虽来之不易，但它们能使企业领导层作出可靠的商业决策，保持企业的竞争力，成为“群雄之首”。

例如，在专利中包含丰富的信息，从专利资料中，企业一般都可以获得所用的物料和制造流程两条主要信息。有了来自专利的信息，加上对制造流程的了解，企业的工程人员就能编写流程图，并对制造设备的购置投资作出评估。

细分市场概述、企业财务资料、管理人员简介以及企业历史也能为企业提供有关竞争对手的丰富信息。通过查阅含有主要销售数据和市场等信息的商务杂志，企业能对市场有所了解。一旦确定这些资料，企业就可以估计竞争对手的产品和服务成本。

另外，企业在估算竞争对手的成本后，可以根据竞争情况，将其与自己的优势或劣势的成本领域相比较。企业通过确定竞争对手与自身在产品或服务成本上的差异，就能利用目标成本建立成本目标。这就是战略成本核算的用意，即战略性地估计出的自己的成本，以便尽可能地实现利润最大化。

（3）设定企业的目标成本。企业首先着手确定需要注意的领域，实施改善成本。改善前，必须先估计竞争对手的成本，将其与企业的实际成本相比较。例如，竞争对手的优势在于物料、劳务以及管理方面的成本。在物料方面成本能做到每件 6 元人民币，在劳务方面做到每件 5 元人民币，管理成本方面做到每件 2 元人民币。而企业的最佳策略是制订计划来研究上述领域的状况。如果计划难以奏效，或者不认为企业能大大降低这些成本，那么最佳策略也许是不要再在研究和发展上做任何投资。如果竞争对手的薄弱环节主要表现在水电、维修、折旧、财产或保险方面，这对企业意味着什么呢？这些领域跟总投资直接相关，竞争对手肯定拥有更高的自动化程度或更为流水线化的流程。

战略成本核算要求企业发现需要改进的领域，分析实现这些目标所需付出的努力，并计算实现这些改进给企业带来的价值。

（4）确定这些流程与产品能持续改进对企业的价值。企业作出的任何改进都可能从短期效果和长期效果两方面考虑。要发现改进对财务状况的长期影响，可以参考现金流。现金流比单单的净利润更能映射全局。现金流是企业资金流入量减去流出量后的金额。现金流入的主要来源是销售收入；现金流出则包括企业运营、购买新的固定设施或设备以及支付税金等一切必要的现金开支。

现金流对于企业，就如同血液对于人体，人体缺血会死亡。如果企业现金流出量大于流入量，企业就会“不健康”，甚至可能“死亡”。现金“缺血”在小企业当中尤为常见，它们一般没有大量的现金储备。可以运用现金流分析，确定一个企业的健康程度，制订财务计划。通过计算年度实际或预测的现金流入和流出，企业就可制订计划，保证财务顺利运行；通过预测本企业和竞争对手的现金流，也可以了解到战略规划效果在财务上的反映。

这些规则适用于当今市场上的所有企业。企业只有在战略上走在成本控制的前列，降低成本，了解竞争对手情况，在扩大或缩小规模方面作出明智的决策，才能赢得竞争的胜利。

2. 供应链采购成本管理方法

供应链管理（Supply Chain Management）技术是一种新兴的企业成本管理技术。它的定义是“在满足服务水平需要的同时，为了使系统成本最小而采用的把供应商、制造商、仓库和商店有效地结合成一体来生产商品，并把正确数量的商品在正确的时间配送到正确的地点的一套方法。”

供应链管理的作用在于通过系统地设计与管理各供应环节，使企业达到两个目的：①供应链系统的总成本最优；②更能满足客户需要。这样，供应链管理必然对企业成本管理的诸多方面带来比较大的影响，其主要体现在：供应链管理使企业成本管理的目标具有两重性；供应链管理使企业成本管理活动具有层次性；供应链管理使企业成本管理活动具有整体性；供应链管理使企业成本管理更重视信息技术的应用和信息的收集工作。

供应链管理的实现主要通过利用信息技术和供求信息在企业间的整合。因此，这个电子化的供应链系统方案应包括客户关系管理系统（CRM）、企业资源规划系统（ERP）、供应链管理系统（SCM）、产品资讯系统（PDM）、全球采购管理（GPM）、全球需求管理（GDM）和电子商务（e-Commerce）。实施供应链管理需要耗费大量的时间和财力，在美国，也只有不足50%的企业在实施供应链管理。Kearney 咨询企业指出，供应链可以耗费整个企业高达25%的运营成本，但实施这项管理的收益也是巨大的。从国外的经验看，实施供应链管理成功的例子明显多于失败的例子。目前，国内绝大多数企业供应链成本管理还处在较低的层次上。

相对于传统采购理念，现代采购理念体现在：共同承担全面产品开发过程的责任；从追求功能到追求协作过程；从追求利润到追求可获利能力；从产品到用户服务；从注重交易到注重关系的建设；从交易产品清单到交易信息。

对于国内企业，需要考虑我国国情和企业自身情况，量力而行，从本企业的实际出发，切实采用合适的采购成本管理方法进行企业成本管理，以提高自身竞争力。

学习情境设计：企业采购成本分析

一、实训目的

（1）了解采购成本的构成，能够恰当运用 ABC 分析法及价值分析法来分析采购成本。

（2）通过各种方式取得价格信息，进行价格调查，能够提出恰当的采购策略。

（3）进一步理解如何降低成本，进行采购成本的控制。

（4）不断培养和增强学生的分析能力、组织能力、沟通能力、团队协作精神等。

二、实训组织

（1）知识准备：采购成本的构成、采购成本控制和分析方法。

（2）学生分组：每个小组人数以 3～5 人为宜，小组中要合理分工，每组选出一位小组长。

（3）实训地点：产学研合作单位、教学基地或自主选择调查企业。

三、实训要求

（1）对相关采购部门采购物料种类、数目、成本等方面的资料进行调查并做相应记录，从而为采购成本分析做相应的准备工作。

（2）在收集资料时，主要根据采购部门的实际项目开展活动，任课教师调控整个过程。

（3）各小组对所收集的采购信息进行分析、讨论，了解所调查采购部门采购成本的构成。

（4）将所学的两种成本分析法适当地加以应用，最后提出合适的采购策略。

四、实训报告

对有关超市或其他采购部门进行调查，了解采购成本方面的相关资料。以小组为单位对所收集的资料进行分析并组织研讨，比如，哪些商品的采购价格比较合理？哪些价格存在不合理的现象？其影响因素是什么？能否降低本月的采购成本？应用哪些方法？在充分讨论的基础上，以组为单位完成调查并撰写一份降低采购成本的分析报告，报告中应包含以下内容：

（1）调查时间、调查企业。

（2）根据调查收集的资料，以该企业某采购商品为例，分析说明其采购价格是否合理及影响因素。

（3）根据调查资料，以上述采购商品为例，进行采购成本分析。

（4）根据采购成本分析，撰写一份降低采购成本的分析报告。

五、实训考核

实训成绩根据个人表现和团队表现进行综合评定。考评内容包含以下几项：

（1）相关资料是否通过实地调查获得，调查资料是否翔实、准确、具体。

（2）调查结果描述是否清楚，有没有通过搜集到的企业实例进行说明。

（3）分析结果是否深入、全面，采购策略或降低采购成本的措施是否具有可操作性。

（4）小组内部分工是否明确，组员是否有协作精神，根据个人任务完成情况由组长评分。

（5）小组总结汇报思路是否清晰、内容是否充实、重点是否突出，由教师对小组进行评分。

（6）实训报告是否按要求的规范格式完成，对个人报告或小组报告进行评分。

（7）根据个人得分和小组综合评分最终确定每个学生的实训成绩。

第七章　采购谈判与合同管理

工作任务及过程

单位名称	采购部	流程名称	采购跟催/验收	工作任务说明
总经理	采购部门	相关部门	供应商	配置学习领域

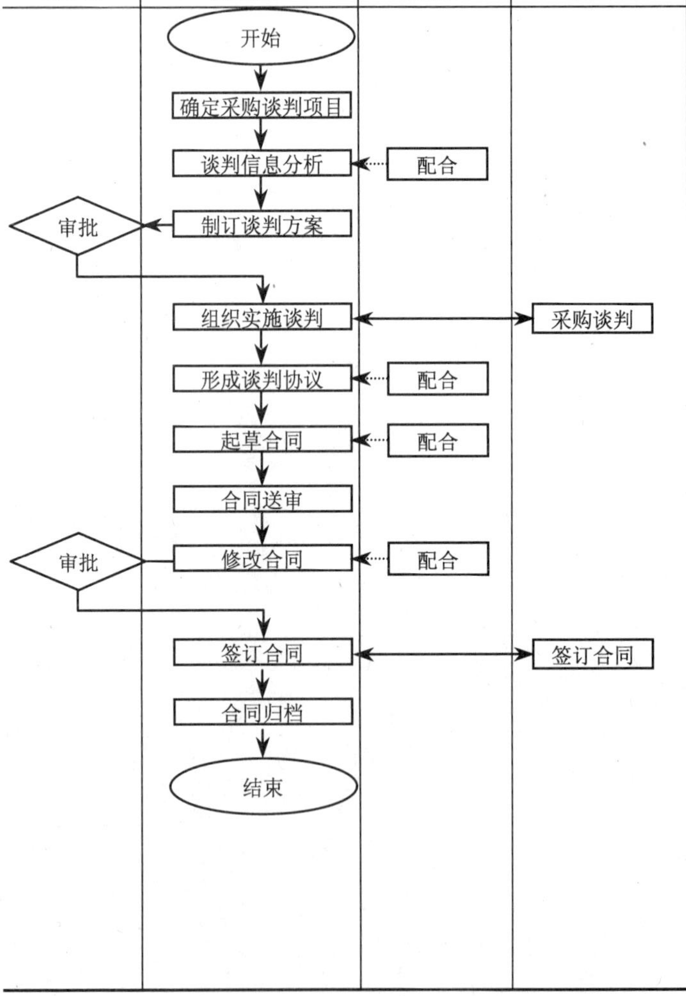

首先确定谈判项目，即对谈判内容予以确定，包括物料品质、包装、价格、数量、付款条件以及交货期等。然后收集供应商信息包括了解供应商的运营状况、商业信誉、供货成本以及供应商的价格底线等内容，并分析谈判双方的优势和劣势

根据前期掌握的信息，制订详细的采购谈判方案，方案的内容包括谈判目标、谈判议程、参加人员以及谈判策略等，报送上级审核。审批通过后，组织相关人员同供应商进行按照既定程序进行谈判，针对有关交易条件达成一致意见

根据形成的谈判协议起草合同，企业的法律顾问应针对合同的合法性和法律保障性提出相应的意见，配合采购部拟定采购合同，采购部经理审阅起草后的采购合同，核查合同条款，对需要修改的合同应返回相关人员进行修改，采购合同编制完毕后，采购部应安排与供应商签订采购合同的相关事宜

企业代表签订合同后，采购合同交于采购部相关人员进行存档，采购部相关人员将采购合同及与采购合同有关的资料进行建档、归档

职业能力要求

1．岗位：采购合同主管

（1）协助采购部经理建立采购价格和合同管理体系，为实施采购建立执行、控制机制。

（2）组织制定公司采购合同管理制度、采购价格管理制度以及谈判制度。

（3）建立采购价格管理、谈判管理及合同管理流程，编制和统一合同范本。

（4）组织实施合同价格调研与分析，开展询价和议价工作。

（5）负责合同谈判、合同签署以及合同执行工作。

（6）检查合同执行情况，预测合同履行风险，并制订风险防范措施。

（7）指导谈判资料、价格资料和合同文件的整理、汇总和归档。

2．岗位：合同管理专员

（1）协助采购合同主管进行采购价格管理和合同管理体系的建立、完善和更新工作。

（2）协助采购合同主管制定公司合同策略、价格分析流程和谈判流程，编制合同范本。

（3）协助采购合同主管建立采购价格管理、谈判管理以及合同管理流程，起草合同范本。

（4）收集采购价格信息，实施采购价格调研活动，编写采购价格调研报告。

（5）协助采购合同主管起草合同文本，确定主要合同条款。

（6）参与合同谈判工作，执行合同风险防范措施。

（7）整理、汇总谈判资料、价格资料和合同文件。

3．岗位：采购谈判主管

（1）协助采购部经理建立采购价格谈判管理体系。

（2）组织制定公司采购谈判制度。

（3）建立采购谈判管理流程。

（4）负责采购谈判及执行工作。

（5）指导谈判资料、价格资料的整理、汇总归档。

4．岗位：采购谈判专员

（1）协助采购谈判主管进行采购谈判体系的建立、完善和更新工作。

（2）协助采购谈判主管制订公司价格分析流程和谈判流程。

（3）协助采购谈判主管建立采购价格管理、谈判管理流程。

（4）收集采购价格信息，编写采购价格调研报告。

（5）参与采购谈判工作。

（6）整理、汇总谈判资料和价格资料。

项目任务驱动

精明的合同谈判——拉法基北美公司

没有公司想多付钱给 IT 供应商，但拉法基北美公司却一度这样。拉法基北美公司是由法国拉法基集团控股的一家私人公司，该公司主要生产混凝土、石膏、铺路材料及其他建筑材料，年销售额达 60 亿美元。

拉法基北美公司 IT 副总裁兼 CIO Patrick Kys 当初觉得，他们公司并未从 AT&T、惠普和微软等主要的 IT 供应商那里得到应有的定价优势。Kys 表示，自己及其他几名高级经理并不知道应该得到哪种幅度的折扣，因而不确信自己在谈判过程中是不是体现出了应有的强势态度。“技术经理个人很难获得相关的可靠信息，不清楚供应商的价格底线。供应商合同常常规定：客户不得讨论价格。在谈判桌上与供应商进行周旋和谈判确实需要经验和技巧。” Kys 说。

为了应对这一难题，拉法基北美公司（以下简称“拉法基”）去年聘请了 NPI 财务咨询公司（以下简称“NPI”），专门用于开支管理咨询。NPI 用了几周时间审阅拉法基与 AT&T 及其他 IT 供应商的合同，最后得出的结论是：拉法基付给 IT 供应商的费用过多。于是，NPI 马上着手洽谈更优惠的交易。

NPI 为许多客户提供咨询服务，也替一些客户去谈判；它收集了各行各业供应商报价方面的基准数据，同时对每个客户的数据予以保密。Kys 说：“他们了解内幕。”

NPI 的代表指导拉法基如何谈判，有时会直接介入，替拉法基与对方谈判。拉法基北美公司的 IT 审计员 Sepehr Kousha 说，“NPI 在替拉法基与 AT&T 谈判合同时，要求这家供应商在价格方面‘优惠些’；在与惠普洽谈之前，NPI 提供了基准数据，对我们大有帮助。”

拉法基大量使用了惠普的产品，包括惠普台式电脑、笔记本电脑、服务器、打印机、存储产品和各种实用软件。Kousha 表示，拉法基与惠普续订维护和服务协议时，NPI 用了两周时间，将拉法基目前的合同与第三方提供商提供的类似条款、条件和价格进行了一一对照，还与惠普提供给其他客户的服务作了对照。Kousha 说：“这不但帮助我们降低了当年度的价格，还谈成了一笔多年协议，那样我们的价格不会在接下来的 24 个月被定死。” 这些谈判花了大约 6 个月的时间，确定高昂的软件价格确实很复杂。

在与 AT&T 新签订的网络和数据电信协议中，拉法基省下了“7 位数的费用”。Kys 表示，节省的幅度比自己原先预料的还多 20%，这完全归功于 NPI。电信合同谈判起来通常很费劲，但由于掌握了更多信息，拉法基的员工避免了被对方宰一刀。“对方试着把你拖垮，不会很快拿出一个最终价格。他们就是想让你放弃，我们则采取了与对方磨到底的战术。"Kousha 说。接下来，摆在 Kousha 和 Kys 面前的是存储设备合同以及思科的 Smartnet 技术支持合同。

Kys 劝告 CEO，应当为技术部门增加一名审计员或者财务经理。大多数 IT 经理与供应商的谈判"纯属业余"，缺乏成功谈判的种种战术。Kousha 向 Kys 直接报告，与公司财务主管则是间接报告关系。

任务一：如何组织采购谈判。

任务二：采购合同的执行与签订应注意哪些问题。

学习领域配置

第一节　采购谈判基础

一、采购谈判

（一）采购谈判的概念

谈判（Negotiation）是指人们为了达到彼此的目的而进行相互协调和沟通，并在某些方面达成共识的行为和过程。作为协调各方关系的重要手段，谈判既是一门科学，又是一门艺术，它可以应用于政治、军事、外交、经济、科技等各个领域，并发挥着独特的作用。

商务谈判是指不同国家、不同经济体之间为了彼此的利益，通过沟通、协商、妥协最终达成一致，把一种可能的商机确定下来的过程。

采购谈判是商务谈判中的一种，是指企业为采购商品作为买方，与卖方厂商对购销业务有关事项，如商品的品种、规格、技术标准、质量保证、订购数量、包装要求、售后服务、价格、交货日期与地点、运输方式、付款条件等进行反复磋商，谋求达成协议，建立双方都满意的购销关系。另外，在采购过程中，由于业务操作失误发生了货物的货损、货差、货物质量数量问题在赔偿问题上产生争议，也要进行谈判，也属于采购谈判。

在采购谈判中，谈判双方主要就以下几项交易条件进行磋商：①品质条件；②价格条件；③数量条件；④包装条件；⑤交货条件；⑥货款的支付条件；⑦货物保险条件；⑧检验与索赔条件；⑨不可抗力条件；⑩仲裁。

商品的品质、价格、数量和包装条件是谈判双方磋商的主要交易条件。只有明确了商品的品质条件，谈判双方才有谈判的基础，即谈判双方首先应当明确双方希望交易的是什么商品。在规定商品品质时，可以用规格、等级、标准、产地、型号和商标、产品说明书和图样等方式来表达，也可以用一方向另一方提供商品实样的方式表明己方对交易商品的品质要求。

在国内货物买卖中，谈判双方在商品的价格问题上主要就价格的高低进行磋商。而在国际货物买卖中，商品价格的表示方式除了要明确货币种类、计价单位以外，还应明确以何种贸易术语成交。国际商会制定的《1990 年国际贸易术语解释通则》介绍并解释了 13 种贸易术语，它们清楚地表达了买卖双方各自应当承担的风险、手续责任和相关的费用。

在磋商数量条件时，谈判双方应明确计量单位和成交数量，在必要时订立数量的机动幅度条款。在货物买卖中，大部分货物都需要包装。因此，谈判双方有必要就包装方式、包装材料、包装费用等问题进行洽谈。

商品的交货条件的磋商是指谈判双方针对商品的运输方式、交货时间和地点等进行的磋商。而货运的保险条件的确定则需要买卖双方明确由谁向保险公司投保，投保何种险别，保险金额如何确定，以及依据何种保险条款办理保险等。

货款的支付问题主要涉及支付货币和支付方式的选择。在国际货物买卖中使用的支付方式主要有汇付、托收、信用证等。不同的支付方式，买卖双方可能面临的风险大小不同，在进行谈判时，因根据情况慎重选择。

检验、索赔、不可抗力和仲裁条件，有利于买卖双方预防和解决争议，保证合同的顺利履行，维护交易双方的权利，是国际货物买卖谈判中必然要商议的交易条件。

（二）采购谈判的类型

从形式角度划分，采购谈判分为横向式谈判和纵向式谈判。横向式谈判是综合的全面铺开的一种谈法，纵向式谈判是一个问题接一个问题地谈。

从立场角度划分，采购谈判分为硬式谈判、软式谈判和价值式谈判。硬式谈判也称立场式谈判，是指在谈判中始终坚持自己的立场，并将这种立场置于利益之上；软式谈判也称让步式谈判，是指强调建立一种协作关系，表现为适当的让步和妥协；价值式谈判注意人际关系，以尊重对手为出发点，主张利益的获得是彼此从对方的实现中体现出来的。

从目的角度划分，采购谈判分为赢—赢谈判、赢—输谈判和输—输谈判。

（三）采购谈判的重要性

企业采购谈判的目的：①希望获得供应商质量好、价格低的产品；②希望获得供应商比较好的服务；③希望在发生物资差错事故损失时获得合理的赔偿；④当发生纠纷时能够妥善解决，不影响双方的关系。

采购谈判在采购活动中的重要性如下：

1. 可以争取降低采购成本

企业通过采购谈判，可以以比较低的价格获取供应商的产品，降低购买费用；

可以以比较低的进货费用获取供应商的送货，降低采购进货的费用；最终可以降低采购成本。

2. 可以争取保证产品质量

在进行采购谈判时，产品质量肯定是一个重要的内容，通过谈判可以让供应商对产品提供质量保证，使企业能够获得质量可靠的产品。

3. 可以争取采购物资及时送货

通过采购谈判，可以促使供应商保证交货期、按时送货、及时满足企业物资需要，并且可以降低企业的库存量、提高其经济效益。

4. 可以争取获得比较优惠的服务项目

伴随产品购买有一系列的服务内容，如准时交货、提供送货服务、提供技术咨询服务、售后安装、调试、使用指导、运行维护以及售后保障等。这些服务项目，供应商都需要花费成本，供应商希望越少越好，而企业希望越多越好，这就需要谈判。

5. 可以争取降低采购风险

采购进货过程风险大，途中可能发生事故，造成货损、货差甚至人身、车辆、货物的重大损失，只有通过谈判，才可以让供应商分担更多风险、承担更多风险损失。这样企业就可以减少甚至避免采购风险，减少或者消除风险损失。

6. 可以妥善处理纠纷

采购过程中极易发生各种纠纷，通过谈判可以妥善处理纠纷，维护双方的效益、维护双方的正常关系，为以后的继续合作创造条件。

总之，通过谈判，可以争取降低采购成本和采购风险、及时满足企业物资需要、保证物资质量、获取优惠服务、降低库存水平、提高采购的效益。如果能够谈判成功，则对企业是非常有利的。

二、采购谈判的原则与特点

（一）采购谈判的原则

1. 公平与合作性原则

供应方和采购方是两个既对立又必须相互合作的经济独立体。双方要想发生交易，必须本着合作的原则进行谈判。双方平等互利，协商所需，但非利益均分。

2. 诚信原则

谈判人员要重视作为谈判对方的每一个客户，要采取一切措施，使谈判对方对谈判保持极大的兴趣。通过给予对方心理上更多的满足来增强谈判的吸引力。例如，在谈判中注意表现出个人的独特气质，给对方树立诚实、可信、富于合作精神的形象，使对方产生可信赖、可交往的感觉，缩短对方心理上的距离；或在谈判中注意留有余地，让对方感到通过洽谈可以获得的成功，使其保持良好的心绪和信心，从而使对方不轻易中断和己方的谈判。

3. 充分准备的原则

在进行正式谈判前，应在条件许可的情况下，事先掌握谈判对方的企业现状，如企业的信誉、优势和劣势等；弄清本次谈判的利益何在、问题是什么、谁是对方的决策人物等有关资料。只有充分了解对方，才能有针对性地制订谈判策略，击中对方的要害，使己方处于优势。

注意信息的收集、分析和保密。在信息时代，信息收集是至关重要的一环，谁掌握的信息多，谁就在谈判中处于主动；谁把握信息快，谁就在谈判中占据优势。这就要求参与谈判的时候，只有在十分必要的情况下，才能将有关的想法一点一滴地透露出去，绝不要轻易暴露自己已知的信息和正在承受的压力，并且应想方设法多渠道地获取有关的信息，以便及时调整己方的谈判方案。

4. 求同存异原则

要与对方所希望的目标保持接触，适当的妥协以寻求双方整体的利益。在采购谈判中，应与对方所希望的目标保持恰当的接触，如果发现己方的要求和对方的要求之间差距较大，则应及时发出信号。例如，通过与旁人进行闲谈，故意把信号传递给对方，或通过中间人的联系，把己方的意图告诉对方，以避免加大不必要的谈判成本。

5. 多听、多问、少说的原则

在谈判中应多听、多问、少说。谈判不是演讲，演讲的目的是要把自己的主张和想法告之听众，而谈判的目的是通过语言交流实现自己的谈判目标，分得更多的“蛋糕”份额。这就要求谈判人员尽可能多地了解和获悉对方的意图。倾听是发现对方需要的重要手段；恰当的提问是引导谈判方向、驾驭谈判进程的工具，所以谈判能手往往是提问的专家。而说得过多则会产生不应有的失误，所谓“言多必失”，极易使自己陷于被动。同时，多听、多问有助于发现事情的真相，探索对方的动机和目的，迫使对方更多地提供信息反馈，从中获悉新的情况，以确立和调整己方的策略、措施和方法。

不要急于向对方摊牌或展示己方的实力。让对方摸不到己方的底牌是谈判重要的计策之一，所以不要轻易把己方的要求和条件，过早地、完整地、透彻地告诉对方，应采取有效的暗示方式，如通过第三方的影响或舆论的压力。沉着应战，使对方陷入疲惫境地，当对方的耐心被攻破时，谈判就会有极大的转机，就会向着对己方有利的方向发展。

6. 分级实现目标的原则

谈判时不宜使自己表现出在谈判结果上毫无退让之势。一般来讲，谈判目标可分为三级，即最低目标、可接受目标和最高目标。最高目标是应努力争取的，最低目标是退让妥协的底线，可接受目标是可谈判的目标。具体的策略应根据己方在谈判中所处的地位而定；当想获取时，应提出比原预想的目标还高些的要求，而不应恰好处于原预想的目标上；当要付出时，应提出比原预想的目标还低些的要求，而不应恰好处于原预想的目标上。虽然没有适当的让步，谈判就无法进行下去，但让步是要有原则的。让步的原则是：让步要稳，要让在明处；要步步为营，小步实施；要让对方知道，提醒对方注意。如果是单方面让步，其危害性不仅仅在于让步的大小，还在于它削弱了己方的谈判地位。让步之后要大肆渲染，即告知对方自己因让步所作出的牺牲和所受到的损失，希望对方予以关注，并要求对方予以补偿。

在采购谈判中，谈判双方虽然站在各自的立场，处于对立的状态，但双方的最终目的都是希望谈判能获得成功，为此，双方都尽量遵守合作原则以显示自己的诚意，确保谈判的顺利进行。但由于种种原因，如谈判策略的需要、各自的立场不同等，谈判双方又是经常性地违反某些原则，这时，双方就需揣度彼此的弦外之音，言下之意，以决定己方的应对之策，这不仅是智慧的较量，也是语言运用和理解能力的较量。

（二）采购谈判的特点

采购谈判属于商务谈判的范畴，它具有商务谈判的基本特点，但同时也具有自己的特殊性。

第一，采购谈判是采购方为了最终获取本单位或部门所需物资，保障本单位或部门及时、持续的外部供应。

第二，采购谈判讲求经济效益。在谈判中，买卖双方争议最激烈的问题往往是商品的价格问题。对采购方来讲，当然是希望以最低的价格或者最经济地获得所需商品。

第三，采购谈判是一个买卖双方通过不断调整各自的需要和利益而相互接触，最终争取在某些方面达成共识的过程。

第四，采购谈判蕴涵了买卖双方“合作”与“冲突”的对立统一关系。双方都希望最终能够达成协议，这是合作的一面；但各方同时又希望通过协议能够获得尽可能多的利益，这是冲突的一面。正是由于买卖双方的这种对立统一关系，才体现出了采购谈判的重要性以及在谈判中采用适当策略和技巧的必要性。

第五，在采购谈判中，最终达成的协议所体现的利益主要取决于买卖双方的实力和当时的客观形势。另外，谈判结果还在一定程度上受主观条件的制约，如谈判人员的素质、能力、经验和心理状态以及在谈判中双方所运用的谈判策略与技巧。

第六，采购谈判既是一门科学，又是一门艺术。掌握谈判的基本知识和一些常用策略技巧能使谈判者有效地驾驭谈判的全过程，为己方赢得最大的利益。

在采购谈判的实际组织实施中，要综合考虑采购谈判的上述特点，并结合实际情况，制订合适的谈判计划、方案和策略等。

三、采购谈判的影响因素

在合作经济中，任何企业都不可能完全独立运营，而要进行大量的商务谈判。有效的谈判不仅可以使企业最大程度获得正当利益，而且可以使对方对谈判结果满意，并改善企业间的关系，为日后双方进一步合作奠定良好的基础。

采购谈判是一种既“合作”又“对立”的过程，为了在谈判中取得优势、处于主动地位，获得更多符合企业自身的经济利益，企业必须重视加强谈判实力。

采购谈判也是一种“双赢”和“互利”的过程，谈判各方当事人之间的关系不是“敌人”，而是“合作的伙伴”。但是，这并不意味着双方利益上的平均，而是意味着利益上的均衡，因此，为获得更多有形和无形的利益，形成了谈判双方的“冲突”，这种既“合作”又“冲突”的特点构成了采购谈判的二重性。二重性决定了采购谈判成功的基础是谈判实力。谈判实力指的是“影响谈判双方在谈判过程中的相互关系、地位和谈判最终结果的各种因素总和以及这些因素对各方的有利程度”。一般来讲，影响谈判实力强弱的因素有七个方面：

（一）谈判时机

虽然谈判双方都希望采购交易成功，但是就交易成功的渴望而言，谈判双方是不一样的。交易本身对谈判双方的重要性也不是完全相同的，如果交易对某一方更重要，则该方在谈判中的实力就弱。例如，秋季将至，零售商为准备新式的服装，急需将过季的夏装销售出去，然而，对于提供新式秋装的供应商而言并不急于将过季服装销售罄尽。所以，在供应商和零售商的谈判中，零售商就处于不利的地位，谈判实力相对较弱。

（二）交易条件

交易中的某一方对承诺的交易条件的满足程度越高，那么在谈判中的实力就越强。例如，在货物买卖谈判中，如果卖方对买方关于质量、数量、交货时间、地点以及售后服务等方面的要求都能充分予以保证和满足，则卖方的谈判实力强；反之，则谈判实力弱。

（三）谈判时间

在谈判过程中，哪一方时间紧迫，拖不起，希望早日结束谈判，达成交易，则时间的局限会削弱其谈判实力；反之，最有耐心的一方，能够承受旷日持久的谈判，谈判实力就强。

（四）行情的了解

商业信息是无形的资源，但它是值得重视的资源，它可以转化为财富。谈判双方谁掌握的商业行情多，了解的情况详细，谁就在谈判中占主动、有利地位，谈判实力就强。

（五）市场竞争态势

在采购交易中，如果出现一对多的供应态势，则有利于处于垄断地位的供方，可以增强该方的谈判实力；而需方在谈判中的实力就会大打折扣。反之，对于处于多对一的供应态势，会增强需方的谈判实力。从微观经济学的角度讲，即完全垄断的市场有利于卖方，卖者往往拥有物以稀为贵的优势；相反，在一个完全竞争的市场则有利于买方，买方可以挑选卖方的产品和服务。

（六）企业的信誉和实力

从总体上来看，企业实力是指企业规模、技术水平、员工素质、市场占有率等。企业实力虽不等同于谈判实力，但它是形成谈判实力的基础。企业的商业信誉越高，社会知名度越大，企业实力就强，支持和影响谈判的因素就多，谈判实力就强。

（七）谈判的艺术和技巧

谈判人员如果能充分调动有利于己方的各种因素，避免不利因素，就能加强谈判实力。所以谈判人员必须外塑形象，内强素质。素质高，谈判技巧娴熟，就能增强谈判的实力；反之，则会影响谈判实力的发挥。

第二节　采购谈判的组织实施

一场谈判是否能够取得圆满的结果，取决于多方面的因素。但企业采购部门是否对谈判组织周密严谨，谈判前是否作了充分的准备，谈判中是否能够灵活运用有关策略技巧等，对谈判能否成功起着重要的决定作用。下面分别针对采购谈判的准备阶段、开始阶段、进行阶段和结束阶段作详细的介绍。

一、采购谈判的准备阶段

准备工作做得如何在很大程度上决定着谈判的进程及其结果。有经验的谈判人员都十分重视谈判前的准备工作。一些规模较大的重要谈判，往往提前几个月甚至更长的时间就开始着手进行精心的准备。

总体上讲，前期的准备工作主要从谈判有关资料的收集、谈判方案的制订、谈判队伍的组建等方面展开。

（一）采购谈判资料的收集

通过对谈判有关资料信息的收集、整理、分析和研究，谈判人员就会有较为充分的心理思想准备、明确谈判的主客观环境，预测在谈判中可能会出现的问题。

1. 采购需求分析

采购需求分析是指要在采购谈判之前弄清楚企业需求什么、需求多少、需求时间，最好能够列出企业物料需求分析清单。

2. 资源市场调查

在作出采购需求分析之后，就要对资源市场进行一番调查分析，获得市场上有关物资的供给、需求等信息资料，为采购谈判的下一步决策提供依据。资源市场调查通常包括以下内容：

（1）产品供应、需求情况。企业通过对所需产品在市场上的总体供应状况的调查分析，可以了解该产品目前在市场上的供应情况。即对于该产品来讲，目前市场上是供大于求、供小于求，还是供求平衡。不同的市场供求状况，买卖双方就要制订不同的采购谈判方案和策略。例如，当市场该产品供大于求时，对于己方来说讨价还价就容易些；供小于求情况则相反。

另外，通过对所要采购的产品在市场上的需求情况的调查分析，还可以了解该产品目前在市场上的潜在需求者，他们或者是生产本企业同种产品的市场竞争者，或者是生产本企业产品替代品的潜在市场竞争者。企业也要时刻注意他们对于该产品的采购价格、政策等。

（2）产品销售情况。作为买方，企业通过调查准备购买的产品在市场上的销售情况，可以了解该类产品各种型号在过去几年的销售量及价格波动情况；该类产品的需求程度及潜在的销售量；其他购买者对此类新、旧产品的评价及要求，等等。通过对产品销售情况的调查，可以使谈判人员大体掌握市场容量、销售量，有助于确定未来具体的购进数量。

（3）产品竞争情况。产品竞争情况的调查包括生产同种所需产品供应商的数目及其规模；所要采购产品的种类；所需产品是否有合适的替代品及替代品的生产厂商、此类产品的各重要品牌的市场占有率及未来变动趋势；竞争产品的品质、性能与设计；各主要竞争对手所提供的售后服务方式，及中间商对这种服务的满意程度；等等。

通过产品竞争情况的调查，使谈判人员能够掌握供应己方所需同类产品竞争者的数目、强弱等有关情况，寻找谈判对方的弱点，争取以较低的成本费用获得己方所需产品。也能使谈判人员预测对方产品的市场竞争力，使自己保持清醒的头脑，在谈判桌上灵活掌握价格弹性。

（4）产品分销渠道。产品分销渠道的调查主要包括各主要供应商采用何种经销路线，当地零售商或制造商是否聘用人员直接推销，其使用程度如何；各种类型的中间商有无仓储设备；各主要市场地区的批发商与零售商的数量、各种销售推广、售后服务及存储商品的功能；等等。

调查商品的分销路线，谈判人员不仅可以掌握谈判对方的运输、仓储等管理成本的状况，在价格谈判上心中有数，而且可以针对供应商售后服务的弱点，要求对方在其他方面给予一定的补偿，争取谈判成功。

3. *对方情报收集*

（1）资信情况。企业调查供应商的资信情况：①调查对方是否具有签订合同的合法资格；②要调查对方的资本、信用和履约能力。在对对方的合法资格进行调查时，企业可以要求对方提供有关的证明文件，如成立地注册证明、法人资格等，也可以通过其他的途径进行了解和验证。

对对方的资产、信用和履约能力的调查，资料的来源可以是公共会计组织对该企业的年度审计报告，也可以是银行、资信咨询机构出具的证明文件或其他渠道提供的资料。

（2）对方的谈判作风和特点。谈判作风是指谈判人员在多次谈判中表现出来的一贯风格。了解谈判对方的谈判作风，对预测谈判的发展趋势和对方可能采取的策略，以及制订己方的谈判策略可提供重要的依据。

此外，还可以收集供应商要求的货款支付方式及谈判最后期限等方面的资料。

4. *资料的整理与分析*

在通过各种渠道收集到以上有关信息资料以后，还必须对它们进行整理和分析。这里主要做两方面的工作：

（1）鉴别资料的真实性和可靠性，即去伪存真，这是一个整理的过程。在实际工作中，由于各种各样的原因和限制因素，在收集到的资料中往往存在着某些资料比较片面、不完全，有的甚至是虚假的、伪造的，因而必须对这些初步收集到的资料做进一步的整理和甄别。例如，由于在资料收集的过程中存在一定的难度，有些收集到的资料就有可能不是第一手的资料，或者是收集人员作出的估计或预测，那么这些资料的可靠性就值得怀疑，因此也就必须对这些资料进行整理与鉴别，做到去伪存真，为己方谈判所用。

（2）鉴别资料的相关性和有用性，即去粗取精，这是一个分析的过程。在资料具备真实性和可靠性的基础上，结合谈判项目的具体内容与实际情况，分析各种因素与该谈判项目的关系，并根据它对谈判的相关性、重要性和影响程度进行比较分析，并依此制订出具体切实可行的谈判方案与对策。

（二）采购谈判方案的制订

谈判方案是指在谈判开始前对谈判目标、谈判议程、谈判对策等预先所作的安排，谈判方案是指导谈判人员行动的纲领，在整个谈判过程中起着重要的作用。

1. *采购谈判目标的选择*

谈判目标指参加谈判的目的。一般可以把谈判目标分为三个层次：必须达到的目标、中等目标和最高目标。对于采购谈判来讲，采购方首先是为了获得原材料、零部件或产品，所以谈判就以能满足本企业（地区、行业或单位）对原材料零部件或产品的需求数量、质量和规格等作为谈判追求的目标，即谈判必须达到的目标；其次采购谈判还要以价格水平、经济效益水平等作为谈判的目标，这可以作为中等目标；最后采购谈判还要考虑供应商的售后服务情况，如供应商的送货、安装、质量保证、技术服务情况等信息，这是采购谈判追求的最高目标。

2. *采购谈判议程的安排*

谈判议程及谈判的议事日程是要说明谈判时间的安排和双方针对哪些内容进行磋商。

（1）采购谈判主题的确定。要进行一次谈判，首先就要确定谈判的主题，不能漫无边际地进行谈判。一般地讲，凡是与本次谈判相关的、需要双方展开讨论的问题都可以作为谈判的议题。可以把它们一一罗列出来，然后根据实际情况，确定应重点解决哪些问题。

对于采购谈判来讲，最重要的就是针对采购产品的质量、数量、价格水平、运输方式等方面进行谈判，所以应把这些问题作为谈判议题重点加以讨论。

（2）采购谈判时间的安排。采购谈判时间的安排是要确定谈判在何时举行，为期多久，若是一系列的谈判需要分阶段进行的话，还应对各个阶段的谈判时间作出安排。

一般来讲，我们在选择谈判时间时，要考虑下面几个方面的因素：①准备的充分程度，要注意给谈判人员留有充分的准备时间，以免仓促上阵；②要考虑对方的情况，不要把谈判安排在对对方明显不利的时间进行；③谈判人员的身体和情绪状况，要避免在身体不适、情绪不佳时进行谈判。

（3）谈判备选方案的制订。通常情况下，在谈判过程中难免会出现意外的事情，令谈判人员始料不及，影响谈判的进程。为了预防这种情况的发生，在接到一个谈判任务时，谈判人员应对整个谈判过程中双方可能做出的一切行动作正确的估计，并依此设计出几个可行性的备选方案。

在制订谈判备选方案时，可以注明在出现何种情况下，使用此备选方案以及备选方案的详细内容、操作说明等。

当然，任何一种估计都可能是错误的，这就要求谈判人员不仅在分析、讨论问题时，必须以事实为依据，按照正确的逻辑思维来进行，而且在谈判过程中，也要注意对谈判对手的观察和对谈判形势的分析判断，对原定的方案进行不断地修正，并结合具体情况灵活运用。

（三）采购谈判队伍的组建

采购谈判能否取得预期的效果，取决于谈判人员能否审时度势，正确合理地运用谈判策略。采购谈判队伍的组建是指在对谈判对手情况以及谈判环境诸因素进行充分分析研究的基础上，根据谈判的内容、难易程度选择谈判人员，组织高效、精悍的谈判队伍。

1. 谈判队伍组建的原则

为了保证谈判达到预期的目标，提高谈判的成功率，应根据以下几项原则来选择不同的人员组成队伍。

（1）根据谈判的内容、重要性和难易程度组织谈判队伍。在确定谈判队伍阵容时，应着重考虑谈判主体的大小、重要性和难易程度等因素，依此来决定派选的人员和人数。一般而言，对于较小型的谈判，谈判人员可由 2～3 人组成，有时甚至由 1 人全权负责；而对于内容较为复杂且较重要的大型谈判，由于涉及的内容广泛，专业性强，资料繁多，组织协调的工作量大，所以配备的人员数要比小型谈判多得多。

（2）根据谈判对方的具体情况组织谈判队伍。在对谈判对方的情况作了基本了解以后，就可以依据谈判对方的特点和作风来配备谈判人员。一般可以遵循“对等原则”，即己方谈判队伍的整体实力与对方谈判队伍的整体实力相同或对等。

2. 谈判人员的素质要求

在组织谈判队伍时，关键的一步就是谈判人员的选择。在实际工作中，可以依据以下对谈判人员素质的要求择优选取，从而确定具体的谈判人员。

（1）在政治素质方面，谈判人员必须遵纪守法，廉洁奉公，努力维护国家、本企业（单位）的利益。这一点是谈判人员必须具备的首要条件。

（2）在业务素质方面，谈判人员要具有良好的专业基础知识和合理知识结构。谈判人员应对谈判所涉及的有关专业知识比较熟悉，还必须受过特定的谈判技巧的训练，或有谈判的实践经验等。

总体而言，谈判人员应当具有以下几个方面的知识和能力：

1）熟知我国有关贸易的方针政策及我国政府颁布的有关法律和规则。

2）具有丰富的产品知识。这包括：与本单位采购物料相关的各种产品的性能、特点和用途；产品的技术要求和质量标准；所采购产品在国内外的生产状况和市场供求关系；产品价格水平及其变化趋势的信息；产品的生产潜力及其发展的可能性。

3）熟悉不同供应商的谈判人员的风格和特点；懂得谈判心理学和行为科学；有丰富的谈判经验，能应付谈判过程中突然出现的复杂情况等。

4）懂得国外有关法律知识，包括贸易法、技术转让法、外汇管理法及有关国家税法的知识；有关国际贸易和国际惯例知识等。

（3）在心理素质方面，谈判人员首先应具有强烈的事业心、进取精神和高度的责任感，只有具备了这种基本的心理素质要求，谈判人员才会在谈判中充分发挥自己的聪明才智，努力争取谈判成功并使己方从中获得最大的收益；其次，谈判者要具有随机应变的处事能力，特别是在激烈的谈判中，谈判人员能够根据当时的实际情况随机应变，既要坚持原则，又要有一定的灵活性，具有创新精神；最后，谈判人员要具有较强的自控力和适应性。自控力是指谈判人员在激烈的谈判中控制、调整自己的心理情绪，克服心理障碍，维护本企业（单位）利益的能力。在谈判过程中，谈判人员应尽可能保持稳定的心理状态，避免忽喜、忽忧或言行过激等行为，同时应善于同己方谈判人员相处和沟通，并善于同不同的谈判对手进行谈判。

（4）在文化素质方面，谈判人员首先应具有良好的语言表达技能，从而能准确地向对方表明自己的意图，达到说服和感染对方的目的；其次，谈判人员还要具有一定的文学修养水平，言谈举止要落落大方、风趣幽默；此外，谈判人员还要注重自己的服饰仪表，因为个人的形象在某种意义上就代表着整个企业（单位）的形象，同时这对谈判的成功率也有一定的影响。

3. 谈判人员的选择与配备

在通常情况下，参加采购谈判的人数往往超过一人，并构成谈判小组。因为对于复杂的较为重要的谈判来讲，形成谈判小组首先可以满足谈判中多学科、多专业的知识需求，取得知识结构上的互补与综合优势；其次，可以群策群力，集思广益，形成集体的进取与抵扰的力量。实际谈判活动中，在做此项工作时应注意：

（1）在确定具体谈判人选时，总体上以上述对谈判人员的素质要求为指导思想，尽量选择“全能型的专家”，“全能”，即通晓技术、经济、法律和语言四方面的知识，“专家”即指能够专长于某一个方面。

（2）在确定谈判小组具体人数时，要以上述谈判队伍组选的原则为指导思想，合理确定谈判小组的规模，同时也要兼顾谈判小组的工作效率。一般情况下，谈判小组由3~5人组成。

4. 谈判成员的分工与合作

在确定了具体谈判人员并组成谈判小组之后，就要对其内部成员进行分工，确定主谈与辅谈。主谈是指在谈判的某一阶段，或者对某一方面或几个方面的议题，以他为主进行发言，阐述己方的观点和立场。除主谈以外的小组其他成员及处于辅助配合的位置的人员，合称为辅谈。

但是，主谈与辅谈人员、辅谈与辅谈人员在谈判过程中并不是各行其是，而是在主谈人员的指挥下，互相密切配合。总之，既要根据谈判的内容和个人的专长进行适当的分工，明确个人的职责，又要在谈判中按照既定的方案伺机而动，彼此呼应，形成目标一致的有机谈判统一体。

（四）采购谈判的其他准备工作

1. 谈判地点的选择

一般而言，谈判地点的选择无外乎有三种情况：己方所在地、对方所在地、双方之外的第三地。对于最后一种情况往往是双方在参加产品展销会时进行的谈判。这三种地点选择各有利有弊。

在己方所在地进行谈判，其优点主要是：以逸待劳，无须熟悉环境或适应环境这一过程；随机应变，可以根据谈判形式的发展随时调整谈判计划、人员、目标等；创造气氛，可以利用地利之便，通过热心接待对方，关心其谈判期间生活等问题，显示己方的谈判诚意，创造融洽的谈判氛围，促使谈判成功。其缺点主要是：要承担烦琐的接待工作；谈判可能常常受己方领导的制约，不能使谈判小组独立地进行工作。

在对方所在地进行谈判，其优点主要是：不必承担接待工作，可以全心全意地投入谈判中去；可以顺便实地考察对方的生产经济状况，取得第一手的资料；在遇到敏感性的问题时，可以推说资料不全而委婉地拒绝答复。其缺点主要是：要有一个熟悉和适应对方环境的过程；谈判中遇到困难时，一时难于调整自己，容易产生不稳定的情绪，进而影响谈判结果。

在双方之外的第三地进行谈判，对于双方来讲，在心理上都会感到较为公平、合理，有利于缓和双方的关系。但由于双方都远离自身的所在地，因此在谈判准备上会有所欠缺，谈判中难免会产生争论，影响谈判的成功率。

2. 谈判现场的安排与布置

在己方所在地进行谈判时，己方还要承担谈判现场的安排与布置工作。为了能充分利用上述优点，在做此项工作时，也要讲求科学和艺术，为己所用。具体操作时应注意：

（1）最好能够为谈判安排三个房间：一间作为双方的主谈判室，另外两间作为双方各自的备用室或休息室。主谈判室作为双方进行谈判的主要场所，应当宽敞、舒适、明亮，并配备应有的设备和接待用品。备用室或休息室作为双方各自单独使用的房间，最好靠近主谈判室，也要配备应有的设备和接待用品，同时也可以适当配置一些娱乐设施，以便双方缓和一下紧张的气氛。

（2）谈判双方座位的安排也应认真考虑。通常有两种座位安排方式：双方各居谈判桌一边，相对而坐；双方谈判人员随意就座。两种安排方式各有千秋，要根据实际情况加以选择。

3. 模拟谈判

为了提高谈判工作的效率，使谈判方案、计划等各项准备工作更加周密，更具针对性，在谈判准备工作基本完成以后，谈判小组应对此项工作进行检查。在实践中行之有效的方法就是进行模拟谈判。谈判双方可以由己方谈判人员与己方非谈判人员组成，也可以将己方谈判小组内部成员分为两方进行。有效的模拟谈判可以预先暴露己方谈判方案、计划的不足之处及薄弱环节，检验己方谈判人员的总体素质，提高他们的应变能力，达到减少失误，实现谈判目标的目的。

二、采购谈判的程序

采购谈判是由一系列谈判环节组成的。它一般要经历询盘、发盘、还盘和接受四个程序（环节）。其中，询盘不是正式谈判的开始，而是联系谈判的环节。正式谈判是从发盘开始的，中间经历的还盘是双方的讨价还价阶段，持续的时间较长。如果一项交易达成，那么接受就意味着结束。当然，达成交易的谈判可以不经过还盘环节，只经过发盘和接受两个环节。下面我们对谈判各个环节的基本含义作详细地说明。

（一）询盘

询盘是交易一方为出售或购买某项商品而向交易的另一方询问该商品的交易的各项条件。在国内贸易中，询盘一般没有特定的询盘对象，一般是利用报纸、广播、电视公开询盘。在国际贸易中，由于距离远、信息传递不方便，一般有特定的询盘对象。

询盘的目的，主要是寻找买主或卖主，而不是同买主或卖主洽商交易条件，有时只是对市场的试探。在急需买卖时，也可将自己的交易条件稍加评述，以求尽快找到买主或卖主。但询盘只是询问，是正式进入谈判过程的先导。询盘可以是口头，也可以书面。它既没有约束性，也没有固定格式。

（二）发盘

发盘就是交易一方为出售或购买某种商品而向交易的另一方提出买卖该商品的各种交易条件，并表示愿意按这些交易条件订立合同。发盘可以由买方发出也可以由卖方发出，但多数由卖方发出。

按照发盘人对其发盘在受盘人接受后，是否承担订立合同的法律责任来分，发盘可以分为实盘和虚盘。实盘是对发盘人有约束力的发盘，即表示有肯定的订立合同的意图，只要受盘人在有效期内无条件地接受，合同即告成立，交易即告达成。如果在发盘的有限期内，受盘人尚未表示接受，发盘人不能撤回或修改实盘内容。虚盘是对发盘人和受盘人都没有约束力的发盘。对虚盘，发盘人可随时撤回或修改内容。受盘人如果对虚盘表示接受，还需要发盘人的最后确认，才能成为对双方都有约束力的合同。发盘人如果对受盘人发生的还盘提出新的意见，并再发给受盘人，叫做再还盘。

在国际贸易中，一笔交易的达成，往往要经历多次还盘和再还盘的过程。

（三）接受

接受是继询盘、发盘、还盘之后又一个重要的谈判环节。接受就是交易的一方在接到另一方的发盘后，表示同意。接受在法律上称为承诺，一项要约（发盘）一经受约人有效的承诺（接受），合同才能成立。但一方的发盘或还盘一旦被对方接受，合同即告成立，交易双方就履行合同。

（四）签订合同

买卖双方通过交易谈判，一方的实盘被另一方有效的接受后，交易即达成。但在商品交易过程中，一般都可通过书面合同来确认。由于合同双方签字后就成为约束双方的法律性文件，双方都必须遵守和执行合同规定的各项条款，任何一方违背合同规定，都要承担法律责任。因此，合同的签订，也是采购谈判的一个重要环节。如果这一环节发生失误或差错，就会给以后的合同履行留下引起纠纷的把柄，甚至会给交易带来重大损失。只有对这一工作采取认真、严肃的态度，才能使整个商务谈判达到预期的目的。对这一环节工作的基本要求是：合同内容必须与双方谈妥的事项及其要求完全一致，特别是主要的交易条件都要订得明确和肯定。拟订合同时所涉及的概念不应有歧义，前后的叙述不能自相矛盾或出现疏漏差错等。

三、采购谈判的实施

开始谈判时，双方应先彼此熟悉一下，并针对会谈的目标、计划、进度和参加人员等问题进行讨论，尽量取得一致意见，最后在此基础上就本次谈判的内容分别发表陈述。它是在双方已做好充分准备的基础上进行的。通过这种商谈，可为以后具体议题的商谈奠定基础。在这一阶段，要注意营造良好的谈判气氛，并为正式谈判做好预备工作。双方应对本次谈判的议题、议程、进度和期限等进行交谈，以谋求谈判双方对谈判进程的意见一致。一方主谈人员可以以协商的口气对对方主谈人员提出有关谈判进程方面的一些问题。例如：“××先生，在正式谈判之前，我们想就时间安排问题征求您的意见”，或者“××先生，我想先与您谈谈本次谈判的议程问题，您看如何？”等。

进入正式阶段或称为实质性谈判阶段，双方各自提出自己的交易条件，并且尽量提出有说服性的理由，进行磋商，争取达成一致。当然，双方的意见可能会存在某些分歧和矛盾。因此，谈判可能要经过多轮。双方为了解决分歧和矛盾，就必须进行讨价还价，反复进行磋商。磋商的结果要么是己方放弃某些利益，要么就是对方放弃某些利益，也可以双方进行利益交换。谈判过程中，谈判人员一方面要充分阐述己方的观点，合理地坚持己方的观点，维护己方的利益；另一方面，也要认真听取对方的意见，分析对方意见是否合理，若合理，就应当适当调整己方的观点立场。这时，谈判人员要随时比较己方调整后的方案与谈判前的预订的目标方案之间的差距是否可以接受，如果不能接受，就不要轻易调整；如果能够接受，就可以调整；如果一下子没有把握，就可以暂时休会，会下再好好思考一下或召集己方人员仔细讨论一下，或者电话请示己方领导之后，作出决定，把决定后的方案再拿到谈判桌上讨论磋商，经过一系列反反复复的磋商，使彼此的立场和观点接近或趋于一致，从而双方达成一致的协议。

总之，谈判过程中，谈判双方都是力求维护本企业的利益，想方设法让对方让步。如果双方都不让步，谈判就无法进行，即谈判破裂失败。如果双方能够逐步让步、协调，最后大体利益均衡，则谈判双方意见达成一致，谈判就获得成功，谈判就此结束。

谈判结束阶段的主要任务是：尽快达成交易；签订书面协议或合同；谈判资料的回收和整理等。

第三节 采购谈判的策略与技巧

一、采购谈判的指导思想

采购谈判最基本的指导思想是谋求买卖双方的“皆大欢喜”。这个指导思想被一些学者和企业家称之为“双赢”原则。其含义是采购谈判应兼顾买卖双方的利益，将谈判成功的希望放置于双方需要的基础上，并在此基础上追求对各方都有利的结果。

贯彻“双赢”的指导思想，就要在谈判过程中努力去寻求满足共同利益的谈判选择方案。在制订谈判目标、计划、策略时，谈判人员应当从双方的需要出发考虑问题，以这样的思想去指导谈判活动，才能提高成功率。反之，如果在谈判中只顾自身利益，不顾对方利益，最后就很可能以谈判失败告终。

此外，在采购谈判中，买卖双方还要以诚实守信、平等互惠、心胸宽广等思想来指导自己的言行。诚实守信就是在谈判中买卖双方互相信任，以诚待人，各方认真遵守和履行己方在谈判过程中所做的承诺，不失信于人。平等互惠是指不论买卖双方企业的大小、社会知名度等客观因素如何，在谈判中双方都应互相平等对待，遵循在平等的基础上相互实现其经济利益原则，这是谈判最终能否达成交易的前提条件，同时也是市场经济的规律所决定的。心胸宽广是指在谈判中买卖双方要有较强的忍耐性，豁达大度，心胸宽阔，相互包容，能进能退。由于各种因素的制约，谈判并不能按照各方预料的那样发展下去，这就要求双方要根据谈判的实际情况决定下一步的做法，善于把谈判问题的原则性与灵活性有机结合起来，以便使谈判获得最终的成功。

二、采购谈判的策略

在采购谈判中，为了使谈判能够顺利进行和取得成功，谈判人员应善于灵活运用一些谈判策略和技巧。谈判策略是指谈判人员通过何种方法达到预期的谈判目标，而谈判技巧则是指谈判人员用什么具体行动执行该策略到实际谈判工作中。谈判人员应根据不同的谈判内容、谈判目标和谈判对手等具体情况，选用不同的谈判策略和技巧。

（一）投石问路策略

投石问路策略，就是在采购谈判中，当买方对卖方的商业习惯或有关诸如产品成本、价格等方面不太了解时，买方主动提出各种问题，并引导卖方作出较为全面的回答，然后从中得到有用的信息资料。买方运用这种策略一方面可以达到尊重卖方的目的，使卖方感觉自己是谈判的主角和中心；另一方面，买方又可以摸清卖方底细，争得主动。

例如，当采购方向供应商提出要购买 5 000 件产品时，就可以运用此策略。首先，采购方可以向供应商询问如果购买 1 000 件、2 000 件、3 000 件、4 000 件和 4 500 件产品的单价分别是多少，当供应商作出回答之后，采购方就可以从中获取有关的信息资料，进而分析研究出供应商产品的生产成本、生产能力、产品的价格政策等。最后，采购方就能够以较低的成本费用从供应商那里获得本企业所需的产品。

运用该策略时，关键在于买方应给予卖方足够的时间并设法引导卖方对所提出的问题作出尽可能详细的正面回答。为此，买方在提问时应注意：问题简明扼要、具有针对性；尽量避免暴露提问的真实目的或意图。在一般情况下，买方可以提出以下问题：如果我们订货的数量增加或者减少？如果我们让你方作为我们固定的供应商？如果我们有临时采购需求？如果我们分期付款？等等。

当然，这种策略也有不适用的情况。比如，在谈判双方出现意见分歧时，买方使用此策略则会让卖方感到买方有意刁难，没有谈判诚意，谈判也许就不能成功。

（二）避免争论策略

1. 冷静地倾听对方的意见

在采购谈判中，听往往比说更重要。它不仅表现出谈判人员良好的素质和修养，也表现出对对方的尊重。谈判人员多听少讲可以把握材料，探索并揭示对方的动机，预测对方的行动意向。在倾听过程中，即使对方讲出你不愿听的话，或对己方不利的话，也不要立即打断对方或进行反驳。最好的方法是让对方陈述完毕之后，首先表示同意对方的意见，承认自己在某方面的疏忽，然后提出对对方的意见进行重新讨论。这样，在重新讨论问题时，双方就会心平气和地进行，从而使谈判达成双方都比较满意的结果。

例如，在谈到价格问题时，当卖方提出："你方给我方××产品的价格太低，不提价无法达成协议。"这时买方最好的办法不是立刻讨价还价，而是表示歉意，可以真诚地对卖方说："我们也认为××产品的价格定得低了一些，但由于它的成本低，所以报价时只考虑了自己的生产成本和盈利指标，忽视了你们的承受能力，这是我们的疏忽。对此，我们表示歉意。大家谁也不会为了亏本来谈判，因此，我们愿就价格问题专门进行磋商。"这样一来，卖方就不会觉得买方是为了掏他的腰包，而是真诚地为了继续合作。在重新讨论价格时就显得十分宽容和大度。

2. 婉转地提出不同意见

在采购谈判中，当不同意对方的意见时，切忌直接提出自己的否定意见。这样做会使对方在心理上产生抵触情绪，反而千方百计地维护自己的观点。如果有不同意见，最好的方法是先同意对方的意见，然后再作探索性的提议。

3. 分歧产生之后谈判无法进行，应立即休会

如果在洽谈中，某个问题使洽谈无法顺利进行下去，双方为了捍卫各自的原则和利益，就会各持己见，互不相让，使谈判陷入僵局。此时应立即休会。休会的策略为固执型谈判人员提供了请示上级的机会，同时，也为己方创造了养精蓄锐的机会。

谈判实践证明，休会策略不仅可以避免僵持局面和争论发生，而且可以使双方保持冷静并调整思绪，平心静气地考虑对方的意见，达到顺利解决问题的目的。休会是国内外谈判人员经常采用的基本策略。

（三）情感沟通策略

如果与对方直接谈判的希望不大，就应该采取迂回的策略。迂回策略，就是要先通过其他途径接近对方，彼此了解，联络感情，在沟通了情感后，再进行谈判。在谈判中利用感情的因素去影响对方也是一种可取的策略，通过增进了解，联络情感，建立友谊，从侧面促进谈判的顺利进行。

（四）货比三家策略

在采购某种商品时，企业往往选择几个供应商进行比较分析，最后择优签订供销合约。这种情况在实际工作中非常常见，企业的这种做法被称为货比三家策略。

在采用该策略时，企业首先选择几家生产同类型己方所需产品的供应商，并向供应商提供自己的谈判内容、谈判条件等，同时也要求供应商在限定的时间内提供产品样品、产品的性能、产品的价格等相关资料，然后依据这些资料比较分析供应商在谈判态度、交易条件、经营实力、产品性价比等方面的差异，最终选择其中的一家供应商与其签订供销合同。

另外，在运用此策略时，企业应注意选择实力相当的供应商进行比较，以增加可比性和提高签约效率，从而更好地维护己方的谈判利益。同时企业还应以平等的原则对待所选择的供应商，以严肃、科学、实事求是的态度比较分析各供应商的总体情况，从而寻找企业的最佳供应商合作伙伴。

（五）声东击西策略

声东击西策略是指谈判人员为达到某种目的和需要，有意识地将洽谈的议题引导到无关紧要的问题上故作声势，转移对方的注意力，以求实现己方的谈判目标。具体做法是在无关紧要的事情上纠缠不休，或在己方不成问题的问题上大做文章，以分散对方对己方真正要解决的问题上的注意力。从而在对方无警觉的情况下，顺利实现己方的谈判意图。

例如，对方最关心的是价格问题，而己方最关心的是交货时间。这时，谈判的焦点不要直接放到价格和交货时间上，而是放到价格和运输方式上。在讨价还价时，己方可以在运输方式上作出让步，而作为双方让步的交换条件，要求对方要在交货时间上作出较大让步。这样，对方感到满意了，己方的目的也达到了。

（六）最后通牒策略

处于被动地位的谈判人员，总有希望谈判成功达成协议的心理。当谈判双方各持己见，争执不下时，处于主动地位的一方可以利用这一心理，提出解决问题的最后期限和解决条件。期限是一种时间性通牒，它可以使对方感到如不迅速作出决定，他会失去机会。因为从心理学角度讲，人们对得到的东西并不十分珍惜，而对要失去的本来在他看来并不重要的某种东西，却会一下子变得很有价值，在谈判中采用最后期限的策略就是借助人的这种心理定式发挥作用。

最后期限既给对方造成压力，又给对方一定的时间考虑，随着最后期限的到来，对方的焦虑会与日俱增。因为，谈判不成功损失最大的还是自己。因而，最后期限压力，迫使人们快速作出决策。一旦他们接受了这个最后期限，交易就会很快顺利地结束。

（七）其他谈判策略

除以上介绍的谈判策略和方法以外，在实际谈判活动中，还有许多策略可以采用：多听少讲策略、先苦后甜策略、讨价还价策略、欲擒故纵策略、以退为进策略，等等。只要谈判人员善于总结，善于观察，并能理论结合实践，就能创新出更多、更好的适合自身的谈判策略，并灵活地将它们用于指导实际谈判。

三、采购谈判的技巧

（一）入题技巧

谈判双方刚进入谈判场所时，难免会感到拘谨，尤其是谈判新手，在重要谈判中，往往会产生忐忑不安的心理。为此，必须讲求入题技巧，采用恰当的入题方法。具体的入题技巧有以下几种：

1. 迂回入题

为避免谈判时单刀直入、过于暴露，影响谈判的融洽气氛，谈判人员可以采用迂回入题的方法。例如，先从题外话入题，从介绍己方谈判人员入题，从“自谦”入题，或者从介绍本企业的生产、经营、财务状况入题等。

2. 先谈细节、后谈原则性问题

围绕谈判的主题，先从洽谈细节问题入题，条分缕析，丝丝入扣，待各项细节问题谈妥之后，也就自然而然地达成了原则性的协议。

3. 先谈一般原则、再谈细节

一些大型的经贸谈判，由于需要洽谈的问题千头万绪，双方高级谈判人员不应该也不可能介入全部谈判，往往要分成若干等级进行多次谈判。这就需要采取先谈原则问题、再谈细节问题的谈判方法。一旦双方针对原则问题达成了一致，那么洽谈细节问题也就有了依据。

4. 从具体议题入手

大型谈判总是由具体的一次次谈判组成的，在具体的每一次谈判会，双方可以首先确定本次会议的谈判议题，然后从这一议题入手进行洽谈。

（二）阐述技巧

1. 开场阐述

谈判入题后，接下来就是双方进行开场阐述，这是谈判的一个重要环节。

（1）开场阐述的要点具体包括：①开宗明义，明确本次会谈所要解决的主题，以集中双方的注意力，统一双方的认识；②表明己方通过洽谈应当得到的利益，尤其是对己方至关重要的利益；③表明己方的基本立场，可以回顾双方以前合作的成果，说明己方在对方所享有的信誉，也可以展望或预测今后双方合作中

可能出现的机遇或障碍，还可以表示己方可采取何种方式共同获得利益做出贡献等；④开场阐述应是原则的，而不是具体的，应尽可能简明扼要；⑤开场阐述的目的是让对方明白己方的意图，以创造和谐的洽谈气氛，因此，阐述应以诚挚和轻松的方式来表达。

（2）对对方开场阐述的反应具体包括：①认真耐心地倾听对方的开场阐述，归纳弄懂对方开场阐述的内容，思考和理解对方的关键问题，以免产生误会；②如果对方开场阐述的内容与己方意见差距较大，不要打断对方的阐述，更不要立即与对方争执，而应当先让对方说完，认同对方之后再巧妙地转开话题，从侧面进行谈判。

2. 让对方先谈

谈判人员在采购谈判中，当对市场态势和产品定价的新情况不太了解，或者尚未确定购买产品，或者无权直接决定购买与否的时候，一定要坚持让对方首先说明可提供何种产品，产品的性能如何，产品的价格如何等，然后，再审慎地表达自身观点意见。有时即使对市场态势和产品定价比较了解，有明确的购买意图，而且能直接决定购买与否，也不妨先让对方阐述利益要求，报价和介绍产品，然后在此基础上提出自己的要求。这种先发制人的方式，常能收到奇效。

3. 坦诚相见

谈判中应当提倡坦诚相见，不但将对方想知道的情况坦诚相告，而且可以适当透露己方的某些动机和想法。

但是应当注意，与对方坦诚相见，难免要冒风险。对方可能利用你的坦诚逼你让步，你可能因为坦诚而处于被动地位，因此，坦诚相见是有限度的，并不是将一切和盘托出，而是以既赢得对方的信赖又不使自己陷于被动、丧失利益为度。

4. 注意正确使用语言

（1）准确易懂。在谈判中，所使用的语言要规范、通俗，使对方容易理解，不致产生误会。

（2）简明扼要，具有条理性。由于人们有意识的记忆能力有限，对于大量的信息，在短时间内只能记住有限的、具有特色的内容，所以，谈判人员在谈判中一定要用简明扼要而又有条理性的语言来阐述己方的观点。这样，才能在洽谈中收到事半功倍的效果；反之，如果信口开河，不分主次，不仅不能使对方及时把握要领，而且还会使对方产生厌烦的感觉。

（3）第一次要说准。在谈判中，当对方索要资料时，第一次要说准确，不要模棱两可，含混不清。如果对对方要求提供的资料不甚了解，应延迟答复，切忌脱口而出。要尽量避免使用含上下限的数值，以防止波动。

（4）语言富有弹性。谈判过程中谈判人员使用的语言，应当丰富、灵活、富有弹性。对于不同的谈判对手，应使用不同的语言。如果对方谈吐优雅，己方用语也应十分讲究，做到出语不凡；如果对方语言朴实无华，那么己方用语也不必过多修饰。

（三）提问技巧

要用提问摸清对方的真实需要、掌握对方心理状态、表达自己的意见观点。

1. 提问的方式

（1）封闭式提问。

（2）开放式提问。

（3）婉转式提问。

（4）澄清式提问。

（5）探索式提问。

（6）借助式提问。

（7）强迫选择式提问。

（8）引导式提问。

（9）协商式提问。

2. 提问的时机

（1）在对方发言完毕时提问。

（2）在对方发言停顿、间歇时提问。

（3）在自己发言前后提问。

（4）在议程规定的辩论时间提问。

3. 提问的其他注意事项

（1）注意提问速度。

（2）注意对方心境。

（3）提问后给对方足够的答复时间。

（4）提问时应尽量保持问题的连续性。

（四）答复技巧

答复不是一件容易的事情，因为回答的每一句话，都会被对方理解为是一种承诺，都负有责任。一般的答复技巧包括：

（1）不要彻底答复对方的提问。

（2）针对提问者的真实心理答复。

（3）不要确切答复对方的提问。

（4）降低提问者追问的兴趣。

（5）让自己获得充分的思考时间。

（6）礼貌地拒绝不值得回答的问题。

（7）找借口拖延答复。

（五）说服技巧

1. *说服原则*

（1）不要只说自己的理由。

（2）研究分析对方的心理、需求及特点。

（3）消除对方戒心、成见。

（4）不要操之过急、急于奏效。

（5）不要一开始就批评对方，把己方的意见、观点强加给对方。

（6）说话用语要朴实亲切、不要过多讲大道理。

（7）态度诚恳、平等待人、积极寻求双方的共同点。

（8）承认对方情有可原，善于激发对方的自尊心。

（9）坦率承认如果对方接受你的意见，自己也将获得一定利益。

2. *说服具体技巧*

（1）讨论先易后难。

（2）多向对方提出要求，传递信息，影响对方意见。

（3）强调一致、淡化差异。

（4）先谈好后谈坏。

（5）强调合同有利于对方的条件。

（6）待讨论出赞成和反对意见后，再提出你的意见。

（7）说服对方时，要精心设计开头和结尾，以给对方留下深刻印象。

（8）结论要由你明确提出，不要让对方揣摩或自行下结论。

（9）多次重复某些信息和观点。

（10）充分了解对方，以对方习惯的、能够接受的方式逻辑去说服对方。

（11）先做铺垫、循序渐进，不要奢望对方一下子接受你突如其来的要求。

（12）强调互惠互利、互相合作的可能性、现实性。激发对方在自身利益认同的基础上来接纳你的意见。

第四节　采购合同的签订与跟踪

一、采购合同概述

（一）采购合同的概念

合同也叫契约，有广义、狭义之分。广义的合同是指发生一定债权债务的协议；狭义的合同是双方当事人之间为实现某特定目的而确定、变更、终止双方债权债务关系的协议。

合同的特点是：

（1）订立合同的双方当事人法律地位平等。这是合同作为民事法律关系的一个重要特征。当事人法律地位平等，首先，要求主体双方在平等的基础上充分协商，自愿订立合同。合同的内容要反映当事人的真实意志，而不允许一方当事人强迫对方与自己订立合同。其次，合同当事人无论是法人、其他组织还是公民，也无论其所有制和隶属关系如何，在订立合同时双方的法律地位也都是平等的。再次，法律地位平等还要求合同当事人双方平等地享受权利、承担义务。

（2）合同是双方当事人之间意思表示一致的结果。

（3）订立合同是一种法律行为，合同的内容必须合法，否则合同自始至终无效。

（4）合同具有法律约束力，双方必须全面履行合同中所规定的各自的义务。合同的法律效力主要表现在两个方面：①合同一经依法成立，就受到国家法律的保护，当事人必须全面履行；②对于依法成立的合同，当事人任何一方均不得擅自变更或解除，否则就要承担违约责任。

采购合同，是指物资流通企业根据市场需要，向物资的生产企业或其他物资流通企业购买某种物资而签订的协议。物资的采购方向物资出卖方支付一定量的金额，而物资的出卖方按照约定时间、期限、数量与质量、规格交付物资给采购方。物资采购有时涉及订购物资的生产周期较长，因此物资采购合同的期限一般较长，有时是分期分批地成交。

采购合同是具有权利义务内容的经济合同。合法有效的合同有法律约束力，是指其对合同双方当事人具有法律效力，可以强制执行，违反合同必须承担法律责任。合同当事人在签订合同时的意思表示是自愿、真实的。在市场经济体制下，合同是商品交换的法律表现形式，只要存在物资的平等交换就有合同。在企业的经营活动中，合同的地位会愈来愈重要。

（二）采购合同的特征

采购合同具有合同的一般法律特征，这些特征表现了合同的共同属性。但是，采购合同还具有自己的个别属性，或叫特征，使其又与其他种类的合同相区别。采购合同主要有以下特征：

1. 采购合同是转移财产所有权或经营权的合同

转移所有权是指双方当事人在采购合同中，约定一方当事人在交付物资时，同时将该物资的财产所有权（即占有权、使用权和处分权）转移给另一当事人。这样，一方当事人就失去所有权，而另一方当事人获得所有权。转移经营权是指在国有企业之间发生采购合同关系时，由于财产属于全民所有，因此，一方交付物资，只是向对方转移财产的经营管理权，所有权仍属于国家。这一特征是采购合同的主要的和本质的法律特征。

2. 采购合同是典型的双方有偿合同

双方有偿合同是指合同当事人双方相互享有权利、互相负有义务的合同。在按照等价有偿的原则，一方须给予对方相应的利益方可取得自己的利益；如果一方不给予对方相应的利益就无权取得对方的相应利益。

3. 采购合同是诺成合同

诺成合同是指双方当事人意思表示一致即告成立的合同，即双方当事人就采购合同的主要条款，通过协商取得一致意见，合同即告成立。此外，根据法律规定或当事人约定，须经鉴证、公证或主管机关核准登记，才能产生法律效力的合同，通常认为也是诺成合同。

4. 采购合同受国家宏观调控计划的指导和制约

我国实行计划经济体制时，采购合同直接受国家计划的控制。全国第八届人大一次会议通过的《中华人民共和国宪法修正案》确立“国家实行社会主义市场经济”的目标，这就从根本上改变了计划经济模式，而让市场在国家宏观调控下对资源配置起基础性作用。实行社会主义市场经济并不意味着就不要计划，市场经济仍需国家计划的宏观调控。因此，采购合同仍然要受国家宏观调控计划的制约。采购合同的订立有的仍然依据国家指导性计划，有的要接受国家计划指导，有的虽不直接受国家计划约束，但也应在国家宏观调控范围内进行，并在一定程度上反映国民经济总体规划的要求。否则，企业的经济发展和经济效益就可能达不到预期目的。

（三）采购合同的种类

按照不同的分类标准可以把采购合同分为不同的种类。

1. 按照合同的有效性分类

按照合同的有效性可以把采购合同分为四种形式，即有效的采购合同、效力待定的采购合同、无效的采购合同和可撤销的采购合同。

（1）有效的采购合同。有效的采购合同是指采购方与出卖方订立的合同是符合国家法律的要求，具有法律效力，受国家法律保护的采购合同。采购合同有效的条件有三个：①合同的当事人符合法律的要求，即签订合同的主体具有相应的民事行为能力；②意思表示真实，即合同表达的是当事人内心的真实想法；③合同的内容不能违反法律和社会公共利益，否则不会受到法律保护。有效的采购合同的成立时间与生效时间是一致的。

（2）效力待定的采购合同。效力待定的采购合同是指合同已经成立，但因其不完全符合合同生效的条件，其效力能否发生尚未确定的合同。《中华人民共和国合同法》（以下简称“《合同法》”）主要规定以下三种效力待定的采购合同：

1）限制行为能力人订立的合同。限制行为能力人是指年满 10 周岁但未成年的人，以及不能完全辨认自己行为的精神病人。限制行为能力人订立的合同，经法定代理人追认后有效。有效追认期限为一个月，一个月内未有表示或拒绝追认的均视为无效合同。

2）无代理权人以他人的名义订立的合同。这是一种无权代理行为。这种行为包括行为人没有代理权、行为人超出代理权和代理权被终止后以被代理人名义签订合同的三种情况。《合同法》规定："无代理权人以他人名义订立的合同，未经被代理人追认的，对被代理人不发生效力，一切责任由行为人承担。"同时规定："与无代理权人签订合同的人可以催告法定代理人在一个月内予以追认，催告的法律与限制行为能力人订立的合同相同。"

3）无处分权人处分他人财产的采购合同。财产处分包括财产的赠予、转让、设定抵押等，财产只能由享有处分权的人处分。

（3）无效的采购合同。无效的采购合同是指当事人虽然协商订立，但因为违反法律，国家不承认其法律效力，不受法律保护的合同。无效采购合同包括五种情况：

1）一方以欺诈、胁迫手段订立合同，损害国家利益的合同。

2）恶意串通，损害国家、集体或者第三人利益的合同。

3）以合法形式掩盖非法目的的合同。

4）损害社会公共利益的合同。

5）违反法律、行政法规强制性规定的合同。

（4）可撤销的采购合同。可撤销的采购合同是指在订立合同时，当事人的意思不真实，或一方当事人使对方在违背真实意思表示的情况下签订的合同。这是一种相对无效的合同，主要有三种情况：

1）重大误解的采购合同。

2）显然不公平的采购合同。

3）欺诈、胁迫的采购合同。

2. 几种特殊的合同

《合同法》还规定了以下几种特殊的采购合同。

（1）分期付款的采购合同。分期付款的采购合同是指在合同订立后，出卖人把标的物转移给买受人占有、使用，买受人按照合同的约定，分期向出卖人支付价款的合同。这类合同的特殊性在于，买受人不是一次性付清全部货款，而是按照约定的期限分期付款，这就增加了出卖人的风险。因此，这类合同往往约定：如果买受人不及时支付到期货款，出卖人享有保留标的物所有权并要求支付全部货款等权利。

（2）凭样品采购的采购合同。样品是从一批商品中抽取出来的或者生产、加工、设计出来的，用以反映和代表整批商品品质的少量实物。凭样品采购，即以样品表示标的物质量，并以样品作为交货依据的采购关系。在样品采购中，采购方应当封存样品以备日后对照，必要时应在公证处封存样品。同时，当事人可以用语言、文字对样品的质量等状况加以说明，卖方交付的标的物应与样品及其说明的质量相一致，否则即构成违约。

（3）试用的采购合同。这种合同是卖方将标的物交给采购方，由采购方在一定时期内试用，并在试用期内有权选择购买或退回的一种采购合同。试用的采购合同是一种附加停止条件的合同。《中华人民共和国合同法》170 条规定："卖方有权确定试用期限，在试用期限内，试用人享有购买或拒绝购买的选择权。如果买方在试用期满后，对是否购买试用物没有做明确表示，则推定其同意购买，卖方有权请求支付货款。"

（4）招、投标的采购合同。招标是订立合同的一方当事人采取招标通知或招标广告的形式，向不特定主体发出的要约，邀请其参与投标。投标是投标人按照招标人提出的要求，在规定时间内向招标人发出的以订立合同为目的的意思表示。招、投标的采购合同，具有公开、公平、公正的特点，能够提高采购的透明度。

二、采购合同的内容

采购合同的内容，也称采购合同的条款，是指合同双方当事人的具体权利和具体义务。一份完整的采购合同通常由首部、正文、尾部构成。

（一）首部

采购合同的首部主要包括名称、编号、签约日期、买卖双方的名称、合同序言等。

（二）正文

合同正文是供需双方议定的主要内容，是采购合同的必备条款，是供需双方履行合同的基本依据。合同正文主要包括以下内容：

1. 商品名称

商品名称是指所要采购物品名称。按照国际上的惯例做法，合同中的品名条款通常都是在"商品名称"或"品名"的标题下，列明交易双方成交商品名称，或在合同中直接写明双方交易的商品的具体名称。

2. 质量

质量是指商品所具有的内在质量与外观形态的结合，包括各种性能指标和外观造型。

（1）质量条款的基本内容。合同中的质量条款，通常应列明商品名称、规格或等级、标准、品牌名等。

（2）品质机动幅度和品质公差。为了避免交货品质与采购合同不符，可以在合同的品质条款中做一些变通的规定，其常见的做法是规定品质机动幅度和品质公差。

（3）在订立品质条款时应注意的问题是：第一，根据商品特性确定表示品质的方法；第二，要准确、具体地描述品质要求，既忌笼统含糊，如大约、左右，又忌绝对化。第三，重视品质机动幅度和品质公差在表示品质方面的作用，凡是能采用和应该采用品质机动幅度和品质公差表示的商品，一般都要注明具体的机动幅度或公差允许值，以免日后产生争议。

3. **价格**

价格包括单价和总价。单价是指交易物品每一计量单位的货币数值。总价指全部商品价值的总和。

在国际采购时，价格条款要复杂得多，虽然合同中的价格条款也是单位价值和总价值两项内容，但单价要由计价货币、单位商品货币金额、计量单位、价格术语四部分组成。因此，在订立价格条款时，买卖双方应针对如何确定价格、如何选择货币、价格术语作出正确判断，并明确加以规定。

作价方法：价格条款中，对单价的表述除了较多地使用固定作价外，也可以采用较为灵活的浮动价格和暂定价格。

（1）固定作价。在国际货物购销中，如果没有特殊规定，合同中的价格一般理解为固定价格，即从订约到付款这段时间内的价格是不变的，任何一方不得以市场发生巨大变化为由更改原定价。这就要求双方订立合同时，尽量能预测到市场发生的变化，交货期也不要拉得太长。有时，购销双方为了进一步明确其价格的固定性，防止以后发生争议，也可在价格条款中对此作出明确规定，如"合同签订的任何一方不得调整价格。"

（2）暂定价格和浮动价格。暂定价格是指合同中约定的价格极不稳定，难以预测。订约时，买卖双方暂时确定一个价格，待日后交货前一段时间再由双方按当时的市场情况商定一个价格，这一价格即作为最后结算价格。

浮动价格是指某些货物由于价格极不稳定，交货期较长或交货时间较远，为了避免任何一方因此造成巨大损失，而采用浮动作价的方法。采用这一方法作价时，必须在合同中规定一个基础价格，并明确价格上浮或下浮依据。例如，"以结算时的物价指数为依据加价或减价若干"、"以结算时某交易所的价格为基础调整价格。"

计价货币的选择：在国际贸易中，买卖双方使用何种货币，主要依据双方自愿进行选择，一般说来有三种情况：①使用卖方国家货币；②使用买方国家货币；③使用第三国货币。对任何一方来讲，使用本国货币，承担的风险较小，使用外币则可能承担外汇汇率变动所带来的风险，因为当今国际金融市场普遍实行浮动汇率制，汇率上下浮动是必然的，任何一方都有可能因汇率浮动造成损失。因此，在国际购销业务中，购销双方都必须考虑如何选择货币，以最大限度地减少外汇风险。

价格术语的选用：国际贸易中，可供购销双方选用的价格术语很多，由于各种价格术语都有其特定的含义，不同的价格术语，买卖双方所承担的责任、义务和风险也不同，价格术语选择正确与否直接关系到购销双方的经济利益。因此，我们在选择价格术语时应考虑以下因素：

1）体现我国的对外政策，按照平等互利的原则在双方自愿的基础上选择价格术语。

2）选择双方熟悉的，对购销双方都较为便利的价格术语，如 FOB，CIF（Cost Insurance and Freight，成本、保险费加运费），CFR（Cost and Freight，成本加运费）三种价格术语，已成为各国商人经常使用的价格术语，且双方风险的划分界限是以装运港船舷为界，有利于双方履行合同。

3）选择价格术语时应考虑我国保险业、运输业的情况，有利于促进我国保险业和运输业的发展。

4）选用价格时应考虑运费因素。运费在价格中占有很大比重，因此，在选择价格术语时应事先预算运费，采用节约运费的价格术语。

4. **数量**

数量条款是构成交易的组成部分，是购销双方交接货物对数量评价的依据，也是处理有关数量争议的依据。

（1）商品不同计量的单位也不同，通常有六类计量单位，这些单位是：

1）按重量计算，如吨、公斤、磅、盎司等，多应用于天然产品及制品，如矿砂、钢铁、羊毛等。

2）按个数单位计算，如件、双、套、打、罗、令等，多用于一般杂货及工业制品。

3）按长度计算，如米、英尺、码等，多应用于金属绳索、纺织品等商品。

4）按面积计算，如平方米、平方英尺等，多用于纺织品、玻璃等商品。

5）按体积计算，如立方米、立方英尺等，按体积成交的商品不多，仅应用于木材、化学气体等商品。

6）按容积计算，如公升、加仑、普式耳等，多用于小麦、谷类及大部分液体商品。

（2）规定交易方法。

1）净重。净重即去皮重，仅商品本身的重量。

2）毛重。毛重指连皮的重量，即净重与皮重之和等于毛重。

3）以毛作净。即以毛重作为净重，计量计价。当包装材料与商品价值相近，可采取以毛作净的方法。

4）公量，如生丝、羊毛、棉花易于吸收水分，可采取抽样将水分烘干，再加上双方议定的一定百分比的标准水分，计算出重量。

5）理论重量，如马口铁、钢板等有固定的规格尺寸，只要尺寸符合，其重量大致相同，根据张数或件数推算出的重量为理论重量。

（3）规定数量的方法。

1）规定准确的数量，不多不少，也称定量法。一般单位价格高，清点容易的商品，多采用定量法。

2）在一定限度内可多交或少交，叫约量法。在国际市场上这种多交或少交的幅度是由有关商业协会或贸易惯例所规定。例如，在谷物交易中上下可差5%，在木材买卖中不多至10%，一般商品多至3%～5%之间。

（4）在规定数量条款中应注意的问题。

1）数量条款的规定要明确具体，包括计算数量的单位和方法，都应该明确具体，避免用“约”字。

2）要正确处理成交数量和合同价格的关系。大批量成交，价格应有优惠；小批量成交，价格可以稍高。

3）根据商品的特点，规定溢短装条款，但不是所有商品都加溢短装条款。例如，进口1 000辆轿车，就不应有溢短装条款。

5. **包装**

包装条款一般应包括包装方式和运输标志两个内容。

（1）包装种类和方式。

1）商品的包装包括外包装和内包装。外包装，包括单件运输包装和集合运输包装两类。单件运输包装常用的有箱、桶、袋、筐、篓、坛、瓶等。集合运输包装常用的有集装包装和包装袋、托盘运输包装、集装箱运输包装。

2）散装如煤、矿砂、木材、盐、大豆等商品，没有包装，直接装船、车。

3）裸装。“裸装货”是指成件的商品，不加包装而运输，如汽车、内燃机车等。

（2）关于运输标志。按照国际交易习惯，运输标志一般由供方决定，而不必在合同中具体规定，但如果购方要求使用其指定的运输标志，则应在合同中明确规定运输标志的具体式样和内容，或规定购方提供运输标志式样和内容的期限，以免延误供方按时交货。

6. **装运**

装运是指把货物装上运载工具，并运到交货地点。该条款的主要内容有运输方式、装运地点与目的地、装运方式（一次装运还是分批装运，是直达还是中转）。

运输方式中海洋运输有班轮运输、租船运输；铁路运输有国内铁路运输、国际铁路运输及国际多式联运；航空运输等。

装运时间又叫装货期，是指供方按购销合同规定将货物交付给购方或承运人的期限。这是合同的主要条款，如果供方违反这一条件，购方有权撤销合同并要求供方赔偿损失。履行 FOB，CIF，CFR 合同时，供方只需在装运港将货物装上船，取得代表货物所有权的单据，就完成交货任务。

装运港和目的港通常分别各规定一个，按照实际需要，也可分别规定两个或两个以上港口。

分批装运和转运。分批装运是将同一合同项下的货物分若干批次装运。转运指货物在装运港装船后，在中途将货物卸下装上其他运输工具，以完成运输任务。

7. 到货期限

到货期限是指指定的最晚到货时间，以不延误企业生产经营为准，但亦不可提前太多，否则将增加购方的库存费用。

8. 到货地点

到货地点是指货物到达的目的地。

9. 检查和验收

检查和验收涉及数量、质量、包装等条款。在国际采购商品中，检验指由商品检验机构对进出口商品的质量、数量、包装、残损、环保等进行检验、分析与公证并出具检验证明。进出口合同中的检验条款包括：有关检验权的规定；检验或复验的时间、地点；检验机构；检验、检疫证书等。

10. 付款方式

国际贸易中的支付是指采用一定的手段，在指定的时间、地点，使用正确的方式支付货款。它包括的内容有：

（1）支付工具。它包括货币和票据两种。但货币作为一种支付工具较少使用，在国际贸易中主要的支付工具则是票据。票据是各国通行的结算工具和信用工具，它主要包括汇票、本票和支票。

汇票是出票人向付款人签发的，要求付款人在见票时或者在指定日期无条件支付确定金额给收款人或持票人的票据。

本票是出票人签发的，承诺自己在见票时，无条件支付确定金额给收款人或持票人的票据。

支票是出票人签发的，委托办理支票存款业务的银行或其他金融机构，在见票时，无条件支付确定金额给收款人或持票人的票据。

（2）付款方式。银行提供信用方式（如信用证）或银行不提供信用，但可作为代理方式（如直接付款和托收）。

（3）支付时间。预付款，即期付款或延期付款。

（4）支付地点。付款人指定银行所在地。

11. **保险**

保险是企业向保险公司投保，并交纳保险费。货物在运输过程受到损失时，保险公司向企业提供经济上的补偿。该条款的主要内容是，确定保险类别及其保险金额，指明投保人并支付保险费。根据国际惯例，凡是按 CIF，CIP（Carriage and Insurance Paid To，运费、保险费付至目的地）条件成交的出口货物一般由供应商投保；按 FOB，CFR，CPT（Carriage Paid To，运费付至目的地）条件成交的进口货物，由采购方办理保险。

12. **仲裁**

仲裁是指发生争议的双方当事人，根据其在争议发生或争议发生后所达成的协议，自愿将该争议提交中立的第三者进行裁判的争议解决制度和方式。仲裁条款是购销双方自愿将其争议事项提交第三方进行裁决。仲裁协议是仲裁条款的具体体现，它的主要内容是仲裁机构适用的仲裁程序、仲裁地点、解决效力等。

13. **不可抗力**

不可抗力是指合同执行过程中发生的不可预见的，人力难以控制的意外事故，如台风、洪水、地震、战争等，遭遇不可抗力的一方可因此免除合同责任。该条款包括的主要内容有不可抗力的含义、适用范围、法律后果、双方的权利义务能力等。

（三）尾部

合同尾部的主要内容有合同的份数、使用语言及效力、附件、合同的生效日期、双方签字盖章。

三、采购合同的签订

采购合同的签订，是指当事人双方依据法律的规定就合同所规定的各项条款进行协商，达到意思表示一致而确立合同关系的法律行为。在实际签订过程中，合同的双方当事人必须针对合同的主要内容，反复磋商，直至取得一致意见，合同才告成立。

（一）合同签订前的准备工作

合同当事人应调查对方的资信能力，了解对方是否有签订合同的资格，或者代理人是否有代理资格。具有法人资格的企业、农村集体经济组织、国家机关、事业单位、社会团体可以作为合同的当事人。而不具备法人资格的社会组织、车间、班组、总厂的分厂、总公司的分公司、学校内部的系、科室均不能以当事人身份签订采购合同。个体经营户、农村专业户、承包经营户等独立承担经济责任的经济实体也可成为经济合同的主体。

（二）签订采购合同的程序

签订合同，是当事人双方的法律行为。合同的成立，必须由当事人相互作出意思表示并达成合意。所以，我国《合同法》规定：“当事人双方依法就合同的主要条款经过协商一致，合同就成立”。实践中，当事人相互协商签订合同的过程，通常分为两个阶段，即包括提出订立合同的建议和接受订立合同的建议，民法学上称为“要约”与“承诺”。

1. 要约

订立合同的当事人一方向另一方发出的缔结合同的提议。发出该提议的人为要约人，另一方为受要约人或相对人。要约的对象一般有三种：①指定的对象；②选定的对象；③任意的对象。采购合同的要约具有下列特征：

（1）要约必须是向特定人发出的。要约的作用是换得相对人的承诺，引起与之订立合同，所以，要约必须对于相对人的行为。依照我国《合同法》规定，订立合同的要约须向特定人明确提出，即向一个具体的法人，或经济组织，或个体工商户，或农村承包经营户提出。

（2）要约必须是特定人的行为。根据我国《合同法》的规定，提出订立合同建议的，须是客观上已确定的法人或其他经济组织、个体工商户、农村承包经营户。上述特定人一般都由订立后的合同表示出来，如采购合同，提出要约的特定人即是合同中标的一方（供方或需方）当事人。

（3）要约必须含有可以订立合同的主要条款，如标的物的名称、规格、数量、价格等，这些内容须具体、明确、肯定和真实。若内容不明确具体，相对人就难以表示肯定或否定，合同也就不能成立。

（4）要求受要约人作出答复的期限。要约的方式分口头方式与书面方式。一项要约有法律约束力且会产生法律后果。要约有效期间内，要约人不得随意撤销或变更要约。如要撤回或变更要约，其通知（新要约）应在受要约人作出承诺之前送达。受要约人在接到要约后即有作出承诺的权利，但一般情况并不负有答复的义务，超过要约期限不予答复只是丧失承诺的资格，并不负什么责任。要约在出现下列情况时终止：要约人不再受约束；要约被有效地撤回；要约超过有效期期限；其他，如要约人丧失民事行为能力、要约人死亡或法人解散等。

2. 承诺

受要约人向要约人作出的对要约完全无异议的接受的意思表示。作出这种意思表示的人称为承诺人。要约人的要约一经受要约人即承诺人的承诺，合同即告成立。

采购合同的承诺具有下列特征：

（1）承诺必须是针对要约作出的同意的答复。从合同制度的传统原则来讲，承诺人须是无条件地无任何异议地接受要约，才能构成有效的承诺，才与要约人构成合同关系。如果受要约人表示愿意与要约人订立合同，只是在承诺中对要约某些非要害条款做了增加、删改，即并非实质性改变要约，仍应视为承诺；如果受要约人对要约扩张、限制或者根本性改变的，则不是承诺，应视为拒绝原要约而提出新要约。

（2）承诺须是受要约人向要约人作出的答复。如前所述，在采购合同中受要约人须是特定人，因此，非受要约人作出的或受要约人向非要约人作出的意思表示都不是承诺。

（3）承诺必须在要约的有效期限内作出。如前所述，要约对于要约人是有约束力的，但这种约束力不是毫无限制的。通常把对要约人有约束力的期限，称为要约的有效期。因此，受要约人只有在要约的有效期限内作出同意要约的意思表示，才是承诺。一般情况，要约没有规定期限的，属于对话要约，受要约人须立即承诺；属于非对话要约的，受要约人应在一般认为应作出答复的期限内承诺。承诺一经成立就发生法律效力，即要约人接到有效承诺合同就成立。

承诺和要约一样，也是一种法律行为。承诺人必须立即承诺自己承诺的合同义务。因此，承诺人在进行承诺时，必须严肃认真，在对要约的内容进行充分的了解、考虑之后，再向要约人作出承诺。

在法律上承诺是允许撤回的。但是，承诺的撤回必须在要约人收到承诺之前撤回。撤回的通知，必须在承诺到达之前送达，最晚应与承诺同时到达。如果承诺人撤回承诺的通知迟于承诺到达，则通知无效，承诺仍发挥效力。

签订合同的谈判过程其实质就是当事人双方进行要约和承诺的过程。在实践中，往往不可能通过一次协商就达成协议，可能要经过反复协商，即要约—新要约—再新要约—承诺。在谈判过程中，订约当事人应遵循下列原则：①必须遵守国家的法律、政策与计划，不得利用合同进行违法活动；②必须坚持平等互利、协商一致、公平合理的原则。任何一方不得强制另一方把自己的意思强加于人，当事人的意思表示必须真实。

（三）合同的草签与正式签订

合同主要条款协商确定后，当事人双方可以先草签合同。待其他次要条款约定后，再正式签订合同。

签订合同时应当确认对方当事人有权签订合同。法定代表人是法人组织的最高首长，其有权以法人的名义对外签订采购合同而不需要特别的授权委托，但法定代表人在签订合同时也必须具备合法的手续即法定代表人的身份证明。合法代理人也可签订采购合同，但代理人必须持有法人的授权委托书，方能以法人的名义签订合同。代理人签订采购合同必须在授权范围内进行，如超越代理权所签合同，被代理人（委托人）不承担由此产生的权利与义务关系。授权委托书必须包括代理人姓名、年龄、单位、职务、委托代理事项、代理权限、有效期限、委托者的名称、营业执照号码、开户银行、账号、委托日期，最后是委托者及其法定代表人的签章。

（四）合同的公证与鉴证

1. 合同的公证

为了确保合同的真实性与合法性，采购合同一般应予公证。合同的公证，是指国家公证机关即公证处，代表国家行使公证职能，根据当事人的申请和法律的规定，依照法律程序，证明采购合同真实性和合法性的活动。采购合同公证的意义在于，通过公证对合同进行法律审查，明确哪些内容是合法的、哪些是不合法的，避免合同的违法，有利于防止经济犯罪现象，维护合同当事人的合法权益。通过合同的公证，可以使合同规范化，对一些不明确或不具体的条款予以修改、完善、预防纠纷和减少诉讼。

采购合同的公证主要审查合同是否具备下列条件：

（1）当事人必须具有行为能力。

（2）合同的订立必须贯彻平等互利、协商一致、等价有偿的原则。

（3）合同内容不得违反国家的政策、法律法令，公共利益和社会主义道德准则。

（4）合同的内容必须清楚、具体、齐全。

合同的公证实行自愿原则。但规定合同必须公证的，公证后合同才有法律效力。公证时，当事人双方应到公证处提出公证申请，公证员受理审查认为符合公证条件且合同真实、合法，制作公证书，发给当事人。如要变更、解除已经过公证的合同，则变更或解除仍应至公证处办理证明。公证处还可办理强制执行合同的公证，债权人可凭此直接向法院申请强制执行。

2. 合同的鉴证

采购合同的鉴证是合同监督管理机关根据双方当事人的申请，依法证明合同的真实性和合法性的一项制度。鉴证的特点：

（1）鉴证行为主体是合同监督管理机关。其他机关和单位无权鉴证合同。

（2）鉴证依据合同当事人双方的自愿申请实施。这里包括两层含义：①合同监督管理机关不是主动鉴证，而是依据当事人的申请；②双方当事人的申请；一方当事人的申请不能予以鉴证。

（3）鉴定的内容是审查合同的真实性和合法性。合同的真实性，是指合同双方当事人意思表示真实，合同主要条款完备，文字表述准确。合同的合法性，是指合同双方当事人具有合法的主体资格，合同的内容符合国家的法律、政策和计划的要求。

除法律、法规特别规定外，采购合同的鉴证一般采取自愿原则。合同鉴证的意义在于：通过合同鉴证，可以及时发现和纠正在合同订立过程中出现的不合理、不合法现象，提请当事人对合同中缺少的必备条款予以补充，对显失公平的内容予以修改，对利用合同进行违法活动予以制止和制裁，对约定义务超过承担能力的予以消减，从而减少和避免许多不必要的纠纷，为合同的履行奠定基础。

合同的鉴证一般由合同签订地或履行地的工商行政管理局办理。合同鉴证收费标准为采购合同价款的万分之二。

四、采购合同的跟踪

合同跟踪是保证供应商如期执行合同的正常控制过程，合同跟踪的目标是保证订单尤其是有很长备货周期的订单得到定期检查。备货周期越长，如果采购方在此期间不做任何监督工作，订单就越容易延迟抵达。定期的检查保证在供应商遇到困难的时候，采购企业能够及时获悉并采取适当的行动来保证交货日期和计划尽可能地接近。

合同跟踪有两个方面的含义：①采购企业的合同管理职能部门（如采购部）对供应商的执行部门（如生产部）的履行情况进行的跟踪、监督和检查；②供应商的执行部门（如生产部）本身对合同计划的执行情况进行的跟踪、检查与对比。在合同实施过程中二者缺一不可。 合同跟踪的重要依据是合同以及依据合同而编制的各种计划文件；其次，还要依据各种实际采购或生产的文件，如原始记录、报表、验收报告等；另外，还要依据管理人员对生产现场情况的直观了解，如现场巡视、交谈、会议、质量检查等。

（一）合同跟踪的内容

为了更好地监督和督促采购订单合同的执行情况，避免不必要的品质问题或订单延期交货情况发生。采购部对所有订单合同负有协调和管理的责任，负责提供各种的采购业务跟踪，采购方必须对这些供应商及其所负责的订单合同进行跟踪检查、协调关系，提出意见、建议或警告，保证采购质量和进度。供应商是否及时、完整地提供了生产供应的实施条件，是否及时安排了生产、每次跟催是否都答复和确认等；防止因供应商的管理失误而影响正常供应。

对采购的合同跟踪而言，应该掌握合同跟踪的以下三方面的内容：

1. 采购供料情况分析

对供应商的供货情况进行分析。分析企业给某一供应商的采购订单量有多少，已到货量有多少，未到货量有多少。使采购部能及时了解到订单合同的执行情况，及时督促供应商按时交货。

2. 延期交货合同督促

采购人员将已经到了交货期，但还没完成的订单合同进行警告，以便及时督促供应商按时交货。或者对不能交货的，尽早提出解决问题的方案，将企业的损失降低到最小。

3. 采购合同执行情况实时跟踪

对已有采购合同签订的业务，采购部应实时提供合同执行情况的跟踪及提醒。如跟催人员根据采购合同的分批到货时间、分批付款时间条款，及时提醒采购部和财务部相关人员，进行办理收货手续或付款手续。并且，当每一次的收货或付款完成后，跟催人员将到货信息或付款信息反映在采购合同跟踪表里，使采购部和财务部能实时掌握采购合同的执行情况。

（二）加强合同跟踪的具体措施

1. 加强合同履行的监管，全面推行合同跟踪管理制度

及时、全面地掌握采购合同的进展情况和合同履约情况，严密跟踪供应商准备物料的详细过程，保证采购正常进行。如果发现问题要及时反馈，需要中途变更的要立即解决。通过激励和惩戒机制，维护与供应商的合作关系，确保采购质量稳定，交期不延误。

2. 健全合同跟踪管理机构，配备专职合同管理人员

一方面，采购合同跟踪管理，是采购部门管理的内容，要建立经常性的跟踪管理检查机制，明确专人负责，定期或不定期地进行跟踪检查，并将检查情况如实记入合同跟踪管理手册；另一方面，引导采购供应商内部也要建立合同跟踪管理机构，配备专职合同管理人员，建立合同台账、统计、检查和报告制度，提高采购合同管理水平。

3. 强化采购和供应联动管理，诚实守信追求双赢甚至多赢

采购企业如遇紧急订单，需要供应商紧急供货，采购人员应立即通知供应商并进行协调，必要时还应该为供应商提供支持和帮助，保证需求物料的准时供应。如遇市场需求突然萎缩，采购企业决定延缓或取消相应之物料供应，采购人员也应立即通知供应商并进行沟通，重新确认交货时间，或者终止相应采购合同，同时应该考虑给供应商带来的损失，并承担相应责任，把双方损失尽量降到最低。

4. 抓好合同履行跟踪管理人员的知识培训

培训应是全方位的，不仅要对供应商的合同管理人员培训，而且还要对采购企业的合同管理人员培训，建议培训合格上岗，提高供应与采购双方的合同管理水平和业务能力，促进合同管理工作的不断深入。

（三）合同实施的偏差分析

通过合同跟踪，可能会发现合同实施中存在着偏差，即供应商生产实际情况偏离了采购计划和目标，应该及时分析原因，采取措施，纠正偏差，避免损失。合同实施偏差分析的内容包括以下几个方面：

1. 产生偏差的原因分析

通过对合同执行实际情况与实施计划的对比分析，不仅可以发现合同实施的偏差，而且可以帮助供应商探索引起差异的原因。原因分析可以采用鱼刺图、因果关系分析图（表）、成本量差、价差、效率差分析等方法定性或定量地进行。

2. 合同实施偏差的责任分析

合同实施偏差的责任分析即分析产生合同偏差的原因是由谁引起的，应该由谁承担责任。责任分析必须以合同为依据，按合同规定落实双方的责任。

3. 合同实施趋势分析

针对合同实施偏差情况，可以采取不同的纠偏措施，应分析在不同措施下合同执行的可能结果与趋势，主要包括：

（1）最终的供应状况，包括交期的延误、总成本的超支、所能达到的质量标准等。

（2）供应商将承担的后果，如被罚款、被淘汰，甚至被起诉的影响等。

（3）采购商将承担的后果，如企业形象、经营战略、缺货失销的影响等。

（四）合同实施偏差处理

根据合同实施偏差分析的结果，供应商与采购商应该共同采取相应的调整措施，调整措施可以分为：

（1）组织措施，如增加人员投入，调整人员安排，调整工作流程和工作计划等。

（2）技术措施，如变更技术方案，采用新的高效率的施工方案等。

（3）经济措施，如增加投入，采取经济激励措施等。

（4）合同措施，如进行合同变更，签订附加协议，采取索赔手段等。

供应商在交货过程中，可能会出现一些问题，偶发性的小问题在所难免，可由采购人员或者现场检验人员与供应商进行联系解决。倘若发生合同争议后，应首先分清供方、需方或运输方的责任。如企业在采购活动中因供应商或运输方的责任蒙受了经济损失，可以通过与其协商交涉进行索赔。

学习情境设计：采购谈判全程模拟

一、实训目的

（1）掌握制订采购谈判计划。

（2）了解谈判的具体内容。

（3）学会运用价格谈判策略和技巧。

（4）不断培养和增强学生的应变能力、组织能力、沟通能力、团队协作精神等。

二、实训组织

（1）知识准备：采购谈判的组织实施、采购谈判的策略、采购合同的洽谈与签订。

（2）学生分组：每个小组人数以3～5人为宜，小组中要合理分工，每组选出一位小组长。

（3）实训地点：模拟职场（教室、会议室或实训室）。

小组成员通过充分讨论后，统一认识、统一口径、基本统一谈判标准，最后选出2～3人负责。在教师的指导下，先是每个小组进行谈判准备方案，选出较好的两个小组进行最后的模拟谈判，也可不同小组模拟采购谈判的不同阶段。

三、实训要求

1. 计划阶段

（1）内容：某汽车制造商生产的A型轿车的轮胎一直是从米其林公司采购，而另一款价位略低的B型轿车的轮胎则是从固特异公司采购，因为米其林公司生产的轮胎价格高于固特异公司生产的轮胎。现在该汽车制造商采购部希望与米其林公司通过采购谈判，进一步合作，将B型轿车也采用米其林的轮胎，但米其林公司给予的报价仍然是每只100元，于是双方展开谈判（假设该汽车公司全年生产B型轿车需用轮胎4 000只，储存费率为10%，供应商报价每只轮胎100元，每次订货成本为50元）。

（2）要求：将参加实训的学生分成若干谈判小组，分别代表汽车制造商和米其林公司，首先进入采购谈判的准备阶段，组成谈判队伍并分工。

2. 开局阶段

（1）内容：在收集双方相关的信息后，双方商量选择好地点、时间，营造好采购谈判的气氛，策划好开局的策略。

（2）要求：两组学生快速进入模拟角色，进入正式谈判的摸底阶段——介绍各自来意、谈判人员的情况、企业历史、产品介绍。

3. 谈判阶段

（1）内容：汽车制造商与米其林公司在谈判过程中，在价格上发生争执，汽车制造商想让对方降低价格，但米其林公司一直不肯妥协，最后才提出如果增加订货量，可以考虑给予折扣。经过一番谈判，双方消除分歧，确定了采购数量和采购价格。

（2）要求：谈判小组运用价格谈判策略和技巧，尽可能为己方争得利益。

四、实训报告

（1）收集资料，全面了解谈判产品的信息（主要是产品质量、交货及价格条款）

并进行分析。

（2）对谈判进行详尽地规划（可以分预测、学习、分析与谈判四部分进行）。

（3）总结出规律性、技巧性，确定谈判技巧方法。

五、实训考核

实训成绩根据个人表现和团队表现进行综合评定，考评内容包含以下几项：

（1）采购谈判计划的制订是否详细、周到、灵活。

（2）采购谈判的过程组织是否规范。

（3）价格谈判策略和技巧的运用是否恰当。

（4）小组内部分工是否明确，组员是否有协作精神，根据个人任务完成情况由组长评分。

（5）小组谈判过程准备是否充分，是否很好地执行了预设谈判方案，由教师对小组进行评分。

（6）实训报告是否按要求的规范格式完成，对个人报告或小组报告进行评分。

（7）根据个人得分和小组综合评分最终确定每个学生的实训成绩。

六、采购合同范本

××采购合同

购货单位：________________________，以下简称甲方。

供货单位：________________________，以下简称乙方。

经甲乙双方充分协商，特订立本合同，以便共同遵守。

第一条　产品的名称、品种、规格和质量。

1. 产品的名称、品种、规格：______________。（应注明产品的牌号或商标）

2. 产品的技术标准（包括质量要求），按下列第_________项执行：

（1）按国家标准执行

（2）按部颁标准执行

（3）由甲乙双方商定技术要求执行

第二条　产品的数量和计量单位、计量方法。

1. 产品数量：_________。

2. 计量单位、计量方法：_________。

3. 产品交货数量的正负尾差、合理磅差和在途自然减（增）量规定及计算方法：________。

第三条　产品的包装标准和包装物的供应与回收 ___________。

第四条　产品的交货单位、交货方法、运输方式、到货地点（包括专用线、码头）。

1．产品的交货单位：__________。

2．交货方法，按下列第__________项执行：

（1）乙方送货。

（2）乙方代运（乙方代办运输，应充分考虑甲方的要求，商定合理的运输路线和运输工具）。

（3）甲方自提自运。

3．运输方式：__________。

4．到货地点和接货单位（或接货人）

第五条 产品的交（提）货期限：__________。

第六条 产品的价格与货款的结算：

1．产品的价格，按下列第__________项执行：

（1）按照甲乙双方的商定价格。

（2）按照订立合同时履行地的市场价格。

（3）按照国家定价履行。

2．产品货款的结算：

（1）验单付款。

（2）验货付款。

第七条 验收方法：__________。

第八条 对产品提出异议的时间和办法：__________。

本合同自______年______月_____日起生效，合同执行期内，甲乙双方均不得随意变更或解除合同。合同如有未尽事宜，须经双方共同协商，作出补充规定，补充规定与合同具有同等效力。本合同正本一式两份，甲乙双方各执一份；合同副本一式___份，分送甲乙双方的主管部门、银行（如经公证或签证，应送公证或签证机关）等单位各留存一份。

购货单位（甲方）：（公章）	供货单位（乙方）：（公章）
法定代表人：（公章）	法定代表人：（公章）
地址：	地址：
开户银行：	开户银行：
账号：	账号：
电话：	电话：
年 月 日	年 月 日

第八章　采购过程控制

工作任务及过程

<table>
<tr><td>单位名称</td><td>采购部</td><td>流程名称</td><td>采购跟催/验收</td><td rowspan="2">工作任务说明
配置学习领域</td></tr>
<tr><td>总经理</td><td>采购部门</td><td>相关部门</td><td>供应商</td></tr>
<tr><td colspan="4">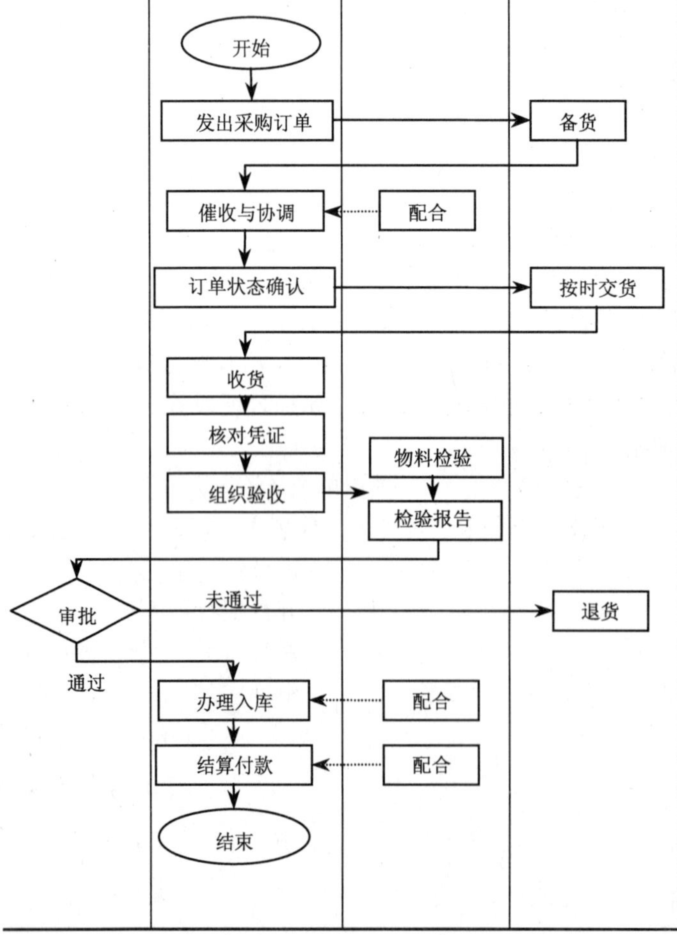
</td><td>采购部将订单合同发给供应商，供应商开始备货，期间，采购部对采购进度进行跟催，随时了解订单状态，了解供应商备货过程中产生的问题，并协同有关部门及时处理，保证供应商按时、按质交货
采购货物送达后，采购部采购验收专员依据采购合同、请购单等，与供应商的送货单进行核对，并查点实物数量。清点核对无误，则采购验收专员组织质量管理部或使用部门的人员进行质量检验，检查实物是否符合合同要求及工艺技术要求等，质量检验完毕由质量管理部门出具质量检验报告，报送采购部经理
若质量检验报告显示货物存在质量问题或货物数量清点阶段账实不符，则采购专员根据合同规定提出具体解决办法，及时联络供应商，进行退换货或补货处理。经质量检验合格，则由仓储部负责人入库，填写入库单等，并与财务部协作进行账务处理</td></tr>
</table>

职业能力要求

1. 岗位：采购检验专员

（1）协助采购主管制定各类采购货物的检验标准和检验规范。

（2）协助采购主管编制具体采购货物的质量检验方案并实施。

（3）按照相关质量检验标准，协同使用部门人员对采购货物进行质量检验。

（4）按照公司规定的程序实施检验工作，防止不合格产品入库并投入使用。

（5）识别和认真记录各类货物的质量问题，填写检验报告单，做好质量原始记录。

（6）定期对所检货物的质量情况进行统计分析，形成报告并上报领导。

（7）协助采购专员定期对供应商进行评估，对供应商提出质量改进建议。

（8）对不合格产品提出处理意见。

（9）检验仪器、量规和试验设备的维护和保养。

2. 岗位：采购跟催专员

（1）保证供应商按时交货，了解供应商，有选择地与供应商建立良好的合作关系。

（2）协助采购主管对各项采购作业环节进行客观的预测和合理的规划，避免要求的供应时间过短。

（3）对于重要物资的采购，要求对供应商进行实地查证，并约定实地查证的时间。

（4）要求供应商提供生产计划或生产日程表，据此掌握和督促进度。

（5）定期将供应商累计交货的结果，包括数量、质量等，以报表形式反馈给供应商，以督促供应商按时交货。

（6）如果供应商不能按时交货，联系供应商，获得确切交货时间，及时通知物料需求部门。

（7）定期或不定期常驻供应商，对供应商进行技术指导、监督检查。

项目任务驱动

公司交货纠纷：交期与质量

2005 年 7 月，无锡某丝绸公司要求海安某服饰公司为其扎染加工服装共计 2 973 件，双方确定每件加工费为 12 元。服饰公司按约履行了加工义务后，通知丝绸公司提货。丝绸公司于同年 7 月 16 日提走加工完毕的服装 1 046 件。同时要求服饰公司对余下有质量问题服装予以返修。同年 7 月 18 日，服饰公司整理好返修服装后通知丝绸公司带款提货，丝绸公司于同年 7 月 20 日再次提走加工完毕的服装 857 件，至此，丝绸公司在未支付加工费的情况下两次共提走服装 1 903 件。余下 1 070 件服装，服饰公司于同年 7 月 23 日通知丝绸公司提货，丝绸公司于同日回函要求服饰公司将货送到其公司验收合格后再付加工费。同年 8 月 30 日，服饰公司又向丝绸公司发出律师函，再次通知丝绸公司带款提货。丝绸公司既不付款，也不提走成衣。

2005 年 10 月 13 日，服饰公司将丝绸公司告上了海安县法院，并诉称：丝绸公司在未支付加工费的情况下提走加工完毕的服装 1 046 件和 857 件，承诺第三次提货时一并带款结算。此后，丝绸公司对我公司的提货通知置之不理，致使我公司加工费无着落。现要求丝绸公司支付加工费 35 676 元。

丝绸公司答辩并反诉称：我公司以每件加工费 12 元的价格委托服饰公司扎染加工服装共计 2 973 件，并分两次提走加工合格的服装计 1 903 件，尚有 1 070 件服装服饰公司未按约交付，这个事实无异议。但是，没有支付加工费的原因，是因为服饰公司拟交付的服装不符合约定的质量标准，给我公司造成经济损失 56 134.88 元。

服饰公司对丝绸公司反诉答辩称：反诉所指的损失，是丝绸公司与外商在交易过程中所形成的损失，不是丝绸公司履行合同中形成的损失。请求驳回反诉人的反诉请求。

海安县法院审理后认为：服饰公司与丝绸公司之间口头约定的加工承揽关系合法有效，应受法律保护。由于双方没有签订明确的书面合同，导致双方对加工服装的质量要求、检验标准和方式、报酬支付时间、交货方式等主要条款上约定不明确。按合同法规定，本案合同的履行应当在服饰公司驻所地。丝绸公司将交货方式改变为要求服饰公司送货，但该改变没有得到服饰公司的同意，丝绸公司因此拒绝提货，责任在丝绸公司。据此，判决丝绸公司给付服饰公司加工物价款 35 676 元；驳回丝绸公司对服饰公司的反诉请求。

任务一：分析案例中公司交货不及时的原因。

任务二：讨论在采购活动中采购质量和交货哪一个更重要。

学习领域配置

第一节　采购商品的质量控制

一、采购质量管理概述

质量管理的实质是企业通过一系列的管理工作来保证和提高产品质量，从而让客户满意放心。采购质量管理的主要内容首先是对采购部门本身的质量管理，其次是对供应商的质量评估以及建立质量保证体系、采购认证体系等，最终建立采购质量管理保证体系。因此，采购质量管理是指企业采购部门对采购质量的计划、组织、协调和控制，通过对供应商质量的评估和认证，从而建立采购管理质量保证体系，保证企业的物资供应活动。

（一）采购质量管理的作用

商品采购是企业取得物质资料的源头。抓住源头，对采购商品质量进行严格的控制，是确保最终产品质量、不间断生产和安全生产的重要条件，也是杜绝假冒伪劣产品和防止欺诈行为的必要措施。采购质量管理对于企业的作用主要表现为：

（1）有利于提高企业产品质量。

（2）有利于保证企业生产有节奏、持续地进行。

（3）有利于保证企业产品生产和使用环节的安全。

由于采购质量管理对于企业发展的重大作用，使采购质量管理成为企业质量管理中不可忽视的一个环节。

（二）采购质量管理的内容

采购质量管理的目标是保证采购的物料和生产设备符合规定的要求，即保证采购的物料和生产设备能够达到企业生产所需要的质量要求。要实现这一目标，采购部门的工作内容主要包括三个大的方面：①采购部门本身的质量管理；②对供应商的评估、认证、监督以及产品的验收；③采购质量管理体系验证体系的建立和运转。

1. 采购部门本身的质量管理

采购部门本身的质量管理是企业质量管理的一项基本活动，它的主要任务是根据生产的需要，保证采购部门在合适的时间，把合适数量的产品按照合适的质量向生产部门提供各种所需的材料，做到方便生产，服务生产，提高经济利益。

（1）物料采购的质量管理。采购部门要进行需求分析，在面对较复杂的采购情况时，一般是在多品种、多批次需求的情况下，涉及企业各个部门、工序、材料、设备、工具及办公用品等各种物资，需要进行大量的、彻底的统计分析，这是一项比较烦琐的工作。然而只有建立在科学的统计分析的基础上，才能编制出科学的采购计划，使后续采购工作有章可循。

（2）物料采购的组织工作。采购部门依照物料采购计划，按照规定的品种、规格、质量、价格、时间等标准，与供应商签订合同或直接购置。物料组织工作主要涉及运输和组织到货、验收、存储、供应生产等。

（3）物料采购供应的协调工作。采购部门和生产部门有时会由于各种各样的情况发生矛盾和冲突，这时候，各个部门都要本着一切从企业的目标和利益出发的原则，进行良好的沟通和协调。只有这样，才能及时发现问题，解决问题，优化沟通机制，减少发生冲突的可能性，从而达到提高产品质量和企业经济利益的目的。

（4）物料采购供应的控制工作。采购活动涉及资金的流动和各方的利益关系，在客观上要求必须减少采购活动中的舞弊行为，维护企业利益。因此，采购部门必须加强采购控制工作，建立采购预计划制度、采购请示汇报制度、采购绩效评价制度、资金使用制度、到货付款制度、保险制度等。

采购部门是企业各项采购活动实施的平台，采购部门的质量管理也就成了采购质量管理能够顺利实施的基础，因此在采购质量管理工作中采购部门的质量管理是不容忽视的一部分。

2. 供应商认证与评估

商品采购是采购方与供应商之间进行的交易活动。所采购的商品是由供应商提供的，所以采购商品的质量与供应商的管理水平和质量保证能力有很大关系。为了保证采购商品的质量，采购部门对供应商进行认证和评估是必须认真完成的工作。只有这样才能更好地控制供应商提供的产品质量。

3. 产品检验

尽管已经对采购质量的管理做了各种各样的工作，但是产品检验这个环节依然是必不可少的，主要是出于以下方面的考虑：

（1）产品在储运过程中可能发生某些变化。

（2）产品通过流通环节，质量发生变化（采购商品并不是全部从生产厂进货，有时是通过中间商或商品流通企业进货，会增加流通环节）。

（3）供应商的成品检验和发货检验难免出现失误。

（4）防止不法供应商恶意的质量欺诈。

产品检验环节要遵循正确、及时、公正的原则，只有这样才能确保入库的物料都是合乎生产要求的，以确保最终产品的质量。产品检验这一环节的作用主要体现在以下四个方面：

（1）严把进货质量关，确保最终产品质量。购入各种商品的质量，对最终产品质量产生直接影响，因此应严把进货验收关，对于不合格品不接收、不入库，更不能投入使用或加工。这样就能保证投入使用的生产设备、原材料、外购件、协作件等都是合格品，以确保最终产品质量。

（2）进行质量验证，对供应商实施事后质量监督。进货检验也是对供应商提出产品的质量验证，通过检验取得第一手资料。与对供应商提出的质量要求相对照，看其是否全面达到合同提出的质量要求，从而判断供应商的质量管理水平、质量保证能力和质量信誉，作为以后选择供应商的依据之一。

（3）发现问题，分清责任。通过进货检验可及时发现采购商品的质量、数量及其他问题，如发现商品规格品种不符、商品本身或包装出现破损、数量缺少等，应及时查明原因，分清责任，妥善处理。因为出现这些问题，责任不一定在供应商，也可能是承运部门的责任甚至是采购方的责任，但无论是谁的责任，一定要划分清楚。这样做一方面是及时分清了责任，另一方面也有利于企业及时改善自己的采购活动。

（4）摸清进货质量状况，有利于保管保养。通过对购入商品入库前的验收，能掌握该批采购商品的质量和数量状况，使库管人员心中有数。例如，验收中未发现问题，可及时办理入库手续，入库保管；若发现商品受潮可进行晾晒，在不影响使用的情况下亦可入库保管；对验收中发现有问题的商品，应单独保管，不能办理入库手续。

产品质量检验工作的成效关系着企业后续环节的工作能否正常高效地进行，因此必须做好这一环节的控制工作。

对产品检验这一环节的工作程序和方式的选择，企业会根据具体情况作出不同的工作安排。

二、采购质量与 ISO9000:2008

（一）采购的产品质量认证

1. 产品质量认证的含义

产品质量认证也称产品认证，国际上称合格认证。ISO 的定义是：由可以充分信任的第三方证实某一产品或服务符合特定标准或其他技术规范的活动。产品认证分为强制认证和自愿认证两种。一般来讲，对有关人身安全、健康和其他法律法规有特殊规定者为强制性认证，即“以法制强制执行的认证制度”。其他产品实行自愿认证制度。根据1991年实施的《中华人民共和国产品质量认证管理条例》，“产品质量认证是依据产品标准和相应技术要求，经认证机构确认并通过颁发认证证书和认证标志来证明某一产品符合相应标准和相应技术要求的活动。”

产品质量认证的依据是认证检验机构对产品质量进行检验、评定所依据的标准和相应的技术要求。由于我国的标准体系中有国家标准、行业标准、地方标准、企业标准，不同产品有不同的特征及特性要求，所以认证机构在开展产品质量认证工作时，其主要依据也有所不同。实行产品质量认证的目的是保证产品质量，提高产品信誉，保护用户和消费者的利益，促进国际贸易和发展国际质量认证合作。其意义具体表现在以下几方面：

（1）提高商品质量信誉和在国内外市场上的竞争力。商品在获得质量认证证书和认证标志并通过注册加以公布后，就可以在激烈的国内、国际市场竞争中提高自己产品质量的可信度，有利于占领市场，提高企业经济效益。

（2）提高商品质量水平，全面推动经济的发展。商品质量认证制度的实施，可以促进企业进行全面质量管理，并及时解决在认证检查中发现的质量问题；可以加强国家对商品质量进行有效的监督和管理，促进商品质量水平不断提高。同时，已取得质量认证的产品，还可以减少重复检验和评定的费用。

（3）提供商品信息，指导消费，保护消费者利益，提高社会效益。消费者购买商品时，可以从认证注册公告或从商品及其包装上的认证标志中获得可靠的质量信息，经过比较和挑选，购买到满意的商品。

2. *产品质量认证的种类*

产品质量认证分为安全认证和合格认证。

（1）安全认证。凡根据安全标准进行认证或只对商品标准中有关安全的项目进行认证的，称为安全认证。它是对商品在生产、储运、使用过程中，是否具备保证人身安全与避免环境遭受危害等基本性能的认证，属于强制性认证。实行安全认证的产品，必须符合《中华人民共和国标准化法》（以下简称“《标准化法》”）中有关强制性标准的要求。

（2）合格认证。合格认证是依据商品标准的要求，对商品的全部性能进行的综合性质量认证，一般属于自愿性认证。实行合格认证的产品，必须符合《标准化法》规定的国家标准或者行业标准的要求。

3. *产品质量认证的标志*

认证证书是证明产品质量符合认证要求和许可产品使用认证标志的法定证明文件。认证委员会负责对符合认证要求的申请人颁发认证证书，并准许其使用认证标志。认证证书由国务院标准化行政主管部门组织印刷并统一规定编号。证书持有者可将标志标示在产品铭牌、包装物、产品使用说明书、合格证上。使用标志时，须在标志上方或下方标出认证委员会代码、证书编号、认证依据的标准编号。

我国认证机构设计并发布的产品质量认证标志目前主要有以下几种：

（1）方圆标志分为合格认证标志和安全认证标志。获准合格认证的产品，使用合格认证标志，获准安全认证的产品，使用安全认证标志。合格认证标志适用范围为一般工农业产品，实行企业自愿申请；安全认证标志适用范围为有安全要求的工业产品，实行强制性认证。

（2）长城标志为电工产品专用认证标志。长城标志的颜色及其印制，应当遵守国务院标准化行政主管部门以及中国电工产品认证委员会有关认证标志管理办法的规定。适用范围为有安全要求的电工产品。

（3）PRC 标志为电子元器件专用认证标志。PRC 标志的颜色及其印制，应当遵守国务院标准化行政主管部门以及中国电子元器件质量认证委员会有关认证标志管理办法的规定。其适用范围为电子元器件产品。

（4）CCC 认证标志适用于《中华人民共和国实施强制性产品认证的产品目录》中的产品。

（5）CQC 产品认证标志适用于经中国质量认证中心认证合格的产品。

此外，一些较有影响的国际机构和外国的认证机构按照自己的认证标准，也对向其申请认证并经认证合格的我国国内生产的产品颁发其认证标志。例如，国际羊毛局的纯羊毛标志，美国保险商实验室的 UL 标志等，都是在国际上有较大影响的认证标志。

（二）ISO9000:2008

2008 版 ISO9001《质量管理体系要求》已于 2008 年 11 月 15 日正式发布。ISO 和 IAF（国际认可论坛）认为 ISO9001:2008 标准没有引入新的要求，而是根据世界上 170 个国家大约 100 万个通过 ISO9001 认证的组织的八年实践，更清晰、明确地表达 ISO9001:2008 的要求，并增强其与 ISO14001:2004 的相容性。

1. ISO9000 标准对采购质量控制的要求

ISO9001、ISO9002 质量保证标准和 ISO9004-1 质量管理标准都对采购质量规定有要求。两类标准对采购质量控制要求，虽然条款的提法不同，但基本内容是一致的，可归纳为以下三个方面：

（1）要求供方（企业）对分供方进行质量评价，选择合格的分供方，建立合格分供方名录。

（2）准备采购文件，签订采购协议；协议应包括“质量保证”、“验证方法”和解决争端的规定。

（3）建立进货检验程序，实施进货检验，做好记录，控制进货质量。

2. 采购质量控制的工作范围

根据 ISO9000 标准的要求以及国内企业多年实践的经验，企业要搞好采购质量控制，最低应搞好以下几方面工作，如表 8-1 所示。

表 8-1 采购质量控制工作范围

采购（货品）质量控制
（1）建立采购机制，配备人员
（2）通过分析对外购货品进行质量重要度分级
（3）建立采购质量政策和采购质量控制程序
（4）准备采购质量文件和资料
（5）选择合格的分供方，建立合格分供方名录和档案
（6）采购合同和质量（技术）协议
（7）对分供方进行质量审核和帮助
（8）进货检验，做好记录
（9）采购过程（进厂后）的控制

三、采购质量管理的实施

采购部门在品质管理方面的作业要点可分为事前规划、事中执行与事后考核三大部分。每个部分的详细内容如表 8-2 所示：

表 8-2 采购质量管理作业要点

事前规划	事中执行	事后考核
决定品质标准并开列公平的规格 买卖双方确认规格及图样 了解供应商的承制能力 要求供应商实施品管制度 准备核正检验工具或仪器	检视供应商是否按照规范施工 提供试制品以供品质检测 派驻检测员抽查在制品的品质 品管措施是否落实	解决买卖双方有关品质分歧 严格执行验收标准 提供品质异常报告 要求卖方承担保证责任 淘汰不合格供应商

（一）采购质量管理的事前规划

在事前规划方面，主要着重于产品规格的制定、供应商的选择和合约控制等。

1. 制定产品规格

针对制定规格而言，应同时考虑设计、生产要素、行销及商业性四种不同的因素。设计需求的考虑，即尽可能在不改变原设计的情况下，获得符合需求的原物料规格；生产因素的考虑即为配合机器设备的操作要求，选择适当规格的物料；而行销因素的考虑则着重于消费者的接受程度，如环保要求及购买力等；而考虑到商业性采购因素时，采购人员必须进行下列几项调查：

（1）研究品质的需求状况。

（2）确定品质需求已经完整且明确地在规格说明上有所规定。

（3）调查供应商的合理成本。

（4）确定品质是以一般通用的规格写成，让有潜力的供应商也能参与竞争。

（5）决定合适的品质是否可由现有的供应商来制造。

（6）确定监督与测试的方法，维护良好的品质水准。

规格设计有如下一些基本原则可供依循。

（1）通用原则。一般性物料，尽量采用国际性及通用性的规格，其理由如下：

1）符合标准化要求，可保证品质优良。

2）假如不使用通用规格，必须特别加工，势必提高成本。

3）容易把握料源，后续补充也容易。

（2）新颖原则。规格设计力求新颖，并以适应新发明的原料及制造方法为原则，这是因为：

1）寿命周期较短，且旧产品可能不再供应。

2）符合时代要求，因为旧产品性能落伍，必被淘汰或沦为二流产品。

（3）标准公差原则。

1）易于获得。没有合理的公差，供应商多不愿承制。

2）可获得较合理的价格。无公差之产品，供应商无交货把握，定会提高报价以避免风险。

3）可迅速交货。这是因为有了合理公差，就容易掌握制造品质，容易控制时效。

（4）区分规格原则。主要规格力求清晰和明确；次要规格应具有弹性，避免严苛。这是因为：主要规格，如不明确开列，订得过于简单粗陋，不但失去设定品质标准的意义，而且供应商亦失去其制造的依据，日后交货检验，必生争端；次要规格，避免有不必要的限制，如果指定厂牌，一般供应商无法供应。规格恰当与否是采购成败的关键因素之一，然而，制定规格并不容易，因此，可以参考一些通用的规格，其采用的顺序如下所述。

1）国内采购规格选用顺序：①国家标准，凡有国家标准可用者，原则上不应使用其他规格采购；②各公会或协会制定的标准，如无国家标准可用时，则可考虑使用国内各公会或协会、委员会制定的标准。

2）国外采购规格选用顺序：①国际通用规格，凡有国际通用规格可采用者，不得使用其他规格采购；②美国联邦规格或其他国家规格且有通用性质者；③美军军品规格而且为其他国家采用者。

3）补助规格之使用及限制。①厂商设计规格，如买方本身无能力编订规格时，可考虑国内具有工业水准及检验能力的厂商代为设计规格。厂商设计的规格，最好先经过专业人员审订后才能使用。②以产品性能采购。采购时，如无规格可供采用，可以性能作为采购物的要求条件，要求厂商先行提供规格，经选定可用规格后，再要求规格可用的厂商进行比价，决标签约。经选定的厂商规格，决标、签约、交货情形良好者，此种规格可列为日后采购的参考。③蓝图、照片、说明书，仅能作为规格的补助资料，不能单独用以作为采购的唯一依据。

当品质标准与规格决定之后，应予以书面化，包括“规格说明书”或“规格规范手册”，作为买卖双方签订契约的依据。

2. 选择优秀的供应商

采购在品质管理事前规划的另一个重点是供应商的选择。许多公司能够把他们的原料品质问题减至最低，就是因为他们在开始就选择了有能力而且愿意合作的供应商，因此品质水准得以维持并提升。

3. 合约控制

企业与供应商之间应通过合约控制来保证产品质量符合要求，具体措施如表 8-3 所示。

表 8-3　合约控制的主要内容

协议名称	目　的	具体内容
质量保证协议	明确规定供应商应负的质量保证责任	信任供应商的质量体系 随发运的货物提交规定的检验/试验数据及过程控制记录 由供应商进行 100%的检验/试验 由供应商进行批次接收抽样检验/试验 实施本企业规定的正式质量体系 由本企业或第三方对供应商的质量体系进行定期评价 内部接收检验或筛选
验证方法协议	与供应商就验证方法达成明确的协议，以验证产品是否符合要求	规定检验项目 检验条件 检验规程 抽样方法 抽样数据 合格品判断标准 供需双方需交换的检测资料 验证地点
解决争端协议	解决本企业和供应商之间的质量争端，就常规问题和非常规问题的处理作出规定	常规问题，即不符合产品技术标准的一般性质量问题 非常规问题，即产品技术标准范围之外的质量问题或成批不合格或安全特性不合格等 制定疏通本企业和供应商之间处理质量事宜时的联系渠道和措施等

（二）采购质量管理的事中执行

品质检验不只是生产与品质管理部门的责任，采购部门也必须恪尽职守，不仅要检视供应商是否按照规范施工，还要派驻检验员抽查供应商在制品的品质，并提供试制品以供品质检测，以及检视供应商的品质管理措施是否落实，确保采购原物料的品质没有异常状况。

采购部门对执行品质管理必须有所依据，这是与供应商签订合作契约中的主要部分。在契约书中必须提到“品质保证协定”。这份协定主要是买卖双方为确保交货物品的品质，相互规定必须实施的事项，并根据这些事项，执行品质检验，对于双方的合作，生产效率与利润的提高均有助益。

在品质保证协定中，首先要把品质规格的内容说明清楚，包括有关材料、零部件的品质规格及其检验标准与方法；其次，双方必须成立能充分实施品质管制的组织，在采购、制造、检验、包装、交货等作业中，建立彼此协调的标准作业程序，以便双方能按照作业标准来完成合作事宜。

1. *供应商的品质检验作业*

供应商的品质检验作业一般包括下面三个阶段：

（1）进料检验。供应商为了提供买方所需物品，而外购的材料、零件，必须实施验收。当买方想了解进货的品质时，应提供相关资讯，也就是买方应追踪供应商购料的品质，以确保物品的品质水准。

（2）制造过程中的品质管制。买方对于供应商加工及设备的保养，标准化作业的实行及其他必要的项目实施检查，防止制造过程中发生不良产品，即要派驻厂检验员抽查在制品的品质及检视供应商是否按照规范施工。

（3）制成品出货的品质管制。采购部门在供应商进行大量生产以前，可以要求供应商提供试制品供工程人员进行品质检测，供应商在制成品出货时，必须按照双方谈好的标准实施出货检验，并且要附上相关材料（如制造商的试验检查表），让品质管制达到环环相扣的境界。

一般而言，采购部门对于供应商运送来的物料，会先进行检验才可入库。然而，若事先对供应商的品质管制做得相当彻底，就可以省略此步骤而直接入库，以便节省人力与检验成本。当然，这种做法是建立在彼此对质量管理都非常严谨，并且合作无间的基础上的。目前盛行的全面质量管理就是试图要达到这样的地步。大部分的采购部门对于进货的物品仍进行检验。

2. *采购商进货检验*

在进货检验中，有以下几项重点：

（1）制定抽样检验的标准与程序，作为双方配合的依据。

（2）根据检验标准，针对供应商发来的物品进行检验、比对，以决定合格、退回修改或退回废弃。

（3）在检验时，发现有不合格的地方，应要求供应商迅速调查原因，并报告处理对策。

（三）采购质量管理的事后考核

采购部门对于供应商品质量管理的考核，在于严格执行验收标准，提供品质异常报告，要求供应商承担保证，以积极的态度解决买卖双方有关质量分歧的问题。考核的结果可作为淘汰不合格供应商的依据。因此，买卖双方在签订合作契约之前，要保持正确的品质管理信念，了解彼此的要求，共同研讨相关规范，避免日后产生品质方面的争端。下列 10 项品质管理原则是买卖双方在制定品质保证协定时应该遵守的重要准绳。

（1）买方和卖方具有相互了解对方的品质管理体制，协力实施品质管理的责任。

（2）买方和卖方务必互相尊重对方的自主性（双方对等、相互尊重）。

（3）买方有责任提供给卖方有关产品的充分资讯。

（4）买方和卖方在交易开始时，对于有关质、量、价格、交货期、付款条件等事项，须订合理的契约。

（5）卖方有责任保证产品是买方使用上可满足的品质，必要时有责任提供必要的客观资料。

（6）买方和卖方在订契约时，务必制定双方可接受的评价方法。

（7）买方和卖方对于双方之间的各种争议解决方法及程序，务必于订约时订定。

（8）买方和卖方应相互站在对方的立场，交换双方实施品质管理所必要的资讯。

（9）买方和卖方，为了双方的合作能够更圆满顺利，对于订购作业、生产管制、存货计划等，应经常作妥善管理。

（10）买方和卖方在交易时，都应充分考虑最终消费者的利益。

买卖双方根据上述品质管理的原则建立彼此认同的品质规范，并依据这项协定作日后的考核与评价。

品质考核的目的在于通过对供应商的奖惩，期望品质能日益精良，对于绩效优的厂商给予荣誉奖牌，提前付款、订购量提高及当有新产品开发时，列入优先考虑的合作对象；对于绩效差的厂商则降低订购量，加强辅导、扣款、降低使用量，甚至淘汰。

四、采购质量管理体系的构建

采购环节的质量是影响最终产品质量的重要因素之一，它直接关系到企业的兴衰成败。因此，在采购全过程中实行强而有力的质量管理与控制，构建全新的采购质量管理体系，是企业发展和振兴的一贯宗旨。

（一）培植现代质量管理理念，强化采购质量意识

随着经济一体化进程的加快以及 ISO9000 族标准的普遍采用，质量管理领域发生了观念上的变革，一些新的质量管理理念不断涌现。为此，企业应培植现代质量管理理念，强化采购质量意识。而要做到这点，就要求企业领导在组织商品生产经营活动时，企业采购人员、质量管理人员、质量检验人员在从事采购商品质量管理与控制活动中，都必须树立和强化“质量第一”、“预防为主”、“持续改进”、“协作精神”、“注重质量效益”、“顾客至上”等理念，增强关心采购质量和保护质量的自觉性。质量意识的形成与提高是一个长期的过程。

（二）加强采购全过程质量管理

采购过程涉及供应商的选择、与供应商谈判及成交、对供应商进行质量管理与控制、对供应商商品质量进行验证、进货检验与验收等活动，必须对每一个环

节进行控制，实行全过程质量管理，严格把好每一个环节上的质量关口。这也是全面质量管理思想的应用。

（1）明确各部门的质量职责，建立相应的质量控制程序。

（2）建立健全采购质量管理制度。

（3）加强对供应商的动态管理。

（4）严格把好质量检验关。

（5）加强不合格品的控制。

（三）努力做好采购质量管理的基础工作

1. 做好采购相关信息的工作

采购商品质量信息的搜集、加工、存储和传递工作是一项复杂而烦琐的工作，但是企业必须对其足够重视，因为采购商品的质量信息是进行采购质量决策的依据，是改进采购商品质量、改善采购各环节工作的最直接的原始数据，也是进行质量控制的基本依据。

2. 重视提高采购人员的素质

采购工作是一项技术和业务性都比较强的工作，要求采购人员不但要有高度的事业心和责任感，遵纪守法，坚持原则，秉公办事，而且要熟悉采购业务，掌握一定的商品学、材料学方面的知识，具有一定的“识货”技能。一个好的采购团队会在很大程度上保障企业的采购质量。

3. 做好采购的标准化工作

全面质量管理的基础工作之一就是标准化工作。标准化是指在经济、技术、科学及管理等社会实践中，对重要性事物和概念通过制定、颁布和实施标准达到统一，以获得最佳秩序和社会效益的活动。在采购环节实施标准化，是健全和完善采购质量管理体系的需要，是提高采购质量、增加经济效益的需要，也是实施全面质量管理的需要。企业实施标准化之后可选择的供应商就会更多，还可以提高企业的采购效率，降低采购成本，有助于提高最终产品的竞争能力。

采购环节标准化工作必须坚持两个原则：①必须坚持“顾客第一”的原则，即顾客的要求就是“标准”，这里的顾客是指采购所要服务的部门；②必须坚持“系统性”原则，即标准协调统一，完整配套。

4. 建立采购质量管理保证体系

采购质量管理保证体系通常记录在企业质量手册中，质量手册中主要包括采购质量标准的制定、评估、控制和保证，采购质量控制方法，供应商的选择评估及考核等一些内容。

采购质量管理保证体系包括下列内容：

（1）明确的采购质量目标、采购质量计划和采购质量标准。

（2）严格的采购质量责任制。

（3）专职的采购质量管理机构。

（4）采购管理业务标准化和管理流程程序化。

（5）高效、灵敏的采购信息及采购系统。

（6）供应商的质量保证活动。

其中，供应商的质量保证活动是采购质量管理保证体系的重点，也是开展全面质量管理的重要组成部分。

采购质量管理要想获得成功，离不开相关部门和人员的通力合作，要将采购质量管理融入企业全面质量管理中来，要以顾客满意作为采购质量管理的最终目标。

第二节　采购商品的检验与验收

一、商品检验的概念与种类

（一）商品检验的概念及含义

检验是对产品或服务的一种或多种特征进行测量、检查、试验、度量，并将这些特性与规定的要求进行全面比较以确定其符合性的活动。商品检验就是根据商品标准和合同条款规定的质量指标，确定商品质量高低和商品等级的工作。

商品检验的主体是商品的供货方、购货方或者第三方。

商品检验的对象是商品的各种特性，如商品的质量、规格、重量、数量以及包装等方面。

商品检验的依据是合同、标准或国际、国家有关法律、法规、惯例等对商品的要求。

商品检验的目的是在一定条件下，借助科学的手段和方法，对商品进行检验后，作出合格与否或判定是否通过验收；或为维护买卖双方合法权益，避免或解决各种风险损失和责任划分的争议，便利商品交接结算而出具各种有关证书。

商品的质量检验是商品检验的中心内容，狭义的商品检验是指商品的质量检验。

（二）质量检验的基本类型

实际的检验活动可以分成以下三种类型：

1. *进货检验*

进货检验是对外购货品的质量验证，即对采购的原材料、辅料、外购件、外协件及配套件等入库前的接收检验。为了确保外购货品的质量，进厂时的收货检验应由专职质检人员按照规定的检查内容、检查方法及检查数量进行严格的检验。

进货检验的深度主要取决于需方对供方质量保证体系的信任程度。需方可制定对供方的质量监督制度，如对供方的定期质量审核，以及在生产过程的关键阶段派员对供方的质量保证活动进行现场监察等。需方对供方进行尽可能多的质量验证，以减少不合格品的产出，是需方保证进货物品质量的积极措施。

进货必须有合格证或其他合法证明，否则不予验收。供方的检验证明和检验记录应符合需方的要求，至少应包括影响货品可接受性的质量特性的检验数据。

进货检验有首件（批）样品检验和成批进货检验两种。

（1）首件（批）样品检验。首件（批）样品检验是需方对供方提供的样品的鉴定性检验认可。供方提供的样品必须有代表性，以便作为以后进货的比较基准。

首件（批）样品检验通常用于以下三种情况：

1）供方首次交货。

2）供方产品设计或结构有重大变化。

3）供方产品生产工艺有重大变化。

（2）成批进货检验。成批进货检验是对按购销合同的规定供方持续性后继供货的正常检验。成批进货检验应根据供方提供的质量证明文件实施核对性的检查。针对货品的不同情况，有如下两种检验方法：

1）分类检验法。对外购货品按其质量特性的重要性和可能发生缺陷的严重性，分成 A、B、C 三类。A 类是关键的，必须进行严格的全项检查；B 类是重要的，应对必要的质量特性进行全检或抽检；C 类是一般的，可以凭供货质量证明文件验收，或作少量项目的抽检。

2）接受抽样检验。对正常的大批量进货，可根据双方商定的检验水平及抽样方案，实行抽样检验。

2. 工序检验

工序检验有时称为过程检验或阶段检验。工序检验的目的是在加工过程中防止出现大批不合格品，避免不合格品流入下道工序。因此，工序检验不仅要检验在制品是否达到规定的质量要求，还要检定影响质量的主要工序因素，以决定生产过程是否处于正常的受控状态。工序检验的意义并不是单纯剔出不合格品，还应看到工序检验在工序质量控制乃至质量改进中的积极作用。

工序检验通常有以下三种形式：

（1）首件检验。首件，是指每个生产班次刚开始加工的第一个工件，或加工过程中因换人、换料、换货以及换工装、调整设备等改变工序条件后加工的第一个工件。对于大批量生产，“首件”往往是指一定数量的样品。实践证明，首件检验的制度是一项尽早发现问题，防止系统性质量因素导致产品成批报废的有效措施。

(2) 巡回检验。巡回检验要求检验人员在生产现场对制造工序进行巡回质量检验。检验人员应按照检验指导书规定的检验频次和数量进行，并做好记录。工序质量控制点应是巡回检验的重点，检验员人员应把检验结果标志在工序控制图上。

（3）末件检验。末件检验是指主要靠模具、工装保证质量的零件加工场合，当批量加工完成后，对最后加工的一件或几件进行检查验证的活动。末件检验的主要目的是为下批生产做好生产技术准备，保证下批生产时能有较好的生产技术状态。

3. 完工检验

完工检验又称最终检验，是全面考核半成品或成品质量是否满足设计规范标准的重要手段。由于完工检验是供方验证产品是否符合顾客要求的最后一次机会，所以是供方质量保证活动的重要内容。

完工检验必须严格按照程序和规程进行，严格禁止不合格零件投入装配。对有让步回用标志的零件经确认后才准许装配。只有在程序中规定的各项活动已经圆满完成，以及有关数据和文件齐备并得到认可后，产品才能准许发出。

二、采购进货检验流程及内容

在现今的采购活动中，实施工序检验和完工检验的情况并不普遍，绝大多数企业对外购产品质量实施进货检验控制。通常的验收作业流程及内容如下：

1. 验收准备

在仓库接到到货通知后，应根据商品的性质和批量做好验收前的准备工作，准备工作大致包括以下内容：

（1）人员准备。安排好负责质量验收的技术人员或用料单位的专业人员及配合数量验收的装卸搬运人员。

（2）资料准备。收集并熟悉待验收商品的有关资料，如技术标准、订货合同等。

（3）器具准备。准备好验收用的检验工具，如衡器、量具等，并校验准确。

（4）货位准备。确定验收入库时的存放货位，计算和准备堆码苫垫材料。

（5）设备准备。大批量商品的数量验收，必须有装卸搬运机械的配合，应做好设备的申请调用。

此外，对于有些特殊商品的验收，如有毒品、腐蚀品、放射品等，还要准备相应的防护用品。

2. 核对凭证

入库商品必须具备下列凭证：

（1）入库通知单和订货合同副本，这是仓库接受商品的凭证。

（2）供货单位提供的材质证明书、装箱单、磅码单、发货明细表等。

（3）商品承运单位提供的运单，若商品入库前发现残损情况，还要有承运部门提供的货运纪录或普通纪录，作为向责任方交涉的依据。

3. 实物验收

实物验收，就是根据入库单和有关技术资料对数量和质量进行检验。

（1）数量检验。数量检验是保证物资数量不可缺少的重要步骤，一般在质量验收之前，由仓库保管职能机构组织进行。按商品性质和包装情况，数量检验分为三种形式，即计件、检斤、检尺求积。

1）计件是按件数供货或以件数为计量单位的商品，做数量验收时清点件数。

2）检斤是按重量供货或以重量为计量单位的商品，做数量验收时的称重。

3）检尺求积是以体积计量的商品，如木材、矸石等，先检尺，后求体积的数量验收。

（2）质量检验。质量检验包括外观检验、尺寸检验、机械物理性能检验和化学成分检验四种形式。

1）商品的外观检验。外观检验是通过人的感觉器官，检验商品的包装外形或装饰有无缺陷；检查商品有无损伤；检查商品是否被雨、雪、油污等污染，有无受潮、霉腐、生虫等。

2）商品的尺寸检验。进行尺寸检验的商品，主要是金属材料中的型材、部分机电产品和少数建筑材料。

3）理化检验。理化检验是对商品内在质量和物理—化学性质所进行的检验。通常主要是对进口商品进行理化检验。对商品内在质量的检验，要求具备一定的技术知识和检验手段，所以，一般有专门的技术检验部门进行。应当指出的是，以上的质量检验是商品交货时或入库前的验收，仅此是不够的，因为检验中一旦发现产品存在质量问题，会给供需双方带来巨大的经济损失，所以单靠交货时的事后控制是不够的，在条件允许的情况下，采购产品的质量管理，应当提前到产品生产的加工和装配阶段，如果供需双方是供应链上的战略合作伙伴关系就更应如此。

三、质量缺陷与不合格品管理

（一）产品质量缺陷严重性分级

产品加工制造过程中不可能完全避免质量缺陷。对于不能满足预期使用要求的质量缺陷，在质量特性的重要程度、偏离规范的程度以及对产品适用性的影响程度等，客观上存着或大、或小的差别。对这些质量缺陷实施严重性分级有利于检验质量职能的有效发挥，以及质量管理综合效能的提高。

检验用产品质量缺陷严重性分级原则的模式，如表 8-4 所示，供实践中参考。

表 8-4　检验用产品质量缺陷严重性分级原则的模式

缺陷的级别 / 涉及的方面	致命缺陷（A）	严重缺陷（B）	一般缺陷（C）	轻微缺陷（D）
安全性	影响安全的所有缺陷	不涉及	不涉及	不涉及
运转及运行	会引起难于纠正的非正常情况	会引起易于纠正的非正常情况	不会影响运转及运行	不涉及
寿命	会影响寿命	可能影响寿命	不影响	不涉及
可靠性	必然会造成产品故障	可能会引起易于修复的故障	不会成为故障的起因	不涉及
装配		肯定会造成装配困难	可能会影响装配顺利	不涉及
使用安装	会造成产品安装困难	可能会影响产品安装的顺利	不涉及	不涉及
外观	一般外观缺陷构不成致命缺陷	使产品外观难于接受	对产品外观影响较大	对产品外观有影响
下道工序	肯定造成下一道工序的混乱	给下一道工序造成较大困难	对下一道工序影响较大	可能对下一道工序有影响
本系统内处理权限	总质量师	检验部门负责人（处长、科长）	检验工程师	检验站、组长
检验严格性	100%严格检验 加严检验	严格检验 正常检验	一般正常检验 抽样检验	抽样检验 放宽检验

（二）质量检验指导书

质量检验指导书是产品检验规范在某些重要检验环节上的具体化，是产品检验计划的构成部分。编制质量检验指导书的目的在于为重要的检验作业活动提供具体的指导。通常，对于工序质量控制点的质量特性的检验作业活动，以及关于新产品特有的、过去没有类似先例的检验作业活动都必须编制质量检验指导书。

质量检验指导书的基本内容如下：

1. 检验对象

受检物的名称、图号及其在检验流程图上的位置（编号）。

2. 质量特性

规定的检验项目、需鉴别的质量特性、规范要求、质量特性的重要性级别、所涉及的质量缺陷严重性级别。

3. **检验方法**

检验基准（基面）、检测程序与方法、检测中的有关计算方法、检测频次、抽样检验的有关规定及数据。

4. **检测手段**

检验使用的工具、设备（装备）及计量器具，这些器物应处的状态，使用中必须指明的注意事项。

5. **检验判断**

正确指明对判断标准的理解、判断比较的方法、判定的原则与注意事项、不合格的处理程序及权限。

6. **记录与报告**

指明需要记录的事项、方法和记录表式，规定要求报告的内容与方式、程序与时间要求。

7. **对于复杂的检验项目**

检验指导书应给出必要的示意图表及提供有关的说明资料。

（三）不合格品管理

不合格品的管理是质量检验，也是整个质量管理中的重要问题。

1. **不合格品的确定**

ISO9000:2000 中对不合格品的定义为，“未满足要求。”在质量检验工作中，对可疑的不合格品，必须认真加以鉴别。

对质量的鉴别有两种标准：①符合性标准，即产品是否符合规定的技术标准。这种鉴别有明确的标准可以对照，是质量检验人员及机构的经常性工作。②是适用性标准，即产品是否符合用户要求。用户要求往往因人、因时、因地而异，较多个性而较少共性，因此，产品质量的适用性标准可能会超出质量鉴定的范畴。从现代质量观来看，产品质量的符合性标准和适用性标准在本质上应该是一致的，但在现实生活中这两种标准未必总能合拍。一个完全符合质量标准的产品，对某些用户可能会觉得并不称心如意，而一个不完全符合质量标准的产品，对某些用户反而觉得其性能和质量正合心意。但不管怎样，为了真正发挥质量检验的把关和预防职能，任何情况下都应坚持质量检验的“三不放过”原则，即“不查清不合格原因不放过，不查清责任者不放过，不落实改进措施不放过”。

2. **不合格品的管理**

不合格品的管理不仅包括对不合格品本身的管理，还包括对出现不合格品的生产过程的管理。

当生产过程的某个阶段出现不合格品时，决不允许对其作进一步的加工。同时，根据“三不放过”的原则，应立即查明原因。如果是生产过程失控造成，则在采取纠正措施前，应暂停生产过程，以免产生更多的不合格品。根据产品质量缺陷的性质，可能还需对已生产的本批次产品进行复查全检。

对于不合格品本身，应根据不合格品管理程序及时进行标志、记录、评价、隔离和处置。

对不合格品的标志和记录，是指应按产品特点和质量体系程序文件的规定进行。对不合格品的标志应当醒目清楚，并应采用不能消除或更改的标志方法。对不合格品及其标志必须按统一的格式认真做好记录。

对已做了标志和记录的不合格品，供方应在等候评审和最终处置期间，将其放置在特定的隔离区，并实行严格控制，以防在此之前被动用。

3. **不合格品的处置**

对不合格品（产品、原材料、零部件等）应通过指定机构负责评审。经过评审，对不合格品可以作出如下处置：

（1）返工（Rework）。可以通过再加工或其他措施使不合格品完全符合规定要求。例如，机轴直径偏大，可以通过机械加工使其直径符合公差范围成为合格品。返工后，必须经过检验人员的复验确认。

（2）返修（Repair）。对其采取补救措施后，仍不能完全符合质量要求，但能基本满足使用要求，判为让步回用品。在合同环境下，修复程序应得到需方的同意。修复后，必须经过复验确认。

（3）让步（Concession）。不合格程度轻微，不需采取返修补救措施，仍能满足预期使用要求，而被直接让步接收回用。这种情况必须有严格的申请和审批制度，并得到需方的同意。

（4）降级（Regrade）。根据实际质量水平降低不合格品的产品质量等级或作为处理品降价出售。

（5）报废（Scrap）。如不能采取上述种种处置时，只能报废。报废时，应按规定开出废品报告。

第三节　采购跟踪与进度控制

一、采购跟踪的内容

采购跟踪是对采购合同的执行、采购订单的状态、接收货物的数量、退货情况等的动态跟踪。采购跟踪的目的在于促使合同正常执行、协调企业和供应商的合作，既满足企业的货物需求同时又保持最低的库存水平。其内容包括：

（一）跟踪供应商的货物准备过程

采购方应严密跟踪供应商准备货物的过程，以保证订单按时、按量优质完成。

尤其是供应商未按照合同要求进行生产，废品率太高，替换原材料或因故不能按时交货等情况，负责跟踪的人员要及时反馈，双方商议对策，第一时间解决问题。

（二）跟踪进货过程

货物准备完毕之后，要进行包装、运输。无论是供应商负责送货，还是采购方自提货物，都要对进货过程进行跟踪。运输过程是很容易发生风险的过程，要注意运输工具的选择是否得当、货物有否特殊要求，避免在运输过程中发生货损。尤其对于远洋货长途运输，跟踪进货过程更显得重要。

（三）控制好货物的检验与接收

货物到达订单规定的地点交由采购方控制时，采购方的检验人员要根据订单对到货的物品、规格、数量等进行一一核对，确保所交货物符合订单要求。采购人员需跟踪此过程，如果检验过程中发现诸如缺货、货损、不合格等问题，采购人员有责任与供应商进行协商解决，进行补货、退货等。

（四）控制好库存水平

货物检验完毕之后就要入库，库存是采购物流中的重要环节，它是企业正常运转的调节器，库存量太小不能满足生产、销售要求，而库存太大又会占用资金，造成浪费，两种结果都会影响企业的正常运转。因而，控制一个合理的库存水平十分重要。在长期的原材料采购中，库存的控制问题尤为明显。采购部门应该以采购为导向，兼顾生产水平和供应商对订单的反应速度，来确定最优的订货周期和订货量，从而维持一个较低的库存水平，节约资金，防止浪费。

（五）督促付款

货物入库后，财务部门要凭一系列单据办理对供应商的付款。采购部门有义务及时提交单据，并督促财务部门按照流程规定按期付款，以维护企业的声誉。

二、采购进度的控制意义与原因

在物品的采购活动中，采购员并不是发出订单后就万事大吉了，还必须对采购过程进行全程跟催，确保供应商在适当的时间内交货，因此采购进度控制在现实中非常重要。

（一）采购进度控制的意义

1. 采购进度控制可以降低交货延迟增加的成本

交货期的延迟，毫无疑问会阻碍企业生产或经营活动的顺利进行，对生产现场及经营或其他有关部门带来有形或无形的不良影响。

（1）由于物品进库的延误，发生空等或耽误而导致效率下降。

（2）为恢复原状（正常生产、经营），有需加班或例假出勤的情况，导致增加人工费用。

（3）物品的交期延迟，失去客户的信任，导致订单的减少。

（4）成为修改或误制的原因。

（5）延误的频度高，需增员来督促。

（6）使作业人员的工作意愿减退。

2. 采购进度控制也可以降低提早交货增加的成本

一般人总以为提早交货的不良影响不如延迟交货，实际上两者都会成为企业成本增加的原因。以下两点为其主要理由：

（1）容许提早交货则会发生其他物品交货的延迟（供应商为资金调度的方便会优先生产高价格的物品以提早交货，所以假如容许其提早交货，就会造成低价格物品的延迟交货）。

（2）不急于用的物品的提早交货，必定会增加存货而导致资金运用效率的降低。

因此，确保交货日期按计划做到准确无误，对企业生产经营是非常重要的。

（二）供应商交货期的延误原因

采购员要掌握采购进度，首先必须对供应商延期交货的原因进行分析。具体地分析交货延误的原因，有助于采购员有针对性地制订进度控制的措施。引起供应商交货期延误的原因有以下一些方面：

1. 采购人员的原因

采购人员造成延误的原因如下：

（1）紧急订购。由于人为的或客观的因素，前者如库存数量计算错误或发生监守自盗的情况；后者如水灾或火灾等自然灾害，使库存材料毁于一旦，因此必须紧急订购，但供应商可能没有多余的生产能力来消化临时追加的订单，企业就必须等待一段时间。

（2）选错订购对象。采购员有时可能因为贪图低价，选择没有制造能力或材料来源困难的供应商，或者所选供应商缺少如期交货的责任心，便导致不可能按期交货。

（3）跟催不积极。采购物品在市场上出现供不应求时，如果采购员对已下订单不积极进行跟催，供应商很有可能，谁催得紧、逼得凶，或是谁的采购价格出得高，物品就给谁。这样很容易出现供应商对自己企业延期交货甚至交不出货的情况。

2. 供应商的原因

供应商延误交货的原因如下：

（1）超过生产能力。由于供应商的预防心理，其所接受的订单常会超过其生产设备的生产能力，以便使部分订单取消时，还能维持正常生产的目标；一旦原订单中间未被取消，就造成生产能力不足而难以应付交货数量的情况。

（2）制造能力不足。供应商对需求状况及验收标准未详加分析，即接受订单后，等真正生产制造的时候才发现力所不及，根本无法制造出合乎要求的产品。

（3）转包不善。供应商由于设备、技术、人力、成本等因素限制，除承担产品的一部分制造过程外，另将部分制造工作转包给他人。由于承包商未尽职责，导致产品无法组装完成，延误了交货的时间。

（4）缺乏责任感。有些供应商争取订单时态度相当积极，可是一旦拿到订单后，似乎有恃无恐，往往制造工作中显得漫不经心，对如期交货缺乏必要的责任感，视迟延交货为家常便饭。

（5）制造过程或品质不良。有些厂商因为制造过程设计不良，以致产出率偏低，必须花费许多时间对不合格的制品加工改造。另外也可能因为对产品质量的控制欠佳，导致最终产品的合格率偏低，无法满足交货的数量。

（6）物品欠缺。供应商也会因为物品管理不当或其他因素造成其物品短缺，以致拖延了生产制造时间，而延误了交货日期。

（7）报价错误。若供应商因报价错误或承包的价格太低，以致还未生产就已预知面临亏损或利润极其微薄，因此交货的意愿低落，或将其生产能力转移至其他获利较高的订单上，也会延迟交货时间。

3．企业的原因

企业造成延误的原因如下：

（1）购运时间不足。由于请购单位提出请购需求的时间太晚，比如，国外采购在需求日期前三天才提出请购单，这样会令采购单位措手不及；或由于采购单位在询价、议价、订购的过程中，花费太多的时间，当供应商接到订单时，距离交货的日期已不足以让他们有足够的购料、生产制造和装运的时间。

（2）规格临时变更。生产制造中的物品或施工中的工程，突然接到企业变更规格的通知，因此物品可能需要拆解重做，工程也可能半途而废。若因规格变更，需另行设计试制或更换新的材料，也会使得交货延迟情况更加严重。

（3）生产计划不正确。由于企业产品销售预测不正确，导致列入生产计划的产品缺乏市场需求，而未列入生产计划或生产日期排列在后期的，市场需求却相当旺盛，因此紧急变更生产计划，使供应商一时之间无法充分配合，产生供应延迟的情况。

（4）未能及时供应材料或模具。有些物品必须委托其他厂商加工，因此，企业必须提供足够的装配材料或充填用的模具。但企业因采购不及时，以致承包的供应厂商无法正常进行工作。

（5）技术指导不周。外包的物品有时需要由买方提供制作的技术，买方因指导不周全，供应商花费大量的时间暗中摸索，不得不延迟交货的期限。

（6）低价订购。由于订购价格偏低，供应商缺乏交货意愿，甚至借延迟交货来胁迫买方提高价格，甚至取消订单。

4. 其他原因

其他造成延误交货的原因如下：

（1）供需部门缺乏协调配合。企业有关部门，如生产或需求部门的使用计划与采购部门的采购计划缺乏协调配合，即生产或需求部门的日程计算过于保守，没有把市场变动等可能导致交货延误的因素考虑在内，也就是没有设定正常的延误时间，造成实际交货时间与计划交货时间不符，这是形成交货期延误的主要原因。

（2）采购方法运用欠妥。大凡招标方式采购，虽然比较公平与公正，但对供应商的供应能力及信用等问题，均难以事先作详细了解，中标之后，供应商也许没有能力进料生产，也许无法自行生产而予以转包，更为恶劣的是以增强利润或新争取的优先生产，故意延误交货期。

（3）偶发不可抗拒的因素。偶发因素多属事先无法预料或不可抗力因素，如战争、引发劳资纠纷或自然灾害、经济危机、通货膨胀以及汇率（利率）变动，等等，影响到供应商的生产进度故导致延迟交货。

三、采购进度控制措施与方法

（一）采购前的进度控制措施

1. 制订合理的购进时间

将请购、采购、供应商准备、运输、检验等各项作业所需的时间，予以合理地规划，避免造成供应商生产无法开展，不能如期交货。

2. 销售、生产与采购部门加强联系

由于市场的状况变化莫测，因此生产计划若有调整的必要，必须告知并征询采购员的意见，以便采购员对停止或减少采购的数量、应追加或新订的数量，作出正确的判断，并尽快通知供应商，使其减少可能的损失，以提高其配合的意愿。

3. 准备替代来源

供应商不能如期交货的原因颇多，且有些是属于不可抗力。因此，采购员应未雨绸缪，多联系其他来源；平时也可留意寻求相关的替代品，以备不时之需。

4. 预定流程进度

采购方在与供应商签订合同时，应在采购订单或合同中明确规定供应商应编制预定时间流程进度表。

预定时间流程进度表，应包括全部筹划供应作业的时程，如企划作业、设计作业、采购作业、工厂扩充、工具准备、组件制造、次装配作业、总装配作业、完工试验及装箱交运等全部过程。此外，采购方应明确规定供应商必须编制实际进度表，将进度并列对照，并说明延误原因及改进措施。

5. 加强双方沟通

关于供应商准时交货的管理，采购员还可使用“资源共享计划”，即采供双方应有综合性的沟通系统，使企业的需要一有变动，立即可通知供应商，供应商的供应一有变动，也可通知企业，交货适时问题即能顺利解决。

6. 利用奖惩

采购员在与供应商签订买卖合约时，就应加重违约罚款或解约责任，使供应商不敢心存侥幸。若需求急迫时，对如期交货的供应商则应向企业申请给予奖励或较优厚的付款条件。

（二）采购过程中的进度控制措施

1. 一般的监视

采购员在开立订单或签订合约时，便应决定监视的程度。如果采购物品并不是重要项目，则仅做一般的监视即可，通常只需注意是否确能按规定时间收到验收报表，有时可用电话查询，但如果采购物品较为重要，可能影响企业的经营，则应考虑另做较周密的监视步骤。

采购员应审核供应商的计划供应进度，并分别从各项资料中获得供应商的实际进度，如供应商的制程管制资料、生产汇报中所得资料，或供应商按规定送交的定期进度报表等。

2. 生产实地查证

对于重要物品的采购，除要求供应商按期报送进度表外，采购员还应实地前往供应商工厂访问查证，但此项查证，应明确在合约或订单内，必要时需驻厂监视。

3. 拟订跟催步骤

（1）下单后采购员应请供应商提供生产计划或生产日程表，据以掌握并督促进度。

（2）按时电话查询进度或采购员自己前往查看或由供应商提供目前实际进度状况报告。

（3）建立跟催表或管制卡，切实掌握实际进度。

（4）将目前累计交货的结果（数量、品质等），以报表或通知告知供应商，促其改善。

以下是某企业的“催货通知单”，供采购员工作中参考运用。

催货通知单

敬启者：

查＿＿＿＿＿＿贵＿＿＿＿＿＿＿与本公司签订的下列合同业已到期迄未交货，请于文到一周内迅予交清为荷。

此致

查照　　　　　　　　启

年　月　日

附：到期未交货物品一览表

时　间	合同时间	货品名称及规格	数　量	单　位	延误原因	备　注

（三）采购进度落后的应对措施

要做好物品跟催作业，采购员应有“预防重于治疗”的观念。因此，事前应慎重选择有交货意愿及责任感的供应商，并规划合理的采购时间，使供应商能够从容生产。

采购员在订购后，一定要主动检查供应商备料及生产速度，不可等到超过交货期才开始查询。一旦供应商发生交货延迟，如果短期内不能得到改善或解决，采购方应立即寻求其他支援或来源。

如果物品供应进度落后，会影响正常的生产运作，此时要及时采取以下措施：

（1）与供应商联系，得到确切的进货时间。

（2）通过物品控制人员，告知准确的进货时间。

（3）与技术人员和物品控制人员协商，有无替代品。

（4）在必要的情况下改变生产计划。

另外，针对不同供应商也可以制订不同的应对策略：

（1）对一些非常重要的供应商，或者是经常出现问题的供应商，可以往供应商处派驻常驻机构和人员，常驻人员要深入生产线、工序和管理过程，及时发现问题，沟通信息，提出规范要求，进行技术指导、监督检查。

（2）对于一般的供应商，可以采取定期和不定期检查的办法，或者由供应商提供检验记录、质量检验报告来进行跟踪管理。

（四）采购进度控制的具体方法

1. 订单跟催

订单跟催就是按订单预定的进料日期提前一定时间进行跟催，包括：

（1）联单法：将订购单按日期顺序排列好，提前一定的时间进行跟催。

（2）统计法：将订购单统计成报表，提前一定的时间进行跟催。

2. 定期跟催

定期跟催是于每周固定时间，将要跟催的订单整理好，打印成报表统一定期跟催。

3. 善用物品跟催表

物品跟催表可据以掌握供料状况，跟催对象明确，确保进料。具体格式如表 8-5 所示。

表 8-5 物品跟催表

物料名称	规格	订购量	实际入厂		供应商	备注
			数量	交期		

4. 运用物品跟催箱

运用物品跟催箱控制的方法，即在采购人员的办公室内设置一个物品跟催箱来取代传统的翻页打钩法。这个物品跟催箱，设计成 32 格，前面的 31 格，代表着一个月的 31 天，即第一格代表当月份的第一天、第二格代表当月份的第二天、第三格代表当月份的第三天，以此类推下去，而第 32 格，则是急件处理格。具体格式如图 8-1 所示。

采购员按照所发出的采购单的预定进料日期，将这张采购单放入适当的格子内。假如某零件的预定进料日期是 9 日，则该零件的采购单放在第 9 格内；当该零件入库后，就把这张采购单抽出来归档。物品跟催箱上还存在的单据，则表示相应的物品尚未入库，采购员可据此进行跟催。

催品看板		年　月
1	12	23
2	13	24
3	14	25
4	15	26
5	16	27
6	17	28
7	18	29
8	19	30
9	20	31
10	21	急件
11	22	

8-1　物品跟催箱

有时，采购员已经尽了力，但某些物品还是催不进来，这时就可以将相应的采购单抽出来，放到第 32 格内作急件处理，让企业相关部门人员来协助跟催。

5. ***采购控制表法***

采购方要事先对整个采购进度进行监督和控制，一般应以购货订单说明书、合同、订单为依据。填写采购进度控制表时可以以一项大宗采购为单位，也可以一段时间为单位，这样比较容易衡量某项采购或某段时间内的采购工作绩效；如果进行供应商评估，还可以一段时间内某家供应商对订单的履行情况为基础填写。下面提供的表 8-6 采购进度控制表的格式供大家参考。

表 8-6　采购控制表

订购单号	料　号	品　名	订购日期	厂　商	项　目	计划入库	实际入库	备　注
					日期			
					数量			
					累计			
					日期			
					数量			
					累计			
					日期			
					数量			
					累计			
					日期			
					数量			
					累计			

学习情境设计：采购质量与交期控制

一、实训目的

（1）了解采购质量保证体系文件。

（2）掌握各种跟催方法的具体应用。

（3）掌握物料的检验方式以及验收工作程序。

（4）能够独立设计出采购物料的检验程序，提高制定商品验收规则的能力。

（5）不断培养和增强学生的分析能力、组织能力、沟通能力、团队协作精神等。

二、实训组织

（1）知识准备：采购质量检验方法、交期跟催方法、延误交货的处理方法；ISO 系列产品的质量说明书。

（2）学生分组：每个小组人数以 6～8 人为宜，小组中要合理分工，每组选出一位小组长。

（3）实训地点：产学研合作单位、教学基地或自主选择调查企业。

三、实训要求

组织学生考察学校所在城市的大型制造企业，调研采购部门，听取企业相关人士对采购质量控制和验收过程等具体环节的介绍，跟踪其作业流程。

（1）收集企业采购文件与单据样本（如物料跟催表、催货通知单、采购验收表、检验报告单、质量控制表等）。

（2）对质量控制、采购跟催等环节进行跟踪，并尽量顶岗实践。

（3）通过调研，了解企业的采购物料检验制度、跟催制度。

（4）了解编制检验方案、质量检验的准备工作、核对采购凭证、实施采购质量检验、填写采购检验记录单。

四、实训报告

在通过实地调查获得相关资料后，以组为单位完成调查报告。调查报告题名为某企业采购交期和质量控制方法和流程的调查报告，报告中应包含以下内容：

（1）调研时间、调研企业。

（2）根据查阅的资料，列出我国对商品检验中的相关规定。

（3）根据查阅的资料，找出针对调研企业中出现的商品列出检验规则。

（4）根据企业中商品的特点，制定出可行的验收报告。

（5）针对于该检验规则，写出有关的检验、验收成本核算报告。

（6）对调研中发现的问题进行分析、总结并形成最终报告。

五、实训考核

实训成绩根据个人表现和团队表现进行综合评定，考评内容包含以下几项：

（1）相关资料是否通过实地调查获得的，调查资料是否翔实、准确、具体。

（2）调查结果描述是否清楚，有没有通过搜集到的企业实例进行说明。

（3）制定检验规则和跟催方法时，是否结合企业实际情况。

（4）小组内部分工是否明确，组员是否有协作精神，根据个人任务完成情况由组长评分。

（5）小组总结汇报思路是否清晰、内容是否充实、重点是否突出，由教师对小组进行评分。

（6）实训报告是否按要求的规范格式完成，对个人报告或小组报告进行评分。

（7）根据个人得分和小组综合评分最终确定每个学生的实训成绩。

第九章　采购绩效评估

工作任务及过程

单位名称	采购部	流程名称	采购绩效评估	工作任务说明
总经理	采购经理	采购部	相关部门	配置学习领域

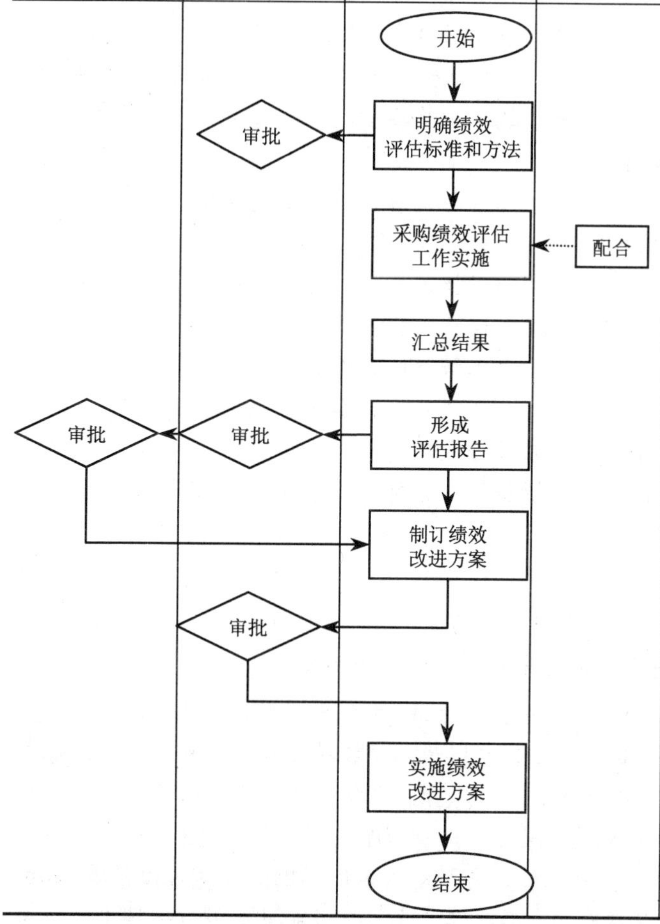

在对采购部门工作绩效进行评估前，需明确采购绩效评估标准和方法

采购工作绩效评估主要依据采购组织绩效指标体系

采购部明确采购绩效评估标准后，向采购经理汇报

采购经理审批确定的采购绩效评估标准，形成书面通知并下发到采购部

采购部接到通知后，根据公司情况实施采购绩效评估工作

采购部与相关部门及人员配合采购绩效评估的实施

采购部根据汇总有关采购绩效评估数据得出汇总结果

根据汇总结果，利用可量化的评估方法进行采购绩效评估后，得出绩效评估报告

采购部根据汇总结果拟订采购绩效评估报告

采购经理审核报告并将其报到总经理处审批

采购部依据评估报告对原采购绩效评估方案进行改进，采购经理对修改后的方案提出建议，并进行审批

审批通过的绩效改进方案返回到采购部

采购部实施采购改进的绩效方案

职业能力要求

1．**岗位：采购绩效主管**

（1）协助人力资源部经理制定绩效考核管理制度，经批准后组织实施。

（2）组织、指导各部门建立或调整目标考核制度，以确保考核制度的合理、公平、科学。

（3）组织、指导各部门绩效考核的实施，协助解决考核过程中出现的争议。

（4）组织、指导部门领导进行绩效考核面谈，并提出改善目标和建议。

（5）根据绩效考核结果和相关规定，报相关领导审批后，对相关人员实施奖惩。

（6）各部门、员工绩效申诉工作的受理。

（7）汇总各项考核信息，撰写考核分析报告并报人力资源部经理审批。

（8）协助人力资源部经理进行企业薪酬体系的建立与日常薪酬福利的管理。

（9）根据企业实际情况，提出绩效考核改善建议，经批准后进行修订。

2．**岗位：采购绩效专员**

（1）参与绩效管理制度、方案的制订与完善，并推动其实施。

（2）设计与优化绩效考核标准。

（3）协助绩效考核主管做好企业的考核工作。

（4）对考核过程进行跟踪并对考核过程中出现的问题予以解决。

（5）负责绩效管理的培训，并向员工解释各种相关制度。

（6）受理员工绩效考核申诉，对不能解决的问题及时上报绩效主管。

（7）及时根据公司需要提供绩效数据支持。

（8）对考核结果、考核制度等资料做好分类、归档等管理工作。

项目任务驱动

超市如何对采购员进行绩效考核

考核不但是调动员工积极性的主要手段，而且是防止业务活动中非职业行为的主要手段，在采购管理中也是如此。可以说，绩效考核是防止采购腐败的最有力的武器。好的绩效考核可以达到这样的效果：采购人员主观上必须为公司的利益着想，客观上必须为公司的利益服务，没有为个人谋利的空间。

如何对采购员进行绩效考核？跨国公司有许多很成熟的经验可以借鉴，其中的精髓是量化业务目标和等级评价。每半年，跨国公司都会集中进行员工的绩效考核和职业规划设计。针对采购部门的人员而言，就是对采购管理的业绩回顾评价和未来的目标制定。在考核中，交替运用两套指标体系，即业务指标体系和个人素质指标体系。

业务指标体系主要包括：

（1）采购成本是否降低？卖方市场的条件下是否维持了原有的成本水平？

（2）采购质量是否提高？质量事故造成的损失是否得到有效控制？

（3）供应商的服务是否增值？

（4）采购是否有效地支持了其他部门，尤其是营运部门？

（5）采购管理水平和技能是否得到提高？

当然，这些指标还可以进一步细化，如采购成本可以细分为购买费用、运输成本、废弃成本、订货成本、期限成本、仓储成本等。把这些指标一一量化，并同上一个半年的相同指标进行对比所得到的综合评价，就是业务绩效。

应该说，这些指标都是硬性指标，很难加以伪饰。所以这种评价有时显得很“残酷”，那些只会搞人际关系而没有业绩的采购人员这时就会“原形毕露”。

在评估完成之后，将员工划分成若干个等级，或给予晋升、奖励，或维持现状，或给予警告或辞退。可以说，这半年一次的绩效考核与员工的切身利益是紧密联系在一起的。

对个人素质的评价相对就会灵活一些，因为它不仅包括现有的能力评价，还包括进步的幅度和潜力。其主要内容包括谈判技巧、沟通技巧、合作能力、创新能力、决策能力等。这些能力评价都是与业绩的评价联系在一起的，主要是针对业绩中表现不尽如人意的方面，如何进一步在个人能力上提高。为配合这些改进，那些跨国公司为员工安排了许多内部的或外部的培训课程。

在绩效评估结束后，安排的是职业规划设计。职业规划设计包含下一个半年的主要业务指标和为完成这些指标需要的行动计划。这其中又有两个原则：①量化原则，这些业务指标能够量化的尽量予以量化，如质量事故的次数、成本量、供货量等；②改进原则，大多数情况下，仅仅维持现状是不行的，必须在上一次的绩效基础上，有所提高，但提高的幅度要依具体情况而定。

在下一次的绩效考核中，如不出现不可抗力的，必须以职业规划设计中的业务指标为基础。

国内超市也进行绩效考核，但是，这些考核有些流于形式。其缺陷就是没有量化的指标和能力评价，考核时也不够严肃，同时缺乏培训安排。那些供应商们为什么要给采购员“好处费”？为什么采购员出入高级娱乐场所？无非是想提高价格或在质量、效率方面打折扣，如果采购员参与这些腐败行为，也许具体情节不为人知，但必然体现在其业务绩效上，如果没有绩效考核这个“紧箍咒”，采购腐败的机会就会大得多。所以，绩效考核是减少采购腐败主观因素的法宝。

当然，绩效考核更多的作用是提高员工的工作积极性，但对于防止采购腐败仍不失为有效的措施。

任务一：采购绩效指标评价体系的建立。

任务二：采购绩效评估的流程和方法。

学习领域配置

第一节　采购绩效评估概述

一、采购绩效评估的含义与目的

（一）采购绩效评估的含义

采购绩效，简单地讲，就是采购工作质量的好坏；具体来讲，就是指从数量和质量上来评估采购的职能部门和采购工作人员达到规定目标和实现具体目标的程度。企业采购工作在一系列的作业程序完成之后，是否达到了预期的目标，企业对采购绩效是否满意，是需要经过考核评估之后才能下结论。采购绩效评估是为了全面反映和检查采购部门工作实绩、工作效率和效益，运用科学、规范的绩效评估方法，对照一定的标准，按照绩效的内在原则，对企业采购行为过程及其效果进行科学、客观、公正的衡量比较和综合评价。采购绩效评估，即对企业采购活动组织实施、监督管理等全过程进行分析、评价和提出改进意见的专项评估和考核行为。

对采购绩效的评估可以分为对整个采购部门的评估和对采购人员个人的评估。对采购部门绩效评估可以由高层管理者来进行，也可以由外部客户来进行；而对采购人员的评估常由采购部门的负责人来进行。

对采购绩效的评估是围绕采购的基本功能来进行的。采购的基本功能可以从两方面描述：①把所需的商品及时买回来，保证销售或生产的继续进行；②开发更优秀的供应源，降低采购成本，实现最佳采购。

（二）采购绩效评估的目的

采购作业作为企业生产运作的一个重要环节，它的绩效对企业整体目标的实现起着很重要的作用。采购人员在制定了采购计划、战略、目标及实现相应目标的行动计划后，还需有相应的绩效评估指标，用于对采购过程进行检查控制，并在一定的阶段对工作进行总结，在此基础上再提出下一阶段的行动目标与计划，这样循环往复不断改进。

采购绩效评估是对采购工作进行全面、系统的评价。通过采购绩效评估，通常可以达到以下目的：

1. 确保采购目标的实现

不同的企业有着不同的采购目的，如政府采购的目的偏重于“防弊”，采购作业以“按期、按质、按量”为目标；而企业的采购则注重于“盈利”，采购工作除了维持正常的产销活动外，还非常重视成本的降低。

2. 提供改进绩效的依据

只有认识以前工作，才能对未来的工作进行改进，而采购绩效考核与评估制度为采购的评估工作提供了一个客观的标准。在衡量采购目标是否达成的同时，也可以衡量采购部门目前的工作表现如何。正确的绩效评估，有助于发现采购作业的缺陷所在，据此拟定改进措施，达到以评促改、以评促建的功效。

3. 个人或部门奖励的参考

员工或部门在工作中的业绩需要一个公平的考核体系。良好的绩效考核与评估，能正确体现采购部门的绩效，反映采购人员的个人表现，并作为考核采购人员的依据。

4. 人员甄选与训练

根据采购绩效考核与评估的结果，可得出采购人员在德、能、勤、绩诸多方面的结论，并针对现有采购人员中出现的问题拟定改进计划。比如，哪些人员表现出色，可以委以重任；哪些人员存在一定问题，需要参加专业性教育训练；还有哪些人员不适合做采购工作，应转岗或下岗。

5. 促进部门间的合作

采购活动不是一个部门就可以解决的，采购部门的绩效高低和其他部门能否密切配合有很大关系。所以，采购部门的职责是否明确，表单、流程是否简单、合理，付款条件及交货方式是否符合公司管理制度，各部门的目标是否协调一致等，均可通过绩效考核与评估予以判断，并可促进部门之间的合作，增强企业整体的运作效率。

二、采购绩效评估的要求

美国采购专家威尔茨对采购绩效评估的问题，曾经提出以下要求：

（1）采购主管必须具备对采购人员工作绩效进行评估的能力。

（2）采购绩效评估必须遵循以下原则。

1）绩效评估必须持续进行，要定期审视目标的达成程度。当采购人员知道会定期地评估绩效，自然能够致力于绩效的提升。

2）必须从企业整体目标的观点出发来进行绩效评估。

3）持续于长期化，评价必须持续不断而且长期进行。

4）评估尺度。评估时，可以使用过去的绩效为尺度，也可以作为评估的基础，更可以用于其他企业的采购绩效比较的方式来进行评估。

三、采购绩效评估涉及人员及部门

此外，采购绩效评估还涉及很多部门和人员，其评估过程比较复杂，要求参与的部门和人员主要有：

（一）采购部门主管

采购主管对所管辖的采购人员最为熟悉，而且所有工作任务的指派，以及工作绩效的优劣，都在其直接监督之下。因此，由采购主管负责评估，可以注意到采购人员的表现，体现公平客观的原则。但是应用主管进行评估会包含很多个人情感因素，而使评估结果出现偏颇。

（二）财务部门

当采购金额占公司总支出的比例较高时，采购成本的节约对公司利润的贡献非常大。尤其在经济不景气时，采购成本节约对资金周转的影响也十分明显。财务部门不但掌握公司产销成本数据，对资金的获得与付出也进行全盘管制，因此，财务部门也可以对采购部门的工作绩效进行评估。

（三）工程部门或生产主管部门

当采购项目的品质与数量对企业的最终产品质量与生产影响重大时，也可以由工程或生产主管人员评估采购部门绩效。

（四）供应商

有些企业通过正式或非正式渠道，向供应商探询其对本企业采购部门或人员的意见，以间接了解采购作业绩效和采购人员素质。

（五）外界专家或管理顾问

为避免公司各部门之间的本位主义或门户之见，可以特别聘请外部采购专家或管理顾问，针对企业全盘的采购制度、组织、人员及工作绩效，作客观的分析与建议。

第二节 采购绩效评估指标体系

一、采购绩效评估的影响因素

影响采购绩效评估的因素很多，但是，其中一个重要的因素是管理人员如何看待采购业务的重要性以及它在企业中的地位。早在 1962 年，美国的海斯和雷纳德就提出，管理人员对采购业务的不同期望会对所采用的评价方法和技术产生重要的影响。

不同的企业在采购绩效的评估方面是不同的。导致这种状况的直接原因是各企业的管理风格、组织程度、委托采购商分配的职责不同，而不是由企业的具体特征造成的。归纳起来影响采购绩效评估的因素主要有以下几种：

（一）业务管理活动

评估采购业务的绩效主要取决于与现行采购业务有关的一些参数，如订货量、订货间隔期、积压数量、安全库存量、保险库存量、采购供应率和现行市价等。

（二）商业活动因素

采购业务是一种商业活动，管理人员主要关注采购所能实现的潜在节约。采购部门的主要目的是降低价格以减少成本支出。采购时要关注供应商的竞争性报价，以便保持一个令人满意的价位。采购绩效评估采用的主要参数是采购中的总体节约量、市价的高低、差异报价和通货膨胀报价等。

（三）物流因素

采购往往被看成是综合物流的一部分。企业采购管理人员也清楚追求低价格有一定的缺陷，它可能导致次优化决策。太关注价格会引诱客户因小失大。降低产品的价格通常会使供应商觉得产品的质量可能会同步降低，并会降低供应的可信度。因此企业采购管理人员要向供应商们介绍产品质量改进目标情况，尽量减少到货时间延迟并提高供应商的供货可信度。

（四）经营策略因素

采购业务对于决定企业的核心业务及提高企业的竞争力将产生积极的作用，因为采购业务积极地参与到产品是自制还是购买决策的研究中。地区性供应商已卷入到国际竞争之中，在这种情况下，管理人员评价采购绩效主要考虑以下方面：基本供应量的变化量、新的有联系的（国际）供应商的数量以及依据已实现的节约成本的贡献大小等。

企业结构体系中，采购部门所处的地位不同，用于评价采购绩效的方法也有很大差别。如表 9-1 所示，当把采购看成是一项业务职能时，采购绩效的评价方法主要是从特征上进行定量的管理性分析。另一方面，当采购被看成是一项策略时，这时会采用更加定性和评判性的方法。这种情况下，通常使用复杂的程序和指导体系来监督采购过程，提高采购效率，防止背离特定的采购计划。

表 9-1 管理层如何看待采购

可代替观点	采购业务的等级地位	绩效评价方法
采购被看做是一种业务	在组织中的地位低	订单数量、订货累计额、供应到货时间管理、授权、程序等
采购被看做是一种商业活动	向管理人员报告	节约额、降价程度、ROI（投资回报率）测量、通货膨胀报告、差异报告
把采购看做是综合物流的一部分	采购以其他与材料相关的业务构成统一的整体	节约额、成本节约额、货物供应的可靠程度、废品率、供应到货时间的缩短量
把采购看做是一项战略性经营活动	采购者进入高层次管理团队	应有成本分析、早期介入的供应商数量、自制还是购买决策、供应基本额的减少

哪些因素决定当前比较流行的采购绩效评估模式呢？由于外在因素的影响，那些把采购看做是一项商业策略的企业必须思考这个问题。这些外在因素主要有价格和毛利上的压力、丧失市场份额的压力、材料成本显著降低的要求、采购市场上价格剧烈波动等。这些问题迫使企业必须关注高水平的采购绩效。另外，一些内在因素也会影响企业高层管理人员对采购业务所持有的观点。

二、采购绩效指标体系的设定

商品采购绩效指标设定包括以下几个方面的内容：①选择合适的衡量指标；②绩效指标的目标值要充分考虑；③确定绩效指标要符合有关原则。

采购绩效指标的选择要同企业的总体采购水平相适应。对于采购体系尚不健全的企业，刚开始可以选择批次质量合格率、准时交货等来控制和考核供应商的供应表现、而平均降价幅度则可用于考核采购部门的采购成本业绩。随着供应商管理程序的逐步健全、采购管理制度的日益完善、采购人员的专业水平及供应商管理水平的不断提高，商品采购绩效指标也就可以相应地系统化、整体化并且不断深化。

确定商品采购绩效指标目标值时要考虑以下前提：①兼顾内外顾客的需求，尤其是要满足下游顾客，如生产部门、品质管理部门等的需要。原则上，供应商的平均质量、交货等综合表现应高于本企业内部的质量与生产计划要求。只有这样，供应商才不至于影响本企业内部生产与质量，这也是“上游控制”原则的体现。②所选择的目标以及绩效指标要同本企业的大目标保持一致。③具体设定目标时既要实事求是、切实可行，又要具有挑战性，要以过去的表现作为参考，更加重要的是与同行的佼佼者进行比较。

商品采购绩效指标体系的选择是否适当，可应用 SMART 检查，即符合明确（Specific）、可测量性（Measurable，即尽量量化）、可接受性（Acceptable，即能让自己、顾客及相关的人员认同）、现实可行性（Realistic）以及时间性要求（Time Indication）等。

三、采购绩效评估的指标

（一）采购绩效的衡量

商品采购绩效的衡量可根据采购工作范围的划分、采购能力与采购结果等概括成采购效率指标及采购效果指标两大类。商品采购效率指标是与采购能力相关的，衡量采购人员、行政机构、方针目标、程序规章等指标；而采购效果指标是指与采购结果，如采购成本、原材料质量、交货等相关的指标。商品采购绩效衡量的主要范围如图 9-1 所示。

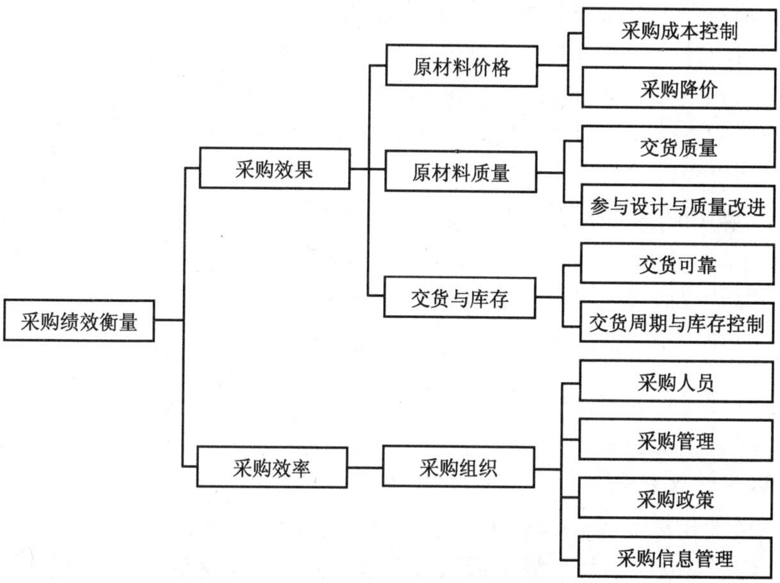

图 9-1 采购绩效衡量的主要范围

（二）采购绩效评估指标体系的建立

采购人员绩效评估应以“5R”为核心，即适时、适质、适量、适价、适地，并用量化指标作为考核的尺度。根据采购专家的经验，具体可以把采购部门及人员的考核指标划分为以下五大类：

1. 数量绩效指标

当采购人员为争取数量折扣，以达到降低价格的目的时，可能导致存货过多，甚至发生呆料、废料的情况。

（1）储存费用指标。储存费用是指存货利息及保管费用之和。企业应当经常将现有存货利息及保管费用与正常存货水准利息及保管费用之差额进行考核。

（2）呆料、废料处理损失指标。呆料、废料处理损失是指处理呆料、废料的收入与其取得成本的差额。存货积压的利息及保管的费用越大，呆料、废料处理的损失越高，显示采购人员的数量绩效越差。不过此项数量绩效，有时受到公司经营状况、物料管理绩效、生产技术变更或投机采购的影响，并不一定完全归咎于采购人员。

2. 质量绩效指标

质量绩效指标主要是指供应商的质量水平以及供应商所提供的产品或服务的质量表现，它包括供应商质量体系、来料质量水平等方面，主要有：

（1）来料质量。来料质量包括批次质量合格率、来料抽检缺陷率、来料在线报废率、来料免检率、来料返工率、退货率、对供应投诉率及处理时间等。

（2）质量体系。质量体系有：通过 ISO9000 的供应商比例、实行来料质量免检的供应商比例、来料免检的价值比例、实施 SPC（统计过程控制）的供应商比例、PSC（Project Support & Control，产品协调）控制的物料数比例、开展专项质量改进（围绕本企业的产品或服务）的供应商数目及比例、参与本企业质量改进小组的供应商人数及供应商比例等。

同时，采购的质量绩效可由验收记录及生产记录来判断。验收记录指供应商交货时，为企业所接受（拒收）的采购项目数量或百分比；生产记录是指交货后，在生产过程发现质量不合格的项目数量或百分比。

进料验收指标=合格（拒收）数量/检验数量

若以进料质量控制抽样检验的方式进行考核，拒收或拒用比率越高，显示采购人员的质量绩效越差。

3. 时间绩效指标

时间绩效指标是用以衡量采购人员处理订单的效率及对于供应商交货时间的控制。延迟交货，固然可能形成缺货现象，但是提早交货，也可能导致买方发生不必要的存货储存费用或提前付款的利息费用。

（1）紧急采购费用指标。紧急运输方式（如空运）的费用是指因紧急情况采用紧急运输方式的费用。将紧急采购费用与正常运输方式的差额进行考核。

（2）停工断料损失指标。停工生产车间作业人员工资及有关费用的损失。除了前述指标所显示的直接费用或损失外，还有许多间接损失。例如，经常停工断料，造成顾客订单流失、员工离职以及恢复正常作业的机器必须做的各项调整

（包括温度、压力等）；紧急采购会使购入的价格偏高，质量欠佳，连带也会产生赶工时间，必须支付额外的加班费用。这些费用与损失，通常都没有估算在此项指标内。

4. 价格绩效指标

价格绩效是企业最重视及最常见的衡量标准。透过价格指标，可以衡量采购人员议价能力以及供需双方势力的消长情形。采购价差的指标，通常有下列数种：

（1）实际价格与标准成本的差额。实际价格与标准成本的差额是指企业采购商品的实际价格与企业事先确定的商品采购标准成本的差额，它反映企业在采购商品过程中实际采购成本与采购标准成本的超出额或节约额。

（2）实际价格与过去移动平均价格的差额。实际价格与过去移动平均价格的差额是指企业采购商品的实际价格与已经发生的商品采购移动平均价格的差额，它反映企业在采购过程中实际采购成本与过去采购成本的超出额或节约额。

（3）使用时的价格与采购时的价格之间的差额。使用时的价格与采购时的价格之间的差额是指企业在使用材料时的价格与采购时的价格的差额。它反映企业采购材料物资时是否考虑市场价格的走势，如果企业预测未来市场的价格走势是上涨的，企业应该在前期多储存材料物资；如果企业预测未来市场的价格走势是下跌的，企业不应该多储存材料物资。

（4）动态指标。将当期采购价格与基期采购价格之比率与当期物价指数与基期物价指数之比率相互比较，该指标是动态指标，它主要反映企业材料物资价格的变化趋势。

5. 采购效率指标

以上质量、数量、时间及价格绩效是针对采购人员的工作效果来衡量，还可针对采购效率来衡量。

（1）年采购金额。年采购金额是企业一个年度商品或物资的采购总金额，它包括生产性原材料与零部件采购总额、非生产采购总额（包括设备、备件、生产辅料、软件、服务等）、原材料采购总额占总成本的比例等。其中最重要的是原材料采购总额，它还可以按不同的材料进一步细分为包装材料、电子类零部件、塑胶件、五金件等，也可按采购付款的币种分为人民币采购额及其比例。原材料采购总额按采购成本结构又可划分为基本价值额、运输费用及保险额、税额等。此外，年采购额还可分摊到各个采购员及供应商，算出每个采购人员的年采购额、年人均采购额、各供应商年采购额、供应商年平均采购额等。

（2）年采购金额占销售收入的百分比。年采购金额占销售收入的百分比是指企业在一个年度里商品或物资采购总额占年销售收入的比例，它反映企业采购资金的合理性。

（3）订购单的件数。订购单的件数是指企业在一定时期内采购商品的数量，主要是按 ABC 管理法，对 A 类商品的数量进行反映。

（4）采购人员的人数。采购人员的人数是指反映企业专门从事采购业务的人数，它是反映企业劳动效率指标的重要因素。

（5）采购部门的费用。采购部门的费用是一定时期采购部门的经费支出，它反映采购部门的经济效益指标。

（6）新供应商开发个数。新供应商开发个数是指企业在一定期间采购部门与新的供应商的合作数量，它反映企业采购部门工作效率。

（7）采购计划完成率。采购计划完成率是指一定期间内企业商品实际采购额与计划采购额的比率，它反映企业采购部门采购计划的完成情况。

（8）错误采购次数。错误采购次数是指一定时期内企业采购部门因工作失职等原因造成错误采购的数量，它反映企业采购部门工作质量的好坏。

（9）订单处理的时间。订单处理的时间是指企业在处理采购订单的过程中所需要的平均时间，它反映企业采购部门的工作效率。

四、采购绩效评估的标准

有了绩效评估的指标之后，必须考虑依据何种标准作为与目前实际绩效比较的基础。一般常见的标准如下。

（一）以往绩效

选择公司以往的绩效，作为评估目前绩效的基础，是相当有效的做法。但公司采购部门，无论组织、职责或人员等，均应在没有重大变动的情况下，才适合使用此项标准。

（二）预算或标准绩效

若过去的绩效难以取得或采购业务变化很大，则可以预算或以标准绩效作为衡量基础。标准绩效的设定，有以下三种原则。

（1）固定的标准。标准一旦建立，则不再更动。

（2）理想的标准。理想的标准是指在完美的工作条件下，应有的绩效。

（3）可达成的标准。可达到的标准是指在现状下，应该可以做到的水平，通常依据当前的绩效设定。

（三）同行业平均绩效

若其他同行业公司在采购组织、职责和人员等方面，均与公司相似，则可以与其绩效进行比较，以辨别彼此在采购工作成效上的优劣。若个别公司的绩效资料不可得，则以整个同业绩效的平均水准来比较。

（四）目标绩效

预算或标准绩效是代表在现状下，应该可以达成的工作；而目标则是在现状下，非经过一番特别努力，否则无法完成的较高境界。目标绩效代表公司管理层，对工作人员追求最佳绩效的期望值。这一目标绩效，常以同业最佳绩效水准为标杆。

不论企业采取何种采购绩效评估标准，一般都应列出具体指标，然后制定相应的绩效标准，如表 9-2 所示。

表 9-2　绩效指标和标准实例

指标类型	具体指标	绩效标准
定量指标	年销售额 年采购费用	年销售额为 20 万～50 万 年采购费用控制在 2 万～3 万
定性指标	对于供应商服务的满意度	满意或者不满意

第三节　采购绩效评估的程序和方法

一、采购绩效评估的程序

通常，可以把采购绩效评估体系的发展分为三个阶段，依次为以控制为导向、以发展为导向和以经营为导向的阶段。但是请注意，这里强调的是，当高阶段也即更成熟的阶段出现后，前一阶段并未被取代。也就是说，目前这三种导向的绩效考核都普遍存在于大大小小的企业或政府当中。表 9-3 对这三种导向的绩效评估进行了区分。

表 9-3　三种导向的绩效评估比较

区分点	控制导向	发展导向	经营导向
关注核心	员工/部门	员工/部门	组织
主要目的	激励（如绩效工资）	绩效改进	战略沟通
沟通信息	少	多	多
实施者	人力资源部经理/采购部经理	人力资源部经理/采购部经理	企业中高层经理的共同参与
组织影响程度	中	高	极高

控制导向的绩效评估关注的方面比较狭窄，它将绩效考核结果仅仅当做发放工资、晋升调职的一个依据，与员工、部门和组织的绩效改进和战略实现是相脱节的。而以发展为导向和以经营为导向的绩效考核就直接与员工、部门、企业的目标、战略实现相关联，是真正意义上的绩效考核评估，其流程设计基本上是相

同的，只不过后者借助了关键绩效指标、平衡记分卡等方法来突出重点、分解战略目标。

采购绩效评估的一般流程如图 9-2 所示。采购绩效评估通常被看成一个循环，这个循环分为以下步骤：绩效计划，绩效实施，绩效考核，绩效反馈与改进以及绩效结果的运用。

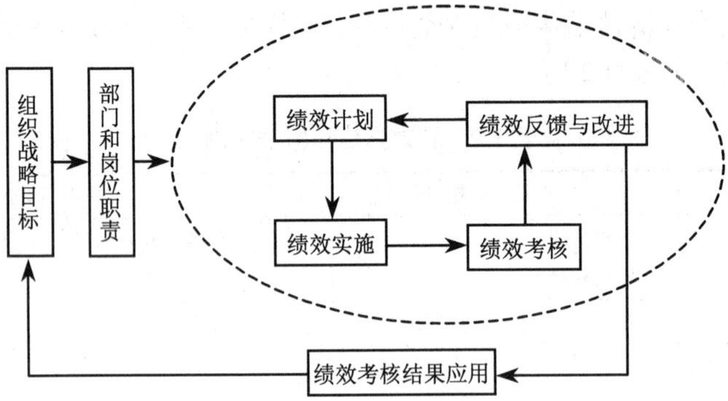

图 9-2　绩效考评流程图

（一）绩效计划

绩效计划是整个考核的起点。企业的战略要落实，必须先将战略分为具体的任务或目标，落实到各个部门和岗位上。这一步主要包括根据企业战略目标明确部门和个人职责、部门和个人的目标、确定考核指标与标准、选择考核人员等。

（二）绩效实施

在制订好绩效计划之后，被评估者就开始按照计划开展工作。在工作过程中，管理者要对被评估者的工作进展进行指导和监督，对发现的问题及时予以解决，并随时根据实际情况对绩效计划进行修订调整。

（三）绩效考核

工作绩效考核可以根据具体情况和实际需要进行月考核、季度考核、半年考核和年度考核。工作绩效考核是一个按事先确定的工作目标及其衡量标准，考查部门或员工实际完成的绩效情况的过程。值得注意的是，绩效考核不只是在月末、季末、半年末和年末进行的，而是与其他几个流程相结合的一个部分。

（四）绩效反馈与改进

绩效考核并不是为绩效考核打出一个分数就结束了，负责人还要与部门或员工进行一次甚至多次交谈，使部门或员工了解组织和高层管理人员对他们的期望，了解自己的绩效，认识有待改进的方面，然后针对需要改进的地方提出改进计划。

（五）绩效结果运用

当绩效考核完成之后，评估结果并不是可以束之高阁、置之不理的，而是要与相应的其他管理环节相衔接。绩效考核主要有以下管理接口：部门或个人奖金的分配、部门员工的调配与晋升、通过反馈沟通提升绩效、培训再教育。

二、采购绩效评估方式与方法

（一）评估方式

采购部门或人员工作绩效的评估方式，可分为定期方式和不定期方式。

1. **定期方式**

定期的方式是以人的表现，如工作态度、学习能力、协调精神、忠诚程度为考核内容。其对采购人员的激励及工作绩效的提升并无太大作用，若能以目标管理的方式，即从各项工作绩效指标中，选择年度重要性比较高的项目定为考核目标，年终按实际达成程度加以考核，则能提升个人或部门的采购绩效，并且因以对事不对人为考核重点，比较客观、公正。

2. **不定期方式**

不定期的绩效评估，常以专案方式进行。例如，公司要求某项特定产品的采购成本降低 10%。当设定限期一到，评估实际的成果是否高于或低于 10%，并以此给予采购人员适当的奖惩。这种评估方式对于采购人员的士气有相当大的鼓舞作用，特别适用于新产品的开发计划、资本支出预算、成本降低专案等。

（二）采购绩效评估方法

采购绩效评估方法直接影响评估计划的成效和评估结果的正确与否。常用的评估方法有：

1. **排序法**

在直接排序法中，考核负责人按绩效表现从好到坏的顺序依次给被考核者排序，这种绩效表现既可以是整体绩效，又可以是某项特定工作绩效。

2. **两两比较法**

两两比较法是指在某一绩效标准的基础上，把每一个被考核者与其他被考核者相比较来判断谁“更好”，记录每一个被考核者和任何其他被考核者比较时被认为“更好”的次数，根据次数的多少给被考核者排序。

3. **等级排序法**

等级排序法能够克服上述两种方法的弊病，这种方法由评估小组或主管先拟订有关的评估项目，按评估项目对被考核者的绩效作出粗略的排序。

4. **利润中心法**

利润中心法适用于对采购部门的考核，这种方法把采购职能看做是企业的一部分，它控制企业的资产，不仅仅负责企业的开支，也负责企业的收入。这一方法的目的是要表明采购职能是一个利润中心而不是成本中心。

这种方法涉及要建立一个控制企业资产的集中化的从事采购的机构。采购职能的集中化处理是十分有利的，因为采购部门采购到的货物和服务以高于相应实际的直接成本价为内部财务转账到其他的职能部门。事实上是采购部门以转账价卖给了其他职能部门。因此，采购部门要执行基于利润原则的决定，并由职能部门所产生的利润来衡量。

5. 目标管理法

目标管理（Management by Objective，MBO）的目的是确定目标，即要求被考核对象在给定的时间内达到目标，也就是讲，在该时间段结束时，实际的绩效能与期望的结果进行比较。目标也能与期望的结果进行比较。目标是有关负责人与被考核者商议后确定的。

实际上，实现目标管理的一种方法是所谓的关键结果分析（Key Results Analysis），它要求职能部门的负责人确定他们的关键任务、绩效标准和管理控制的信息，所有这些是为了对他们个人的绩效如何改进提出意见和建议。这种分析将构成于他们的直接上级和下级讨论的基础。与上级的讨论是为了确定职能部门的目标。当这些都达成一致意见后，与下级的讨论将决定：如果职能部门要达到目标，每个人必须达到什么样的目标。因此，总的目标可以贯穿整个组织机构，自上而下逐级地分解下去。同时，因为职能部门和个人都参与了他们的目标制定，所以 MBO 既有“从底部向上”的工作方式，又有“从顶部向下”的工作方式。

三、采购绩效评估的实施

在实践中，采购绩效考核与评估的实施通常可以参照以下步骤进行：

（一）明确采购绩效考核与评估的原则

采购绩效考核与评估的关键：①衡量指标要做到明确、量化，要能得到企业、顾客及相关的人员的认同，要切实可行；②绩效指标的目标值要合理并与本企业的经济发展目标保持一致，做到实事求是，客观可行。

（二）了解采购绩效考核与评估的流程

采购绩效考核与评估可通过自我评估、内审、管理评审等方式进行。评估审核一般依据事先制定的审核评估标准或表格，对照本企业的实际采购情况逐项检查、打分，依据实际得分对照同行或世界最好水平找出薄弱环节，并据此进行相应改进。

（三）确定采购绩效考核与评估的标准

按评估指标体系制定出一套合理的考核与评估标准。制定标准要求客观、有效，能够充分展现采购绩效，并对考核对象有指导作用，且能够真正地发挥出采购绩效考核和评估的监督、激励、惩罚的作用。在实践中，常可以采用把以往绩效、标准绩效、行业绩效、目标绩效四个方面综合起来制定现行考核与评估标准。

（四）实施采购绩效考核与评估

实施采购绩效考核与评估，需要我们解决好以下几个问题：

（1）参与考核与评估的人员。在实际工作中，可以选择采购部门主管、财务会计部门、工程或生产主管部门、供应商、外界专家或管理顾问这几类部门和人员参与评估。因为评估人员的选择与评估目标有着密切的联系，要选择最了解采购工作情况的人员，以及与评估目标实现关联最紧密的部门参与评估。

（2）选择考核与评估方式。对采购人员进行工作绩效考核与评估可以定期或不定期地进行。

定期绩效考核与评估一般以目标管理的方式进行，使用这种方法主要是以工作业绩为考核重点，比较客观、公正。但应避免采购人员会特意追求考核目标的提高，而忽略其他方面，因此，要求目标的选择要高一些，选择要全面。不定期绩效考核与评估一般以特定项目方式进行，适用于新产品开发计划、成本降低专项方案等。

第四节　采购绩效的改进措施

中国加入WTO之后，国内外企业将在同样的市场环境中开展竞争，优胜劣汰将不可避免。在这种背景下，采购部门所承担的责任越来越重要，这就迫使采购部门和采购人员想办法提高绩效，以便对企业的商品采购绩效进行改进。

因此，企业有了采购绩效计划、采购绩效实施环节和采购绩效考核环节，这些并不是最终的目的，最终的目的是通过以上环节不断改进采购绩效。一般来讲，改进采购绩效的途径主要有以下几种。

1. 营造采购绩效改进的工作氛围

如果采购组织内部存在激烈的矛盾，采购人员与供应商之间互不信任，缺乏诚实合作的基础，采购人员首先感觉是“如履薄冰，处处小心行事”，本来全部精力应投入到工作中，但实际上却分散了注意力。因此，任何采购组织，包括供应商，融洽、和谐、流畅的工作气氛是搞好各项工作的基础。采购人员要经常把自己的业绩和同行业高水平比较，特别是有过跨国采购经验的高级职员，他们的经验值得借鉴学习。

2. *通过强化内部治理提升采购绩效*

管理的根本是管人，一个企业最宝贵的资产是它的员工，而不是价值上亿元的先进设备和雄伟气派的厂房，再先进的设备若没有合格的人去操作也不过是一堆废铁。

从管理的角度去提升商品采购绩效主要有以下方面。

（1）在企业内建立合格的采购队伍与团队，提供必要的资源。

（2）选聘合格人员担任采购人员，给予必要的培训。

（3）给采购部门及采购人员设立有挑战性，但又可行的工作目标。

（4）对表现优异的采购人员给予物质和精神上的奖励。

3. *采用新技术提升采购绩效*

传统的通信技术，如电话、传真、信函等虽然已经用了上百年，但是今天仍发挥着重要的作用。科学技术的发展为这些古老的通信手段增添了新的生命力。新技术，如电子邮件、电子数据交换、电子商务采购等使采购作业也步入了新的阶段。

（1）电话。无论单位大小，都离不开电话，电话是面对面交谈之外的最直接、最迅速的通信方式，电话在使用一百多年后的今天起码有两项新增功能令它再创辉煌：①语音信箱，受话者可从语音信箱中提取出对方的留言而不致错过或延误需要处理的事情；②基于互联网或专线的可视电话的出现，更是将古老的电话提升为前沿科技。

（2）信函。特快专递的出现给日常的采购工作带来了诸多的方便，如向供应商索要的少量样品、需要交付给供应商的盖有文控中心“受控”章的工程图样或技术文件都可以通过特快专递获得或交付到对方手里。

（3）建立企业内部网（Intranet）及使用因特网（Internet）。企业内部网的建立使得众多部门之间无须见面但又能迅速沟通变成可能，特别是一个部门或高层管理者向企业大部分人发布消息且又不想兴师动众时，电子邮件便成了最好的选择。

当今，很多企业办公室的计算机都能方便地访问互联网，特别是近来推出的宽频上网让上网者更是如鱼得水，这给从网上获得供应商信息或发布采购信息的采购部门或人员提供了很多方便。国际互联网为采购人员展示了一个巨大的虚实结合的市场，合理利用它会有效提高采购效率。

4. *推行物料需求计划系统*

物料需求计划（Material Requirement Planning，MRP）是当代国际上一种成功的企业管理理论和方法。其基本思想就是通过运用科学的管理方法和现代化的工具——计算机，规范企业各项管理，根据市场需求的变化，对企业的各种制造资源和整个生产、经营过程，实行有效组织、协调、控制，在确保企业正常进行生产的基础上，最大限度地降低库存量，缩短生产周期，减少资金占用，降低生产成本，提高企业的投入产出率等，从而提高企业的经济效益和市场竞争能力。物料需求计划的核心是：确定各种物料的需求量、需求时间，解决企业生产什么、需用什么、现有什么、还缺什么、何时需要等几个基本问题。

5. 使用条码与供应商进行电子数据交换

现在越来越多的产品的包装上都使用了条码，这一串排列整齐的小线条可以包含物料名称、物料编号、价格、制造商等信息，工作人员只需要用读码器扫描一下就可以得到这些信息并自动输入到计算机中。对于采购来说，条码在收货时特别有用，不仅迅速、快捷而且避免了手工输入容易出错的缺点。

与供应商之间建立电子数据交换（Electronic Data Interchange，EDI）系统可极大地缩小采供双方的时空距离，从而更容易地将企业内部优秀管理延伸到供应商，把供应商作为企业的一个部门来管理。

EDI 可以为企业解决以下问题：①节约时间和降低成本。由于单证在贸易伙伴之间的传递是完全自动的，所以不再需要重复输入、传真和电话通知等重复性的工作。从而可以极大地提高企业的工作效率、降低运作成本，使沟通更快、更准。②提高管理和服务质量。将 EDI 技术与企业内部的仓储管理系统、自动补货系统、订单处理系统等企业 MIS 系统（Management Information System，管理信息系统）集成使用之后，可以实现商业单证快速交换和自动处理，简化采购程序、降低营运资金及存货量、改善现金流动情况等。也使企业可以更快地对客户的需求进行响应。③满足业务发展的需要。目前，许多国际和国内的大型制造商、零售企业、大公司等对于贸易伙伴都有使用 EDI 技术的需求。当这些企业评价一个新的贸易伙伴时，其是否具有 EDI 的能力是一个重要指标。某些国际著名的企业甚至会减少和取消给那些没有 EDI 能力的供应商的订单。因此，采用 EDI 是企业提高竞争能力的重要手段之一。

以上改进采购绩效的方法和途径都是如何从企业内部去挖掘潜力，在供应链管理理念越来越受到青睐的时代，要提高采购绩效更应把重点放在与供应商的合作方面，因为供应商的表现在很大程度上制约着采购绩效的提升。在供应链管理的环境下，企业之间建立起战略合作伙伴关系，企业与供应商之间共享信息、共担风险、共同获利。企业成功地与供应商建立战略合作伙伴关系，可以增加相互之间的信任度，企业间可以信息共享，减少采购信息的失真与延迟。比如，让供应商参与到产品设计中去，与供应商共同制订可行的成本降低计划，与供应商签订长期的采购协议等，从而减少采购或生产不确定性产生的风险，因此也可以减少企业间的产品检验成本，缩短采购周期，最终提高采购绩效水平。

学习情境设计：采购绩效评价方案设计

一、实训目的

（1）了解企业采购绩效评价的作用和意义。

（2）掌握采购绩效评价的步骤和方法以及绩效评价的标准和指标体系。

（3）能够正确运用各种指标对采购绩效进行正确的评价。

（4）能够提出改进采购绩效的方法。

（5）不断培养和增强学生的分析能力、组织能力、沟通能力、团队协作精神等。

二、实训组织

（1）知识准备：采购绩效评估的方法、步骤、指标体系。

（2）学生分组：每个小组人数以6～8人为宜，小组中要合理分工，每组选出一位小组长。

（3）实训地点：产学研合作单位、教学基地或自主选择调查企业。

三、实训要求

（1）分析与采购相关的人员以及物料采购绩效方面的内容，了解企业采购部门如何进行采购绩效的评价。

（2）注意在调查过程中，应尽量与被调查采购部门的需要不冲突，教师可以予以指导、调控。

（3）对所收集的采购绩效评价方面的资料进行分析、讨论，并能依据各种指标对所调查采购部门的绩效情况进行恰当的评价，最后观察能否进一步改进采购活动。

（4）在教师统一指导下，对有关采购部门（如超市）进行调查，了解采购绩效方面的相关资料，并以小组为单位组织研讨、分析，在充分讨论基础上，形成小组的课题报告。

四、实训报告

在通过实地调查获得相关资料后，以组为单位完成调查报告。调查报告题名为某企业采购绩效管理和评估方法的调查报告，报告中应包含以下内容。

（1）调研时间、调研企业。

（2）分析与采购相关人员以及物料采购绩效方面的内容，了解企业采购部门如何进行采购绩效的评价。

（3）对所收集的采购绩效评价方面的资料进行分析、讨论，并能够依据各种指标对所调查采购部门的绩效情况进行恰当的评价，最后观察能否进一步改进采购。

（4）在小组讨论的基础上，形成小组的课题报告。

五、实训考核

实训成绩根据个人表现和团队表现进行综合评定，考评内容包含以下几项。

（1）相关资料是否通过实地调查获得的，调查资料是否翔实、准确、具体。

（2）评价指标体系设计是否合理，评价指标是否具有可操作性。

（3）绩效评估的方法是否符合企业实际情况。

（4）针对绩效问题提出的改进措施或方案是否有实践价值。

（5）小组内部分工是否明确，组员是否有协作精神，根据个人任务完成情况由组长评分。

（6）小组总结汇报思路是否清晰、内容是否充实、重点是否突出，由教师对小组进行评分。

（7）实训报告是否按要求的规范格式完成，对个人报告或小组报告进行评分。

（8）根据个人得分和小组综合评分最终确定每个学生的实训成绩。

第十章　采购管理规范

工作任务及过程

单位名称	采购部	流程名称	采购绩效评估	工作任务说明
总经理	采购经理	采购部	相关部门	配置学习领域

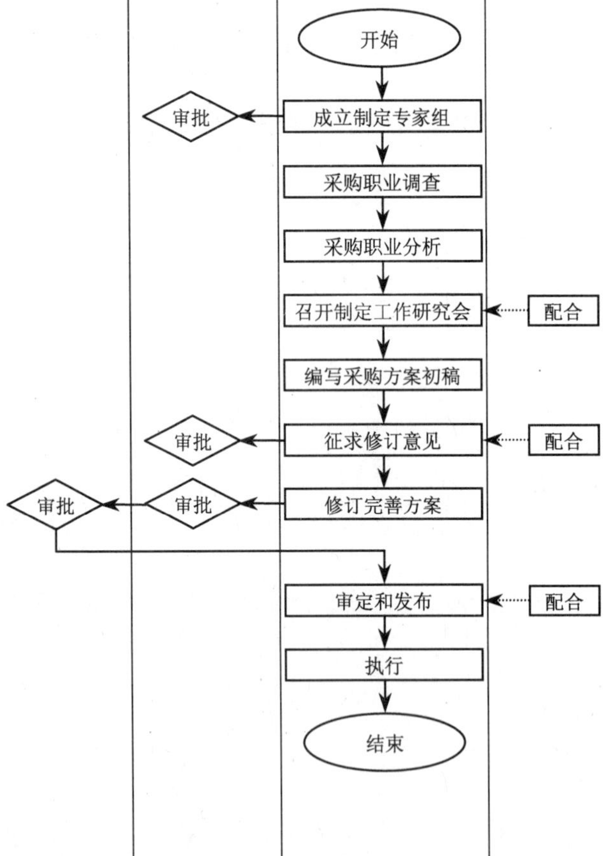

首先，成立专家工作组，由7～15名专家组成，为确保采购规范符合企业采购实际，通常要求实际工作专家应占专家小组总人数的一半以上。专家工作组成立时，应确定组长和方案执笔人

然后，在行业范围内调查了解采购职业的活动目标、工作流程和内容，在职业调查获得资料的基础上，由专家工作组进行职业分析，为采购规范制定做好前期准备

接着，召开采购规范制定工作会议。必要时还可从专家工作组以外特邀部分专家，通过充分研讨，确定采购职业规范制定的具体工作程序和采购职业标准的基本框架结构，并编制具体采购规范制定时间进度计划

接下来按工作研讨会确定的程序、框架以及时间进度计划，结合职业调查和职业分析的结果，同时结合专家长期积累的工作经验，编写采购职业规范方案初稿

初稿由各相关部门进行初审，专家工作组根据审定意见做好最后修订后，报上级审批。审批通过后，由采购部颁布执行

岗位能力要求

岗位：采购主管、标准化专员

（1）宣传贯彻国家标准化工作方针、政策，组织实施标准化法律、法规，负责标准化宏观管理和指导工作。

（2）制定采购规范化、标准化工作的规划和具体实施办法，草拟采购管理标准方面的规范性文件并组织实施和监督管理。

（3）宣传贯彻与采购工作有关的国家标准、行业标准和地方标准，并对标准的实施进行监督。

（4）帮助指导企业采购标准化体系的建立、帮助指导企业采购规范的制定修订工作并提供标准信息支持和咨询服务。

（5）引导和推行采用国际标准、国外先进标准。

（6）积极推动采购标准化工作、组织制订采购规范方案，积极探索开展服务标准化工作。

（7）指导与采购有关的部门及供应商配合进行采购规范管理工作。

项目任务驱动

加强内部管理　控制供应风险

亚星集团为了控制供应风险，加强了内部管理，从内部管理上杜绝了供应风险的发生，该公司加强内部管理的措施主要有：

1．改进流程，采购动作程序化

亚星集团制定了一套科学、严密、规范的采购作业程序，改进了采购的业务流程。该运用程序可以为五个阶段，即下达计划、比较价格、质量监督、票据审核、严格考核。所有采购的物品，首先由分厂、车间、基建处等物品使用部门，根据其生产经营和基建维修的实际需要填写“物品采购计划单”，报计划处进行汇总，供应处计划员接到计划处下达的采购计划后，按分管业务员的采购范围和计划要求，下达采购通知。业务员在比质、比价的基础上，分批、分期地进行采购，以保证生产的顺利进行。对于主要原材料的采购，每月都制定最高控制价格，经总经理批准后，发布有关部门执行和监督，采购物品到库后，检验人员按照有关检验规程进行封闭式的检验，对于采购物品要由物价科进行审核后才能到财务中心对外付款。此外，对采购部门还要进行计划完成情况、节约额、质量和采购费用等指标的考核。

2．建立了权力分散、相互制约的机制

亚星集团建立了权力分散、相互制约的组织基础，在组织建设上坚持了合理分工与相互制约原则、不相容职务分离、协调原则和责任原则，分别设置了计划、购销、质检、仓储、审计、财务、考核和服务等职能部门，并明确了各自的职责范围，保证了领导到位、机构到位、人员到位的集体研究，民主决策制度的顺利展开；在具体业务环节上，通过购销比价管理把原来垄断的购销权力转变为民主、分散的权力，购销行为变得公开、透明，同时把购销决策权同业务交割及监督检查进行了职能分离，割断了权力与腐败的联系；此外，在采购员管理上，实行轮岗和淘汰制，使得过去由采购员和个别人所拥有的采购物品上定客户、定价格、定数量、定付款的权力得到了有效的控制、分散和监督，在采购环节中节约了大量的资金，增加了企业的效益，严格地控制了供应风险。

3．管理制度化

亚星集团针对购销环节制定了一系列相配套的管理制度，保证了供应风险控制的工作基础。这些制度包括物品采购管理条例、定点物品采购管理制度办法、经济合同管理制度、主要原材料检查办法、经济责任考核办法等。

物品采购管理条例对采购物品的价格管理以及奖惩办法进行了规范，它明确了价格审定的权力、责任、范围、内容和考核方法，对采购物品的价格进行了分类管理；定点物品采购管理办法规定大宗物品和原材料都要在质量保证体系中确定的定点“合格供应商”处采购，规定了供应商的供货资格；主要原材料检验办法规定对于主要原材料实行“封闭”检验制度，保证了质检的公正性和权威性；经济责任考核办法将约束机制引入采购管理中，实行了采购承包责任制，制定了考核细则，严格了奖惩兑现。

任务一：如何通过采购活动的规范化管理提升企业管理水平。

任务二：如何编写采购管理规范。

学习领域配置

第一节　采购管理规范概述

一、采购管理规范的概念

采购管理规范是指以文字形式对采购组织工作与具体采购活动的行为准则、业务规范等作出的具体规定。为了规范采购工作流程，提高采购工作效率，必须建立健全采购管理规范或制度，以此作为采购部门和采购人员的工作准则与行为规范，保证采购工作健康、有序、高效地运转，从而圆满地完成采购任务，满足各部门的物资需求。采购管理规范的建设是一个标准化、制度化的过程。在实际工作中，采购管理规范往往是集体智慧的结晶，是不断完善的过程。

建立适合企业的采购管理规范，能够明确采购部门各岗位、各环节的权责及其相互关系，明确采购人员的业务操作要求，从而有利于贯彻按劳分配制度，加强考核评估工作，激发采购人员的责任心与事业心。采购管理规范作用的发挥建立在采购制度或标准本身科学的基础上，因此，采购管理规范应体现以下几个特点：

（一）文字化

任何管理规范都是以文字形式来表示，采购规范也不例外。规范不是上级的口头命令或要求，空口无凭，应该以文字的形式固定下来，作为大家共同遵守的行动纲领，规范采购活动。文字化的采购规范可以打印成册，分发给每一个采购人员；也可以张贴，要求大家领会其内容并自觉执行。

（二）可行性

任何企业的采购规范都应该在充分考虑企业发展目标、企业内外部条件、行业特点以及采购人员本身实际情况的基础上制订，做到切实可行。不同类型的企业采购规范可以不相同，即使是同一个企业，在不同时期也应该有不同的采购规范。要反对照搬照抄现成的采购规范或采购规范一经制订就一成不变，强调采购规范在实施贯彻中的切实可行性。

（三）严肃性

采购管理规范一旦制订，采购人员应不折不扣地执行，只注意制订规范运作中，对违反规范而不注重规范的执行与监督，规范便毫无价值。在实际运作中，对违反规范的采购人员应采取相应的惩罚措施，维护规范的严肃性。

（四）协调性

采购管理规范要注重企业各部门、各岗位之间的利益协调，把上下级工作、前后环节工作有机地协调与联系起来，以体现企业的整体利益。

（五）相对稳定性

采购规范一旦确定，通常在一两年甚至更长的时间内应保持稳定，以便于企业员工执行。如果规范经常变动，采购人员刚刚熟悉了老规范又出了新规范，这样就很难适应，容易造成采购工作的混乱。当然，采购规范并不是长期固定不能变的，随着企业外部环境的变化和内部条件的改进，采购规范也应当进行适当调整。

二、采购管理规范的内容

（一）采购领导规范

采购领导规范，即采购决策规范，按照采购什么、采购多少、什么时候采购等决策权属于哪一级来划分领导的规范。具体有三种：

（1）集中制。集中制是指采购的决策权集中于总公司，其他分公司无权采购，这种制度适用于小企业或分公司较集中的企业。集中制的特点是：采购数量大，能享受数量折扣，降低进价；通过统筹安排，可节约大量人力、物力、财力。

（2）分散制。分散制是指将采购的决策权分散于各个分公司。规模较大的企业，而且分公司分散在各地，各分公司所需的物资差异较大时，通常采用这种制度。采用这种领导制度能充分调动分公司的积极性，减少内部物资的调拨手续。但是这种领导规范不利于企业采购资金的统一管理，浪费人力、物力、财力，无法享受价格优惠，使采购价格较高。

（3）混合制。混合制是指当企业各分公司所需的物品相同，而且采购金额较大时，由总公司统一进行采购；对于各分公司间有差异、金额较小、临时性采购的物品，由分公司自行采购。这样既能使采购资金得到比较合理的统一管理，又能充分调动各分公司的积极性，及时满足生产经营的需要。

（二）经济责任规范

经济责任规范是按照客观经济规律的要求，以提高企业经济效益和服务质量为目标，科学地确定相关部门、人员的经济职责、利益权力的管理规范。明确经济责任，有利于维护采购队伍良好的工作秩序，提高工作效率，从而提高企业整体的经济效益。采购部门的经济责任规范通常包括以下几种：

（1）岗位责任制。岗位责任制是采购规范的核心内容。建立健全岗位责任制，能够使采购部门目标清楚、责任明确，人人有职责，事事有人管，工作有条不紊；能够加强员工的责任感，调动员工的工作积极性，发挥员工的聪明才智；可以堵塞工作漏洞，保证采购工作的良好秩序。采购部门内设有不同的岗位，不同岗位有不同的职责。结合采购工作的实际，采购主管和计划人员的职责是：制订采购计划；制订和修订采购制度；统筹安排采购资金；监督和考评采购人员，并指导其工作；审议和管理合同；进行购进业务活动决策；组织领导采购人员搜集市场信息，预测可供货源及其趋势，为企业主管领导当好参谋；指导采购人员与供应商搞好关系。一般采购人员的职责是：进行货源、价格、服务等的市场调查；与供应商谈判，确定有关事项，如价格、质量、交货期及结算条件等；催货；处理退货、索赔；负责发票的核对与付款；办理物品入库手续；与供应商建立良好关系；搜集调拨信息，预测可供资源及其趋势，供领导决策参考；节省购进费用支出，提高企业经济效益。

（2）采购费用承包制。采购费用承包制是指将采购费用指标落实到每一个岗位、每一个采购人员身上，只允许其在规定的费用范围内开支，从而控制采购费用支出。采购费用承包制是采购部门加强经济核算的一种形式。在实际工作中，许多企业的采购费用大大超过正常标准，影响了企业整体经济效益的提高，因此控制采购费用也有必要通过承包制实现规范化管理。在实际操作过程中，可以通过相对数进行控制，如规定采购每千克商品的费用额或每百元商品的费用额等；也可以通过绝对数进行控制，如规定采购部，在按照要求完成任务的前提下每月的采购总费用标准，超支部分由采购部门、采购人员承担；对于节省的部分可由采购部门、采购人员自行分配。

（三）奖惩规范

为调动采购人员的工作积极性和主动性，充分发挥采购人员的聪明才智，企业应该建立健全各种形式的奖惩规范，真正体现“干多干少不一样，干好干坏不一样，干与不干不一样”的分配原则。对于工作勤奋、成绩突出的采购人员应给予必要的奖励；对于工作散漫、绩效较差的采购人员应进行必要的惩罚。建立奖惩规范应注意以下两点：①把握好“刺激度”，即要拉开档次，不搞平均主义，使奖惩措施真正起到激励作用；②要注意多种奖惩方法相结合，人的需求是多方面的，过分强调物质刺激，会使采购人员产生“一切向钱看”等错误观念，其作用必然有限。所以应提倡物质奖励与其他奖励形式相结合的方式，如精神鼓励，包括表扬、评先进等。对于惩罚来讲，也应如此，可以进行罚款，也可以进行行政处分，甚至开除。只有这样，奖惩规范才能起到应有的作用。

（四）监督规范

执行采购规范必须进行严格的监督与考核，缺乏严格的监督，采购规范就会流于形式。严格的监督应以科学考核依据为基础。在实际工作中，监督的方法包括三种：①由采购负责人对各部门和员工个人执行规范的情况进行纵向检查；②企业有关部门负责人进行横向联合检查；③员工个人自查。在制订监督规范的过程中，要把握两个方面的内容：①对权力的使用和监督，检查是否存在滥用职权，借采购之机以权谋私的情况；②对应负责任的监督，检查责任是否落实到了每个部门、每个人，或者是否存在职责不清、相互推诿的情况。

（五）民主管理规范

实现民主管理是现代企业发展的重要趋势。实行民主管理，可以较好地调动职工的积极性，集中广大采购人员的智慧，集思广益，共商企业大计；可以密切领导与员工关系，避免瞎指挥现象；有利于解决部门内部矛盾，促进采购部门内部的和谐。实施民主管理，一方面要求在采购部门内部提倡民主作风，一些重大的采购决策不能只由采购经理一个人说了算，而是要动员大家讨论。采购员整日与供应商打交道，熟悉市场行情，要充分利用他们的智慧，提高采购决策的准确性；另一方面，也应广泛征求企业其他部门的意见，采纳其他部门对采购工作的合理化建议，特别是销售部门、市场开发部门的意见。因为他们每天都在与客户打交道，了解市场供求及其变化趋势，认真听取他们的建议，往往能使采购的商品适销对路，满足消费者的需求，从而进一步提高企业的经济效益和社会效益。

第二节　采购管理规范实例

采购管理规范是采购管理工作标准化、制度化的过程。很多优秀企业在发展过程中建立了自己比较完善的采购管理规范制度，有很多值得学习和借鉴之处。下面介绍一些典型的采购规范：采购数量计划编制规范、供应商管理与开发规范、采购交货延迟的处理规范等，仅供学习参考。

一、采购数量计划编制规范

（一）目的

本方案的目的是加强采购规范化建设，指导采购人员选择合适的采集数量，从而在保障企业生产顺畅进行的同时，节约采购成本。

（二）确定采购数量

适当的采购数量是指对买卖双方都最经济的数量，一方面，供方能够从容地供货，而且保障供应货物的质量；另一方面，企业能够顺利地进行生产，并且使仓储成本趋于合理化。确定采购数量的步骤，如图 10-1 所示。

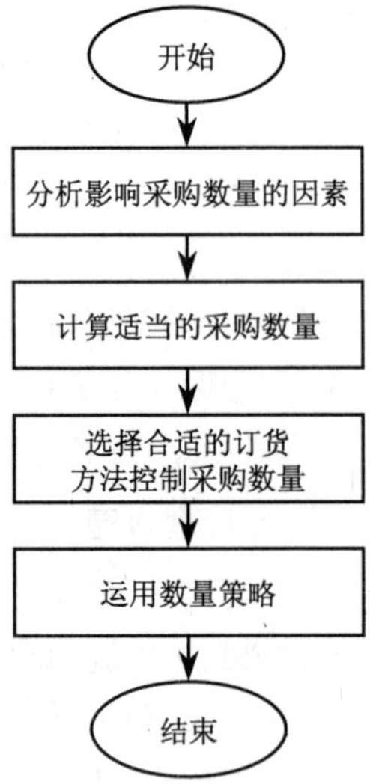

图 10-1　确定采购数量的步骤

（三）影响采购数量的因素

1．生产的需求量

企业生产的需求量直接决定采购数量。

2．采购批量大小与价格的关系

一般来讲，采购的数量越多，价格越低；反之则价格越高。

3．库存

企业库存量的大小和库存成本的多少都影响采购的数量。

4．货物

货物可保存的时间越长或货物获取越难，采购数量就越大；反之则越小。

5. 企业承受能力

采购费用的支出必须在企业的承受能力之内，即货物的管理费用（如采购费用、议价费用、库存费用等）必须合理。

6. 市场动态

如果物料的市场价格有上涨趋势，则应增加采购数量；反之，则应减少采购数量。

7. 综合各种因素

采购部决定采购数量时，必须综合以上各种因素。

（四）计算采购数量的方法

计算采购数量的方法主要有四种，具体如表 10-1 所示。采购人员应根据采购货物的各种因素，灵活地选择决定采购数量的方法。

表 10-1　计算采购数量的方法

方法名称	特点说明
经济采购数量法	存货总成本最低情况下，所制订的采购数量 经济采购数量 = $\sqrt{2\times\text{年用量}\times\text{单次采购成本}/\text{单位储存成本}}$
固定数量法	每次订购的数量相同 根据过去的经验确定
固定期间法	每次采购的期间是固定的 每次采购的数量因剩余库存的不同而不同 采购期间的长短根据以往经验确定 固定期间法可以节约成本
需求计划法	采购数量=生产需求量−现有库存量

（五）通过订货方式控制采购数量

通过订货的方式控制采购数量的方式主要有两种，具体如表 10-2 所示。采购人员应根据订货方式的具体特点和实际情况，灵活地选择订货方式。

表 10-2　根据订货方式控制采购数量的方式

方式	详细说明
定期订货	（1）确定采购的周期，一般为一周或一个月。 （2）预测下一周期的销售量。 （3）计算采购数量，采购数量=[（订货周期+调度周期）×消费预订量] −现有库存量−已定货但还未到库的数量+安全库存量
定期采购	经济采购数量= $\sqrt{2\times\text{年用量}\times\text{单次采购成本}/\text{单位储存成本}}$

（六）确定采购数量的策略

确定采购数量的策略及其优缺点和使用状况，如表 10-3 所示。采购人员应对照采购实际状况，灵活地选择采购策略。

表 10-3　确定采购数量策略

策略名称	优　点	缺　点	适应状况
长期合约	期约交货，来源稳定 享有较大的价格优惠 一次采购分批送货，能节约采购费用	价格协商不易，合约形同虚设 合约数量固定，难以配合生产调整	主要物料、长期使用的必需品 品质规格标准化的产品 竞购者太多
短期合约	能够按照生产需求定制采购数量，降低库存成本	采购费用较高，而且来源不稳定	非经常需要的物料 补充临时性短缺 价格波动大的产品
多家供应	卖方竞争，交易条件好 来源分散，供应不易中断 市场信息多，有利于把握市场趋势	分散采购，损失批量折扣 买卖双方缺少依存关系，没有供应责任 增加交易管理成本	主要物料，需求数量庞大 卖方无法独立供应的产品 规格标准化的产品
独家供应	买卖双方利害与共，供应商供应责任高	供应集中，风险高 难以把握市场趋势	来源管制或独占的商品 精密复杂的产品 产品寿命极短，设计规格经常变化的产品
现用现购	能够在一定程度上降低采购成本 避免易腐蚀挥发的物料的库存损失	需要即时寻找供应商，供应速度可能满足不了生产的需要	按订货生产的产品 供应来源丰富 价格看跌 易腐蚀挥发的物料 需求数量和时间不定的物料
预购备用	库存充足，能保障生产的顺畅进行	需要较大的库存，增加了库存费用	需求量稳定的产品 存量管制的产品 耐久性产品
投机采购	能节省采购成本 能避免货物短缺的问题	需要大量的资金投入	价格看涨的货物 预期来源短缺的货物 资金充足

（七）编制采购数量计划

1. 了解采购数量计划的含义

采购数量计划是在某一特定的期间内，应在何时购入何种材料以及采购多少的估计作业。

2. 编制采购数量计划的作用

为了企业能及时地获取足够数量的原料、物料，保障企业生产的持续进行，采购部应负责编订物料采购数量计划。采购数量计划的作用体现在以下五个方面。

（1）预估材料需求的数量与时间，防止供应中断，影响产销活动。

（2）避免材料储存过多，占用流程资金和仓储空间，增加仓储成本。

（3）配合公司生产计划与资金调度。

（4）明确采购物料的时间和数量，使采购人员事先有准备，做到适时、适量地购入材料。

（5）确立材料耗用标准，以便控制用料成本。

3．编制采购数量计划的流程

编制采购数量计划的流程，如图 10-2 所示。

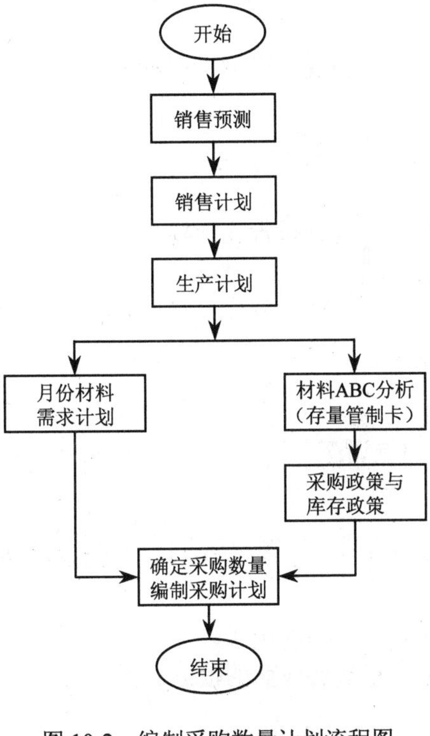

图 10-2　编制采购数量计划流程图

二、供应商开发与管理规范

（一）方案规划

1．目的

为规划供应商开发流程，使之有章可循，特制订本方案。

2．适用范围

本公司新供应商的开发工作，除另有规定外，悉依本方案执行。

（二）供应商开发权责

（1）采购部负责供应商的开发工作。

（2）技术开发部负责供应商样品的确定。

（3）质量管理部、技术开发部、生产管理部、采购部组成供应商调查小组，负责供应商的调查评核。

（三）寻找供应商信息

新供应商信息来源一般有以下10种途径。

（1）各种采购指南。

（2）新闻传播媒体，如电视、广播、报纸等。

（3）各种产品发表会。

（4）各类产品展示（销）会。

（5）行业协会。

（6）行业或政府的统计调查报告或刊物。

（7）同行或供应商介绍。

（8）公开征询。

（9）供应商主动联络。

（10）其他途径。

（四）实施供应商问卷调查

1．问卷设计

问卷设计由采购部主导，质量管理部、技术开发部等单位协助。设计时应注意以下五点事项。

（1）依本公司需要设计内容及格式。

（2）应尽可能掌握、了解供应商的信息。

（3）易于填写。

（4）通俗易懂。

（5）便于整理。

2．供应商基本资料调查

向供应商发放《供应商基本资料表》（如表10-4所示），由供应商填写。

3．供应商调查

运用《供应商问卷调查表》展开调查，《供应商问卷调查表》一般包括以下内容：

（1）材料、零件的确认。

（2）质量验收与管制。

（3）采购合同。

（4）请款流程。

（5）售后服务。

（6）建议事项。

表 10-5 是一份《供应商问卷调查表》（本表由供应商如实填写）的范例。

表 10-4　供应商基本资料表

供应商编号：_______　　　　填写日期：____年____月____日

名称	地址	法人

联系人		电话			
传真		E-mail		网址	

公司概况	资本额	万元	机器设备	名称	台数	厂牌规格	购入时间	购入成本	性能
	建厂登记日期	年 月 日							
	营业执照								
	往来银行								
	开始往来时间								
	停止往来时间								
	所属协会团体								
	协力工厂数								
	协力工厂利用率								
	平均月营业额								

材料来源	材料名称	供应商	备注	员工	职能	人数	干部数	员工数	大学学历	高中以上学历	平均月薪

主要产品	名称	比例	名称	比例	主要客户	名称	比例	名称	比例

确认：_______　　　　审核：_______　　　　填表：_______

表 10-5　供应商调查问卷表

供应商名称：_______　　　　　　　　　　　　填写日期：____年____月____日

项目	调查项目内容	了解程度状况
材料零件确认	1. 您对开发部门的样品确认流程是否了解？	□了解　□不了解 □请求当面沟通了解
	2. 您对本公司开发部门认定之材料交货依据的规格及样品是否了解？	□了解　□不了解 □请求当面沟通了解
	3. 您对本公司开发部门认定之样品是否有保留，以作为后续品质管理之用？	□了解　□不了解 □请求当面沟通了解
品质验收管制	1. 您对本公司质量管理部的质量检测标准与方法是否了解？	□了解　□不了解 □请求当面沟通了解
	2. ……	……
	3. ……	……
采购合同	1. 贵公司目前产量足以应付本公司需求吗？	□可以　□不可以 □需设法弥补
	2. ……	……
	3. ……	……
请款流程	1. 您对本公司的付款条件、手续是否了解？	□了解　□不了解 □请求当面沟通了解
	2. ……	……
	3. ……	……
售后服务	1. 您对品质有疑问时，会主动找哪个部门或该部门主管？	□质量部门　□开发 □采购　□总经理
	2. ……	……
	3. ……	……
建议事项	1. …… 2. ……	

（五）进行供应商开发

（1）寻找供应商。

（2）填写供应商基本资料表。

（3）与供应商洽谈。

（4）必要时进行样品鉴定。

（5）供应商问卷调查。

（6）提出供应商调查评审的申请。

（六）其他后续工作

依《供应商调查》规定，由调查小组对供应商进行实际调查评核，以确定其是否可列入合格供应商之列。

三、采购交货延迟的处理规范

（一）目的

为了妥善处理供应商延误交货的违约行为，尽量避免企业的经济损失，保证本企业合法利益，特制订此方案，以指导采购人员的工作。

（二）供应商延误交货的四种情况

（1）供应商未按照合同约定的时间、地点准时交货。

（2）供应商在交货期限届满后的一段合理时间内，经催告后仍未交货的。

（3）供应商在交货期限届满以后的一段合理时间内，虽然交货，但所交货物或所交提单证上记载的货物不实或实质上有别于采购合同项下的货物，且拒不交付替代物或替代单证的。

（4）因为各种不可抗力等因素导致供应商不能及时交货的。

（三）特别说明

因各种不可抗力导致供应商不能及时交货的，不属于违约情况，采购人员应及时与供应商沟通，采取相应措施，尽量减少企业损失。以下主要就供应商延误交货的其他情况提出处理方案。

（四）供应商延误交货的处理

供应商延误交货的处理步骤，如图 10-3 所示。

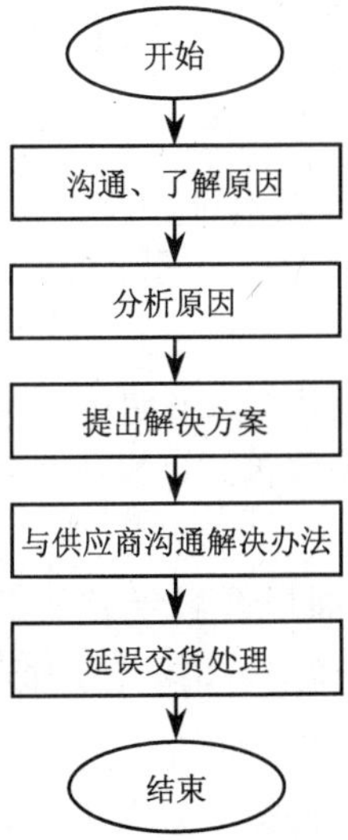

图 10-3　供应商延误交货的处理步骤

1. 沟通了解原因

若供应商在合同的有效期内未能按时交货，采购专员应积极与供应商沟通、协调，了解供应商延误交货的真正原因，以便采取有效的处理方法。

2. 分析原因

采购专员还要对供应商延迟交货的原因进行分析，主要应从以下两方面进行：

（1）采购方原因：预测不准确；因技术、工程配置差错造成紧急交货；库房管理混乱造成短缺、紧急交货；货款未及时支付等。

（2）供应商原因：包括承诺超出能力范围、管理效率低、不重视、生产工艺技术达不到标准等。

3. 提出解决方案

（1）如果延迟交货是因为产品的技术问题，采购专员可同企业的工程师一起到供应商处，协助供应商尽快解决技术问题。

（2）如果是供应商的某些原因而导致交货延迟，采购专员经过分析后，可通过以下四种方式来解决，如表 10-6 所示。

表 10-6　供应商延迟交货的解决方案

解决方式	具体操作
沟通解决	与供应商高层取得联系，通过和平方式解决，尽快达成交货
继续履行	与供应商协调，要求供应商继续履行合同，设定交货期限
解除合同，赔偿损失	依照法律规定或合同约定，通过供应商解除采购合同，并要求供应商按合同约定赔偿经济损失，同时寻找新的供应商或进行替代品的采购
采取补救措施	主要是指修理、更换、重做、退货、减少价款等，通常是在供应商履行义务不符合约定的质量时采用

以上几种方式可结合使用，以本企业经济损失最小化为原则，同时使得问题得到尽快解决。

4. 与供应商沟通解决方案

采购专员经过认真分析原因后，提出切实可行的解决方案，上交采购部经理审核，并与供应商沟通具体解决方案，尽快达成共识。

5. 延误交货处理实施

在与供应商沟通后，若供应商拒不配合交货，则采购专员应寻找新的供应商，同时按照解决方案进行处理，若需要诉诸法律，则采购专员应收集齐全有关资料，上报企业法律部，由专业法律诉讼解决。

（五）预防供应商延误交货办法

（1）采购订单发出后，采购专员应定期打电话或抽时间拜访供应商，向其询问生产进度，及时了解货物的生产情况，以便及时发现问题和处理问题。

（2）在与供应商沟通的过程中，若发现供应商承诺的与实际情况有很大差异时，采购专员应尽快向对方的负责人及高层管理人员报告。

（3）采购专员可通过电话方式提醒供应商的交期责任，让供应商保证产品生产决不因人为因素而造成延误交货。

（4）尽量拓展采购渠道，既可避免供应商供应不及时而造成生产停料，又可以在采购时比价、比质，获得最佳的采购价，但要注意采购时的质量检验，保证本企业生产的产品质量的稳定性。

（5）采用集中采购的方式，及时编制采购计划，变中小采购为大宗的采购，变小客户为主要客户，从而获得采购的主动权，赢得供应商的重视。

四、采购成本降低之规范

（一）供应渠道的改善

1. 开发供货商

供应商的议价能力在很大程度上影响了采购成本，拓展供应商渠道能够促使供应商之间展开竞争，有利于降低企业的采购成本。开发供应商一般有以下七种途径：

（1）国内外采购指南。

（2）国内外产品发布会。

（3）国内外新闻传播媒体。

（4）国内外产品展销会。

（5）政府组织的各类商品订货会。

（6）国内外行业协会。

（7）其他途径。

2. 降低供应商必需品的成本

企业采购成本与供应商必需品的成本紧密相关，因而在执行采购过程中，要注意帮助降低供应商必需品的成本，进而降低本公司的采购成本。

3. 供应商需要不断地进行产品设计的更新和改变

采购部在与供应商的配合中，要不断促进供应商进行产品设计的更新和改变，以促进采购成本的不断降低。

（二）企业自我改善

1. 寻找替代的原料

企业开发设计部门要不断研究原料的替代品，以求不断降低原料的采购价格。

2. 标准化

企业开发设计部门要成为企业标准化的推进者，使产品所需原料的规格与国际标准接轨，为采购部拓宽采购渠道。

3. 减少废料

无论是在采购过程还是在生产过程中，应尽量避免废料的产生，以避免造成采购工作的无效，浪费采购成本。

4. 减少不必要的工作环节

采购人员在执行采购任务时，要不断学习应用现代科学技术，逐步实现采购活动的电子化，减少不必要的工作环节，降低采购成本。

5. 改善交货期期限

采购部在与供应商签订采购合同时，要注意明确采购的交货期限，以有利于降低采购成本为原则。

6. 有计划的大量购买

一般情况下，采购的订货量与采购的成本成反比的关系，因而采购部在执行采购活动时，在库存量与库存成本允许的情况下，应尽量实施大规模采购，以便于降低采购成本。

7. 改善采购流程

采购流程不畅是影响采购成本的因素之一，因而采购部要时时注意采购流程的构建，以便于节约采购时间，降低采购成本。

（三）采购途径的选择

1. 集中采购

将各部门的需求集中起来，采购单位便可用较大的采购量作为砝码得到较好的价格折扣。规格标准化后，可取得供应商的优惠价格，库存量相对可以降低，行政费用的支出也会因统一采购作业而减少，采购部便可以有更多的时间将资源用于开发新的供应商。

2. 联合采购

企业在进行比较贵重和很紧缺原料的采购时，可以考虑组织或加入采购联盟。通过各个企业的联合，可以增强防范风险的能力，还可以在采购过程中获取更多的利益。

3. 第三方采购

第三方采购是企业将产品或服务外包给第三方公司，与企业自己进行采购相比，第三方采购往往可以提供更多的价值和购买经验。对于企业采购部而言，可以将企业中的非核心原料或一时自身难以解决的物品采购外包给相关的企业，这样也能够降低企业的采购成本。

4. 全球化采购

采购部在执行采购任务的同时，要注意建设企业的全球化采购网络，实现企业全球一体化采购。这样有利于企业获得全球最优秀的资源，降低企业的采购成本。

（四）采购成本降低的计算

采购成本降低简单的计算方法有以下三种：

单价降低的金额=原单价–新单价

成本降低 =（原单价–新单价）×一次采购数量（年采购量）

成本降低与预算目标的差异=实际成本降低金额（每单位或每年）–预计成本降低金额（每单位或每年）

（五）采购成本降低的奖励

企业对降低采购成本的员工给予一定的奖励，具体的标准如下：

1. 直接降低采购的成本

直接降低采购的成本，是指在采购执行过程中，通过降低采购价格、减少采购运费支出等活动，使采购成本直接降低的奖励标准如下。

（1）采购成本在××元以内的，奖励人民币××元。

（2）采购成本在××元～××元之间的，奖励人民币××元。

（3）采购成本在××元以上的，奖励人民币××元。

2. 间接降低采购成本

间接降低采购成本，是指在采购执行过程中，通过实现采购物品标准化，提高采购效率等活动使采购成本间接降低，经公司采购领导小组评定，其奖励标准如下。

（1）采购成本在××元以内的，奖励人民币××元。

（2）采购成本在××元～××元之间的，奖励人民币××元。

（3）采购成本在××元以上的，奖励人民币××元。

五、采购部绩效考核实施规范

（一）目的

通过绩效考核，传递组织目标，引导员工提高工作绩效，挖掘员工潜能，达到公司与个人之间的双赢。

（二）考核实施原则

1. 公平、公开原则

公司所有员工都要接受考核，对同一岗位执行相同的考核标准。

2. 定期化与制度化

绩效管理是一种连续性的管理过程，既是对员工过去和现在工作情况的考查，也是对其未来工作行为进行预测，将员工绩效考核定期化、制度化，有助于全面了解员工潜能，及时发现企业组织中的绩效问题，提出解决方法和措施。

3. 定量化与定性化相结合定性

班组长考核指标分为定性化与定量化两种，其中，定性化指标权重占 40%，定量化指标权重占 60%。

4. 沟通与反馈

考核评价结束后，人力资源部或采购部的相关领导应及时与被考核者进行沟通，将考评结果告知被考核者。

在反馈考评结果的同时，应当向被考评者就评语进行说明，肯定成绩和进步，说明不足之处，提供今后努力方向的参考意见等，并认真听取被考核者的意见或建议，共同制订下一阶段的工作计划。

（三）绩效考核的实施

1. 考核周期

考核分为月度考核、季度考核及年度考核三种。

2. 考核内容与指标的设计

（1）考核内容。考核主要从工作态度、工作能力与工作业绩三方面进行，其相关内容如表 10-7 所示。

表 10-7 采购人员绩效考核内容

评估内容	权重	指标示例
工作态度	10%	考勤状况、工作主动性、工作责任心等
工作能力	30%	专业知识掌握程度、计划分析能力、谈判能力等
工作业绩	60%	采购计划完成率、采购物资合格率、采购成本控制、及时供货率等

（2）采购部关键绩效指标的设计。采购部关键绩效指标设计的内容，如表 10-8 所示。

表 10-8 采购部关键绩效指标

指标类别	关键绩效考核指标
财务类	采购成本
	呆料物料金额
内部运营类	采购计划制定的准确率
	采购计划完成率
	采购物资到货率
	采购物资价格的合理性
	采购物资检验合格率
	物资库存周转天数
	（采购）物资使用的不良率
	物料退货率
	错误采购次数

学习情境设计：采购管理规范编写

一、实训目的

（1）了解企业采购规范化、标准化管理的作用和意义。

（2）熟悉采购行业的管理规范和标准。

（3）能够根据规范编写的基本要求草拟采购管理标准。

（4）能够提出完善采购规范方案的建议。

（5）不断培养和增强学生的分析能力、组织能力、沟通能力、团队协作精神等。

二、实训组织

（1）知识准备：采购规范管理的内容、采购管理规范编写要求。

（2）学生分组：每个小组人数以6～8人为宜，小组中要合理分工，每组选出一位小组长。

（3）实训地点：各小组成员自主选择目标企业，以实地调研为主，同时在图书馆、互联网查找资料，有针对性地分析某一特定的采购管理规范。

三、实训要求

（1）首先了解采购相关的规范和标准，并认真阅读和讨论。

（2）深入企业调研采购某环节或流程的管理规范，收集有关资料，并仔细分析。

（3）在调查过程中，应着重了解基层执行的情况，掌握采购管理规范落实的效果。

（4）对所收集的采购管理规范等资料，同时结合其在企业执行情况进行分析、讨论，并能依据所学的采购管理知识进行综合分析评价。

（5）最后，以小组为单位组织研讨、分析，然后严格按照规范标准编写的要求和格式，拟定更加完善的采购管理方案，形成小组的课题报告。

四、实训报告

在通过实地调查获得相关资料后，以组为单位完成采购规范或标准的编写，其内容应包含以下内容：

（1）调研时间、调研企业。

（2）分析企业现在的采购规范文本，并调研其执行情况。

（3）对所收集的采购规范方案等资料进行分析、讨论，并能够依据采购规范编写要求草拟采购规范、方案或标准。

（4）在小组讨论的基础上，形成小组的采购规范方案。该方案应包括以下三部分内容：（I）前引部分：封面，扉页，公告，前言，目次。（II）正文部分：总则，术语和符号，技术内容。（III）补充部分：附录，标准用词说明，引用标准名录。

五、实训考核

实训成绩根据个人表现和团队表现进行综合评定，考评内容包含以下几项。

（1）相关资料是否通过实地调查获得的，调查资料是否翔实、准确、具体。

（2）章节构成是否合理，层次划分是否清楚，编排格式是否符合统一要求。

（3）同一术语或符号应始终表达同一概念，同一概念应始终采用同一术语或符号。

（4）内容表达应准确无误，文字表达应逻辑严谨、简练明确、通俗易懂，不得模棱两可。

（5）小组内部分工是否明确，组员是否有协作精神，根据个人任务完成情况由组长评分。

（6）实训报告是否按要求的规范格式完成，对个人报告或小组报告进行评分。

（7）根据个人得分和小组综合评分最终确定每个学生的实训成绩。

参 考 文 献

[1] 赵道致，王振强等．采购与供应管理[M]．北京：清华大学出版社，2009.

[2] 王忠宗．采购与供应管理[M]．厦门：厦门大学出版社，2009.

[3] 邓明荣，冯毅．采购组织与绩效管理[M]．北京：中国物资出版社，2009.

[4] 唐艳．采购与供应管理（一）（二）[M]．武汉：武汉理工大学出版社，2008.

[5] 北京中交协物流人力资源培训中心．采购原理与战略[M]．北京：机械工业出版社，2007.

[6] 白世贞．采购与供应链管理系统[M]．北京：中国物资出版社，2008.

[7] 张玉斌．采购与仓储管理[M]．北京：对外经济贸易大学出版社，2008.

[8] 孙宗虎，程淑丽．采购和供应管理流程设计与工作标准[M]．北京：人民邮电出版社，2007.

[9] 王槐林．采购管理与库存控制[M]．3 版．北京：中国物资出版社，2008.

[10] Bryan Jones，John Oliver．采购绩效管理[M]．北京：机械工业出版社，2008.

[11] 北京中交协物流人力资源培训中心．采购环境与供应市场分析[M]．北京：机械工业出版社，2008.

[12] Tracy Harwood．采购与供应谈判[M]．北京：机械工业出版社，2008.

[13] 亚伯拉罕，纳麦特，沙尔克．采购和仓库管理[M]．上海：上海职业技术教育研究所，1999.

[14] 肯尼斯·莱桑斯，布莱恩·法林顿．采购与供应链管理[M]．北京：电子工业出版社，2007.

[15] 李恒兴，鲍钰．采购管理[M]．北京：北京理工大学出版社，2007.

[16] 韩光军，孙月婷．采购管理[M]．北京；首都经济贸易大学出版社，2007.

[17] 尹强．采购就这么简单：优秀采购员的 80 个细节[M]．北京：中国时代经济出版社，2006.

[18] 王国文，赵海然，佟文立，供应链管理．采购流程与战略[M]．北京：企业管理出版社，2006.

[19] 孙强，胡占友．采购与供应链规范管理[M]．北京：机械工业出版社，2006.

[20] 梁军．采购管理[M]．北京：电子工业出版社，2006.

[21] 制造业内训教程编委会．采购作业管理[M]．广州：广东经济出版社，2006.

[22] 安德鲁·考克斯．商业关系赢得竞争优势：采购管理、供应商联盟与失调[M]．北京：经济管理出版社，2005.

[23] 鞠颂东，徐杰．采购管理[M]．北京：机械工业出版社，2005.

[24] 艾伦 R 雷德斯．采购供应管理流程[M]．北京：电子工业出版社，2005.

[25] 肯尼斯·莱桑斯，迈克尔·吉林厄姆．采购与供应链管理[M]．北京：电子工业出版社，2004.

[26] Arjan Jvan Weele. 采购与供应链管理：分析、规划及其实践[M]. 北京：清华大学出版社，2002.
[27] 龚国华，吴嵋山，王国才. 采购与供应链[M]. 上海：复旦大学出版社，2005.
[28] 曹慧明. 采购比价审计[M]. 大连：东北财经大学出版社，2002.
[29] 莉萨 M 埃尔拉姆，托马斯 Y 乔伊. 采购供应管理价值增值[M]. 北京：电子工业出版社，2005.
[30] 安娜·弗林，萨姆·法尼. 采购供应管理领导过程[M]. 北京：电子工业出版社，2005.
[31] 斯坦利 E 福西特. 采购供应管理环境[M]. 北京：电子工业出版社，2005.
[32] 白继洲. 采购管理实务[M]. 广州：广东经济出版社，2003.
[33] 徐杰，田源. 采购与仓储管理[M]. 北京：清华大学出版社，2004.
[34] 米歇尔 R 利恩德斯，哈罗德 E 费伦. 采购与供应管理[M]. 北京：机械工业出版社，2001.
[35] 彼得·贝利，等. 采购原理与管理[M]. 北京：电子工业出版社，2003.
[36] 约瑟夫 L 卡维纳托，拉尔夫 G 考夫曼. 采购手册：专业采购与供应人员指南[M]. 北京：机械工业出版社，2001.
[37] 马克·戴. 采购管理手册[M]. 北京：电子工业出版社，2004.
[38] 李雅萍. 采购物流[M]. 北京：对外经济贸易大学出版社，2004.
[39] 沈小静，谭广魁，唐长虹. 采购管理[M]. 北京：中国物资出版社，2003.
[40] 魏国辰. 采购实际操作技巧[M]. 北京：中国物资出版社，2003.
[41] 孙明贵. 采购物流实务[M]. 北京：机械工业出版社，2004.
[42] 米歇尔 R 利恩德斯. 采购与供应管理[M]. 北京：机械工业出版社，2003.
[43] 周雅顺. 采购实务[M]. 北京：化学工业出版社，2009.
[44] 王炬香. 采购管理实务[M]. 北京：电子工业出版社，2007.
[45] 王波，刘秋平. 采购与供应链管理[M]. 北京：北京大学出版社，2008.
[46] 李荷华. 采购管理实务[M]. 上海：上海财经大学出版社，2009.
[47] 赵艳俐. 采购与供应管理实务[M]. 北京：人民交通出版社，2009.
[48] 刘华. 物流采购管理[M]. 北京：清华大学出版社，2008.
[49] 董千里. 采购管理[M]. 重庆：重庆大学出版社，2008.
[50] 刘荔娟，王周欢. 现代采购管理[M]. 上海：上海财经大学，2005.
[51] 潘波，田建军. 现代物流采购[M]. 北京：机械工业出版社，2009.
[52] 梁军. 采购管理[M]. 北京：电子工业出版社，2006.
[53] 韩光军，孙月婷. 采购管理[M]. 北京：首都经济贸易大学出版社，2007.
[54] 朱新民. 林敏晖. 物流采购管理[M]. 北京：机械工业出版社，2009.
[55] 张新颖. 采购实务[M]. 北京：机械工业出版社，2006.
[56] 罗伟钊. 采购经理岗位职业技能培训教程[M]. 广州：广东经济出版社，2007.

[57] 甘雪峰．采购工作一日通[M]．北京：中国物资出版社，2008．
[58] 向才亮，肖桂春．采购管理实务[M]．广州：广东经济出版社，2008．
[59] 蔡改成，李虹．采购管理实务[M]．北京：人民交通出版社，2008．
[60] 藤宝红．采购主管日常管理工作技能与范本[M]．北京：人民邮电出版社，2008．
[61] 张芮，伍蓓．采购运作管理[M]．北京：中国物资出版社，2008．